KB142703

공학도를 위한

기초 C/C++ 프로그래밍

송태섭·박미경·허미경 共著

21세기사

Preface

프로그래밍이란 원하는 결과를 얻기 위해서 컴퓨터가 해야 할 일의 명령어를 작성하는 것이다. 그 명령어를 작성할 수 있는 여러 가지 프로그래밍 언어들 중에서 가장 기초적으로 익혀야 하는 언어중에 하나가 C 언어라고 할 수 있다.

다양한 프로그래밍 언어들 중에서 아직까지 C 언어를 익히는 이유는 여러 가지가 있다. C 언어는 구조적 프로그래밍에 적합하고, 일반적인 실무 프로그램(Business Processing)에서도 널리 사용하고 있다. 또한 고급 언어와 저급 언어의 제반 특성을 아울러서 가지고 있으므로 제어용으로도 광범위하게 사용되고 있다. 또한 이식성이 좋아서 C 언어로 작성한 대부분의 프로그램들은 하드웨어와 상관없이 사용할 수 있다.

본 서에서는 기초적인 프로그래밍 기법과 문법을 익힐 수 있는 C 언어뿐만 아니라 객체지향 개념을 적용시켜 프로그래밍 할 수 있는 C++ 언어 중심으로 작성하였다. C++ 언어는 1980년 Bjame Stoustrup에 의해 C 언어와 객체지향 개념을 결합시켜 개발된 언어이다.

객체지향이란 실세계에 존재하는 객체라는 개념을 소프트웨어에 적용시켜서 프로그래밍 하는 기법이다. 즉, 프로그래밍을 절차적인 방법으로 푸는 것이 아니라 데이터와 연산(함수)를 같이 묶어서 하나의 개체처럼 사용하여 상속, 다형성, 재사용 등의 기능을 지원하는 기법이라고 할 수 있다.

본 서는 초보자에게 맞도록 기초적인 문법과 쉬운 예제를 통하여 한단계, 한단계씩 익힐 수 있도록 하여 프로그래밍의 세계에 쉽게 접할 수 있도록 노력하였다. 프로그래밍은 많은 복습과 실습을 통해서만 실력이 향상되므로, 본 서를 통하여 기초를 쌓을 수 있었으면 한다.

원고를 집필하는 과정에서는 그간의 실무 및 강의 경험이 큰 도움이 되었다. 미흡한 부분은 추후에 보완할 것을 독자 여러분에게 약속드리며, 본 고의 출간을 위해 여러 가지에 관해서 도움을 주신 이범만 사장님 이하 임직원 여러분께 진심으로 감사드린다.

공저자 씀

Contents

Preface   3

CHAPTER 01   **C/C++ 언어의 개요**   **11**

1.1   C 언어의 역사   12
1.2   C 언어의 특징   12
1.3   C++ 언어의 역사   13
1.4   C++ 언어의 특징   14
1.5   C와 C++ 의 차이점   15
1.6   C/C++ 프로그램 작성 방법   15
1.7   C/C++ 프로그램 작성 규칙   17
1.8   MicroSoft Visual C++ 컴파일러 설치 및 실습   17
      1.8.1   MicroSoft Visual C++ 6.0 설치   17
      1.8.2   간단한 실습   23
      1.8.3   Microsoft Visual C++ 2008 설치   28
      1.8.4   Microsoft Visual C++ 2008을 이용한 실습   30

CHAPTER 02   **기본 프로그래밍 및 표준 입출력 함수**   **37**

2.1   C/C++언어의 기본 프로그래밍   38
      2.1.1   C 프로그램의 기본 구조   38
2.2   C/C++언어의 표준 입출력 함수   42
      2.2.1   출력함수 : printf()   43
      2.2.2   입력함수 : scanf()   53
      2.2.3   주석문(comment)   59
2.3   C++언어의 표준 입출력 객체   59

CHAPTER 03	**변수, 상수 & 자료형**	**67**
3.1	변수(variable)	68
	3.1.1 C/C++ 프로그램에 사용되는 문자	68
	3.1.2 식별자 명명 규칙	68
	3.1.3 예약어(keyword)	69
3.2	자료형 (Data Type)	70
	3.2.1 선언문(declaration)	70
	3.2.2 자료형과 크기	71
	3.2.3 정수형 자료	72
	3.2.4 실수형 자료	74
	3.2.5 문자형 자료	76
3.3	상수(constant)	78
	3.3.1 정수형 상수(integer constant)	79
	3.3.2 실수형 상수 (real constant)	79
	3.3.3 문자형 상수 (character constant)	81
	3.3.4 문자열형 상수(string constant)	83
3.4	기호상수(symbolic constant)	84
3.5	열거형 : enum	87

CHAPTER 04	**연산자(Operator)**	**93**
4.1	연산자의 개념과 분류	94
4.2	연산자의 우선순위와 결합성	95
	4.2.1 우선순위	95
	4.2.2 결합성	95
4.3	연산자의 종류	96
	4.3.1 산술 연산자 (arithmetic operator)	97
	4.3.2 관계 연산자 (relational operator)	100
	4.3.3 논리 연산자 (logical operator)	102
	4.3.4 비트 연산자 (bitwise operator)	105
	4.3.5 배정 연산자 (assignment operator)	108
	4.3.6 조건 연산자 (conditional operator)	111
	4.3.7 증가•감소 연산자	113
	4.3.8 콤마 연산자(comma operator)	115
	4.3.9 sizeof 연산자	117

4.3.10 형변환 118

CHAPTER **05**   **제어문**   **127**

5.1   제어문의 개념   128
5.2   제어문의 종류   128
5.3   조건문   129
   5.3.1 if문   129
   5.3.2 if-else문   133
   5.3.3 다중 if-else문   137
   5.3.4 중첩(nested) if-else문   140
   5.3.5 switch-case문   143
5.4   반복문   152
   5.4.1 for문   152
   5.4.2 while문   161
   5.4.3 do-while문   166
5.5   분기문   172
   5.5.1 goto문   172
   5.5.2 continue문   174
   5.5.3 break문   177

CHAPTER **06**   **함수**   **187**

6.1   함수의 기본개념   188
6.2   C/C++ 언어의 함수 종류   189
6.3   함수의 구조   189
   6.3.1 함수의 정의 및 호출   189
   6.3.2 함수의 원형 선언   194
6.4   return문   196
6.5   함수의 매개변수 전달 방식   204
   6.5.1 값에 의한 호출(call by value)   205
   6.5.2 주소에 의한 호출(call by pointer or call by address)   207
   6.5.3 참조에 의한 호출(call by reference)   210
6.6   기억 클래스(storage class)   212
   6.6.1 자동 변수(auto variable)   212

6.6.2 정적 변수(static variable)   214

6.6.3 외부 변수(external variable)   217

6.6.4 레지스터 변수(register variable)   220

6.7 되부름 함수   222

6.8 inline(확장) 함수   225

CHAPTER 07 **배열**   **231**

7.1 1차원 배열   232

7.1.1 배열이란   232

7.1.2 1차원 배열 선언   232

7.1.3 1차원 배열의 초기화   237

7.2 다차원 배열   243

7.2.1 2차원 배열   244

7.2.2 2차원 배열의 초기화   247

7.3 문자 배열   251

7.3.1 문자 배열 선언   252

7.3.2 문자 배열의 초기화   254

CHAPTER 08 **배열**   **231**

8.1 포인터의 개요   264

8.2 포인터 선언   266

8.3 포인터 변수의 초기화   272

8.4 포인터 연산   274

8.5 포인터와 배열   277

8.5.1 포인터와 1차원 배열   278

8.5.2 포인터와 2차원 배열   282

8.5.3 포인터와 문자열   286

8.5.4 포인터 배열   289

8.6 문자열 함수   293

8.6.1 strcpy() : 문자열 복사   294

8.6.2 strcat() : 문자열 연결   298

8.6.3 strcmp() : 문자열 비교   300

8.6.4 strlen() : 문자열 길이   304

8.6.5 strlwr() 함수와 strupr() 함수   306

8.7 포인터에 대한 포인터   308

8.8 동적메모리 할당과 해제   313

8.8.1 malloc() 함수를 이용한 동적 할당   314

8.8.2 new, delete 연산자를 이용한 동적할당과 해제   317

8.8.3 new, delete 연산자를 이용한 배열의 동적할당과 해제   320

CHAPTER 09   구조체와 공용체   327

9.1 구조체의 개념   328

9.2 구조체의 형식   328

9.3 구조체 변수   330

9.3.1 구조체의 원소에 대한 접근   330

9.3.2 구조체 변수의 초기화   333

9.3.3 구조체 변수의 대입   335

9.4 구조체 배열   338

9.4.1 구조체 배열의 선언   338

9.4.2 구조체 배열의 멤버에 대한 접근   340

9.4.3 구조체 배열의 초기화   342

9.4.4 구조체 배열의 대입   342

9.5 구조체 포인터   346

9.5.1 선언   346

9.5.2 포인터를 이용한 멤버의 접근   346

9.6 구조체의 응용   350

9.6.1 구조체의 매개변수 전달   350

9.6.2 중첩한 구조체   354

9.6.3 자기참조형 구조체   357

9.7 공용체   360

9.7.1 공용체 선언   361

9.7.2 공용체의 초기화   362

9.8 비트 필드   364

CHAPTER 10   객체와 클래스   375

10.1 클래스(Class)   376

10.1.1 객체지향의 특징   376

10.1.2 클래스의 선언   377

10.1.3 멤버함수 구현 방법   378

10.2 객체(Object)   382

10.2.1 상수 멤버   387

10.3 함수 오버로딩(Overloading)   390

10.3.1 함수중복정의   390

10.3.2 함수의 디폴트 매개변수   393

10.4 생성자와 소멸자   395

10.4.1 생성자란   395

10.4.2 생성자 오버로딩   398

10.4.3 소멸자   402

CHAPTER 11   **클래스의 고급 활용**   **411**

11.1 객체 포인터   412

11.2 this 포인터   415

11.3 함수로 객체 전달   418

11.3.1 값에 의한 전달방식의 객체 전달   418

11.3.2 주소에 의한 전달방식의 객체 전달   421

11.3.3 참조에 의한 전달방식의 객체 전달   423

11.4 클래스형 배열   426

11.4.1 객체 배열   426

11.4.2 객체 배열과 포인터   430

11.5 friend 함수   432

CHAPTER 12   **상속**   **439**

12.1 상속의 의미   440

12.2 파생클래스   440

12.3 상속에서의 생성자   446

CHAPTER **13** **연산자 중복** **457**

13.1 연산자 중복의 의미 458
13.2 입출력 연산자의 중복 464

CHAPTER **14** **가상 함수** **473**

14.1 함수 오버라이딩(Overriding) 474
14.2 정적 바인딩과 동적 바인딩 477
14.3 가상함수 479
14.4 순수 가상 함수(Pure Virtual Function)와 추상클래스 482
14.5 가상 소멸자 487

CHAPTER **15** **템플릿** **493**

15.1 템플릿의 의미 494
15.2 템플릿 함수 494
15.3 템플릿 클래스 499

CHAPTER **16** **파일 입출력** **507**

16.1 파일 입출력의 의미 508
16.2 파일 열기와 닫기 511
  16.2.1 파일 열기 511
  16.2.2 파일 닫기 516
16.3 문자와 문자열 단위의 파일 입출력 517
16.4 이진파일의 입출력 521
16.5 순차파일과 랜덤파일 525
  16.5.1 순차파일 525
  16.5.2 랜덤파일 527

CHAPTER **1**

C/C++ 언어의 개요

C 언어의 역사　1.1

C 언어의 특징　1.2

C++ 언어의 역사　1.3

C++ 언어의 특징　1.4

C와 C++ 의 차이점　1.5

C/C++ 프로그램 작성 방법　1.6

C/C++ 프로그램 작성 규칙　1.7

MicroSoft Visual C++ 컴파일러 설치 및 실습　1.8

1.1 C 언어의 역사

C 언어는 1972년에 벨(Bell) 연구소의 데니스 리치(Dennis Ritchie)가 UNIX 라는 운영체제(Operating System)를 개발하고 또한 C 컴파일러 자체를 기술하기 위해 개발한 언어이다.

C 언어 이전에 BCPL(Basic Combined Programming Language)라는 프로그래밍 언어가 있었다. 이 언어를 기반으로 Ken Thomson이 PDP-7을 위한 최초의 UNIX 체제를 위해 B 언어를 개발하였다. C 언어는 1972년에 Dennis Ritchie가 벨(Bell) 연구소에서 B언어를 확장하여 개발한 후, 현재까지 가장 많이 쓰이는 언어중의 하나가 되었다.

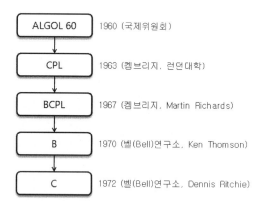

[그림 1-1] C 언어의 발전 과정

1.2 C 언어의 특징

① C 언어는 중급언어이다.

사무관련, 그래픽, 게임 등과 같은 응용프로그래밍 작성이 가능한 고급 언어의 특성과 운영체제, 에디터등과 같은 시스템 프로그래밍 작성이 가능한 저급 언어의 기능이 함께 결합되어 있다.

② C 언어는 함수의 집합으로 프로그램을 구성한다.

C 프로그램은 기본적으로 하나의 main() 함수로 구성되고, 필요에 따라서 여러 개의 함수를 추가해 준다.

③ C 언어는 구조화 프로그래밍 언어이다.

C 언어의 프로그램 구조는 함수를 기반으로 하고 있기 때문에 톱다운 설계 (top-down design), 구조화 프로그래밍(structured programming) 및 모듈화 (Modular) 설계를 쉽게 구현할 수 있다. 그 결과 프로그램의 신뢰도가 높고 이해하기가 쉬우므로 대형 프로그램 작성, 프로그램 추적 및 에러 수정이 아주 용이해진다.

④ C 언어는 효율적인 언어이다.

C 프로그램은 콤팩트(compact)하고 실행속도가 빠르다.

⑤ C 언어는 이식성이 높은 언어이다.

특정 시스템을 위하여 개발한 C 프로그램을 다른 시스템에서 실행시키고자 하면 해당 프로그램의 극히 일부만 수정하거나 전혀 수정하지 않아도 된다.

⑥ C 언어는 강력하고 융통성이 많다.

강력하고 융통성이 많은 UNIX 운영체제의 약 90% 이상이 C 언어로 프로그래밍 되어 있으므로 UNIX 머신에서 각종 언어(Language)를 사용할 때 최종적으로 실행 가능한 프로그램으로 만들어내는 작업을 C 프로그램이 하게 된다.

⑦ C 언어는 복잡한 데이터 형(구조체, 공용체)을 간단히 취급할 수 있다.

1.3 C++ 언어의 역사

80년대 후반 하드웨어의 비약적인 발전으로 인해 소프트웨어가 따라가지 못하는 소프트웨어의 위기가 초래되었다. 기존의 절차적 언어로는 점점 거대해지는 대형 프로그램을 작성하기에는 역부족이라고 인식하게 되어 그에 대한 해결책으로 객체지향 프로그래밍 (OOP : Oriented Object Programming)이라는 개념이 출현하게 되었다. OOP 란 복잡한 현실세계를 모델링하여 프로그램으로 구현하자는 개념이라고 할 수 있다.

C 언어는 절차적 언어이므로 대형 프로그램을 작성하기에는 적합하지 않다. 그래서 1980년 AT&T Bell 연구소의 B. Stroustrup 이 C 언어에 객체지향 개념을 결합하여 C++ 라는 언어를 개발하게 되었다.

C++ 언어는 객체지향 프로그래밍을 위한 언어를 작성할 수 있도록 C 언어를 확장하여 개발된 언어이다. 즉, C++ 언어는 C 언어의 기본 문법과 규칙을 모두 적용할 수 있으므로 C 언어의 기본지식을 습득하면 C++ 언어에 그대로 적용시켜 사용할 수 있다.

1.4 C++ 언어의 특징

① 클래스 중심의 언어이다.

분리되어 사용되던 자료와 함수를 관련된 내용끼리 묶어서 하나의 사용자정의 데이터형처럼 사용할 수 있다.

② C++ 언어는 연산자 중복기능을 제공한다.

기존의 연산자를 사용자가 직접 정의하여 새로운 연산자처럼 사용할 수 있다. 주로 클래스에 대한 연산자가 필요한 경우에 정의해서 사용하게 된다.

③ C++ 언어는 함수 중복기능을 제공한다.

C 언어에서는 동일한 함수명 사용이 불가하지만 C++ 언어에서는 매개변수의 개수나 형(type)을 달리하여 동일한 이름의 함수를 여러 개 정의할 수 있다.

④ C++ 언어는 상속(inheritance)기능을 제공한다.

상속기능으로 코드의 재사용이 가능하다.

1.5 C와 C++ 의 차이점

① C++에서는 지역변수 선언시 함수중간에 선언할 수 있다.

　C에서는 지역변수 선언시 함수나 블록의 시작부분에서만 선언되어야 한다. 하지만 C++에서는 이러한 제약없이 원하는 곳에 자유로이 지역변수를 선언할 수 있다.

② C++에서는 함수 사용시에 함수의 원형이 먼저 선언되어야 한다.

　C에서는 함수의 원형 선언이 선택사항이지만 C++에서는 함수 사용 전에 함수의 원형을 반드시 먼저 선언해야 한다. 하지만 멤버함수는 원형을 선언하지 않아도 된다.

③ C++에서는 값을 반환하도록 되어있는 함수에서는 값을 반드시 반환해야 한다.

C언어에서는 반환값이 있는 함수인 경우라도 값을 반환하지 않아도 된다. 하지만 C++에서는 반환값이 있다고 명시된 함수인 경우에는 반드시 값을 반환해야 한다. 즉, 반환값이 있는 함수는 문장 내에 반드시 return문이 존재해야 함을 의미한다.

1.6 C/C++ 프로그램 작성 방법

C/C++ 프로그램의 작성과 실행과정에 대해서 알아보자.

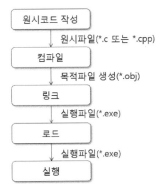

[그림 1-2] C / C++ 언어의 작성과 실행순서

(1) 원시코드 작성 (Source Coding)

소스 코드 또는 소스 파일을 작성하는 것을 말하며 이 과정을 코딩이라고 한다. 이 파일은 텍스트 형태로 작성, 저장된다. 확장자가 *.c 또는 *.cpp인 텍스트 파일이 생성되며 메모장으로도 확인이 가능하다.

(2) 컴파일 (Compile)

원시코드는 컴퓨터가 인식할 수 없는 형태로 저장되어 있으므로 컴퓨터가 이해할 수 있는 기계어로 번역하는 과정이다. 이 과정을 컴파일러가 해 주게 되는데, 이때 번역뿐만 아니라 소스 코드내의 C/C++ 언어 문법에 어긋나는 구문 오류도 찾아낸다. 이것을 디버깅(Debugging)이라고 한다. 오류없이 컴파일이 완료되는 경우 확장자가 *.obj인 목적파일이 생성된다.

(3) 링크 (Link)

컴파일 후에 생성되는 오브젝트 파일과 실행에 필요한 다른 파일들과 결합하는 과정이다. 라이브러리 함수 또는 다른 파일들의 오브젝트 코드들이 연결된다. 이 과정에서 확장자가 *.exe인 실행파일이 작성된다.

(4) 로드(Load)

링크과정에서 만들어진 실행파일을 주메모리에 적재(load)하여 실행을 준비하는 과정이다.

(5) 실행 (Execute)

주메모리에 적재된 파일을 실행한다.

1.7 C/C++ 프로그램 작성 규칙

① 함수는 { 로 시작하여 } 로 끝낸다.

② 문장의 끝에는 세미콜론(;)을 붙여서 문장의 끝을 표시한다.

③ main( ) 함수는 반드시 1개만 존재해야 한다.

④ 대소문자를 엄격하게 구분하므로 주의해야 한다.

🔍 실습문제

1. 소스코드를 기계가 이해하는 기계어로 번역하는 과정이다. 이 과정을 무엇이라고 하는가?

2. 소스파일과 목적파일의 확장자는 각각 무엇인가?

3. C/C++ 언어는 main 함수가 여러 개 존재하는 것이 가능하다. 참/거짓을 말하시오.

4. C/C++ 언어에서 문장의 끝을 알리기 위해서 무엇을 붙여야 하는가?

1.8 MicroSoft Visual C++ 컴파일러 설치 및 실습

C/C++ 컴파일러 프로그램은 종류가 다양하다. 그 중에서 일반적으로 가장 많이 사용하는 통합 개발 환경의 MicroSoft Visual C++ 6.0과 MicroSoft Visual C++ 2008을 설치해 보자.

1.8.1 MicroSoft Visual C++ 6.0 설치

STEP 01 • Visual studio 6.0 CD를 실행시킨다. 설치마법사 화면이 나타나면 다음 버튼을 클릭한다.

STEP 02 ·　최종 사용자 사용권 계약 대화상자의 동의함을 체크하고 다음 버튼을 클릭한다.

STEP 03 ·　제품번호와 사용자 ID 대화상자에서 제품의 ID번호를 정확하게 입력한다. 사
　　　　　용자이름과 회사이름은 아무거나 입력해도 된다. 다음 버튼을 클릭한다.

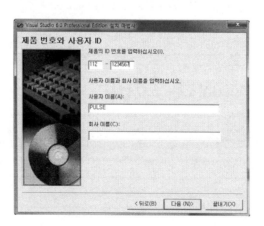

STEP 04 •   Microsoft Virtual machine for Java 대화상자에서 Microsoft Virtual machine
for Java 업데이트란을 체크하고 다음 버튼을 클릭한다.

STEP 05 •   Visual Studio 6.0 professional Edition 대화상자에서 서버설치옵션의 Visual
Studio 6.0 professional Edition 설치란을 체크하고 다음 버튼을 클릭한다.

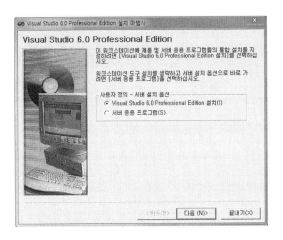

STEP 06 •   공통파일을 설치할 common 폴더 선택 대화상자에서 설치할 폴더를 선택한
다. 기본적으로 선택되어 있는 폴더를 그대로 사용하려면 다음 버튼을 클릭하
고 변경할 경우에는 찾아보기 버튼을 클릭하여 다른 폴더를 선택한다.

STEP 07 • 설치 프로그램 시작 대화상자가 나타나면 계속 버튼을 클릭한다.

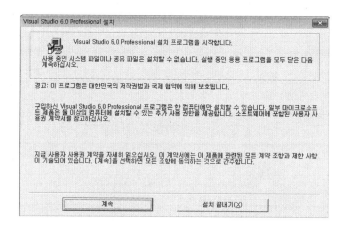

STEP 08 • Microsoft 제품 ID 확인 후, 확인 버튼을 클릭한다.

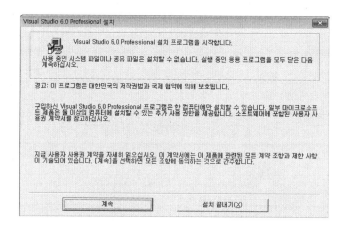

STEP 09 · 사용자 정의 옆의 버튼을 클릭한다.

STEP 10 · 설치하려는 프로그램 종류를 선택한다. Microsoft Visual C++ 6.0은 반드시 체크해서 선택하고, 나머지는 본인의 선택사항이다. Microsoft Visual C++ 6.0 이 선택되어 있는 지 확인 후 계속 버튼을 클릭한다.

STEP 11 · 환경 변수 등록이 필요할 경우에는 체크한다. 필요하지 않을 경우에는 체크하지 않고 확인 버튼을 클릭한다.

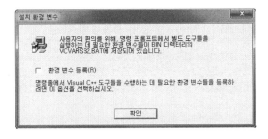

STEP 12 • 설치하는 화면이 진행된다.

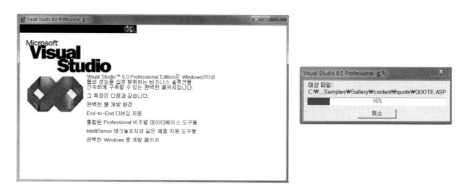

STEP 13 • 설치 완료 대화상자가 나타나면 확인 버튼을 클릭한다. 아래의 대화상자가 나
타나면 VC++ 6.0의 설치과정이 정상적으로 완료된 것이다.

STEP 14 • MSDN 설치 대화상자가 나타나면 MSDN 설치란의 체크를 해제한 후 끝내기 버
튼을 클릭하여 설치를 취소한다. MSDN CD가 있다면 MSDN을 설치해도 되지
만 웹사이트에서 모든 도움말을 제공하므로 설치할 필요는 없다.

STEP 15 • 재부팅하라는 메시지가 나타나면 컴퓨터를 재부팅한다.

1.8.2 간단한 실습

컴파일러 설치가 성공적으로 마무리 되었다면 간단한 소스를 작성하여 컴파일과 실행과
정을 익혀보도록 한다.   익숙하지 않은 내용이지만 몇 번의 반복을 통하여 프로젝트 생
성방법, 컴파일, 구문오류의 검색, 수정하는 방법을 익혀 보자.

STEP 01 · [시작] → [모든 프로그램] → [MicroSoft Visual studio 6.0] → [MicroSoft Visual
C++ 6.0]을 클릭하여 실행한다.

STEP 02 · [Tip of the Day] 창이 뜨면 아래쪽에 있는 'Show tips at startup' 체크를 해제한
후, Close 버튼을 클릭하여 창을 닫는다.

STEP 03 · File → New를 클릭하여 새 프로젝트를 생성한다.

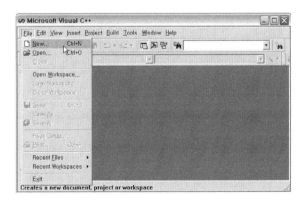

STEP 04 • projects 탭 선택 → Win32 Console Application 클릭 → Project name에 'TEST' 입력 → Location 란의 … 버튼 클릭하여 저장 폴더 선택 → OK 버튼 클릭한다.

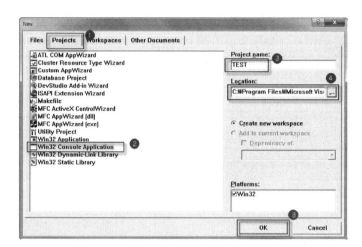

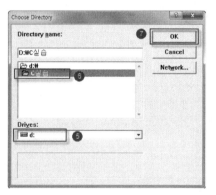

STEP 05 • Win32 Console Application - Step 1 of 1 단계에서 An empty project 선택한 후 Finish 버튼을 클릭한다.

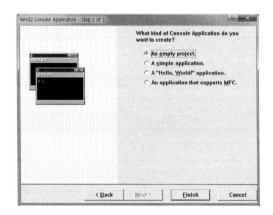

STEP 06 • New Project Information 단계에서 OK 버튼을 클릭한다.

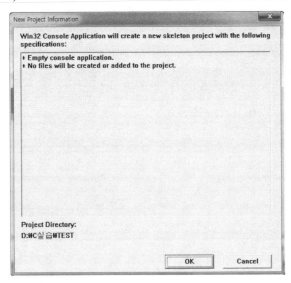

STEP 07 • 'TEST'라는 이름의 빈 프로젝트가 생성된 화면이다. 다음 단계부터는 프로젝트 내에 C/C++ 파일을 생성하여 소스를 작성하는 과정이다.

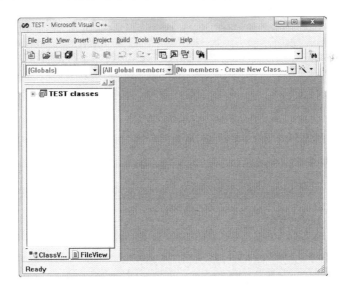

STEP 08 • File → New 를 클릭한다. Files 탭에서 C++ Source File 선택 → File 란에 a.c를 입력함. → OK 버튼 클릭한다. 저장장소 변경 시에는 OK 버튼을 클릭하기 전에 Location란에서 저장 폴더를 변경 선택한다.

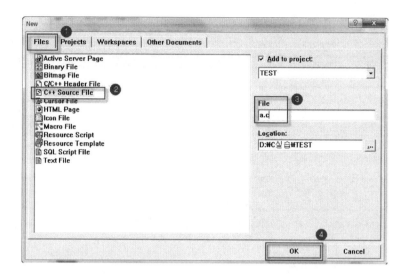

 Tip

File 란에 파일명 입력시 확장자를 .c 로 하면 C 소스 파일로 저장 된다. 확장자를 생략하거나 .cpp 로 입력하면 C++ 소스 파일로 저장된다.

STEP 09 • C 소스파일 창이 나타나면 아래 오른쪽에 있는 내용을 입력한다.

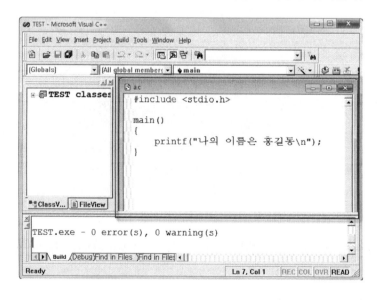

```
#include <stdio.h>

main( )
{
    printf("나의 이름은 홍길동\n");
}
```

STEP 10 · 작성한 소스파일을 컴파일해 보자. Build 메뉴 → Compile a.c(Ctrl + F7)를 클릭
한다. 오류가 없다면 출력창에 0 errors, 0 warning 로 나타날 것이다. 만일 오류
가 있다면 오류 수정 후에 한 번 더 Build 메뉴 → Compile a.c 를 클릭한다.

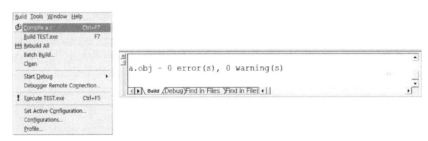

STEP 11 · 오브젝트 파일을 링크시켜 보자. Build 메뉴 → TEST.exe(F7) 를 클릭한다. 여
기서도 오류가 없다면 출력 창에 0 errors, 0 warning 로 나타날 것이다.

STEP 12 · 실행파일을 실행시켜보자. Build 메뉴 → Execute TEST.exe(Ctrl + F5)를 클릭
한다. 실행결과는 프롬프트창이 새롭게 열리면서 나타난다.

앞의 과정에서 10번 생략 후 11번 과정만으로도 컴파일과 링크를 한 번에 할 수 있는데 이를 빌드
(Build)라고 한다. 컴파일(Ctrl + F7), 빌드(F7), 실행(Ctrl + F5) 의 단축키를 외워두면 편리하게 작
업할 수 있다. 또한 아래 그림의 도구모음 단추를 클릭해도 같은 결과이다.

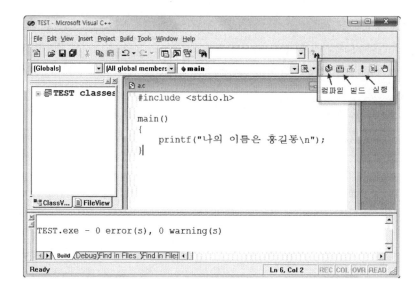

1.8.3 Microsoft Visual C++ 2008 설치

마이크로소프트사에 무료로 제공하고 있는 Microsoft Visual C++ 2008 버전을 인터넷에
서 다운받아서 설치할 수 있다. 이 버전은 초보자들이 쉽게 배울수 있도록 Microsoft
Visual C++ 2008 익스프레스 에디션(Express Edition)을 제공하고 있다.

STEP 10 · 인터넷 창에 http://www.microsoft.com/visualstudio/en-us/products/2010-
editions/express를 입력한다. 아래 처럼 visualstudio 2008 그림 아래의 visual-
studio 2008 express 글자를 클릭한다.

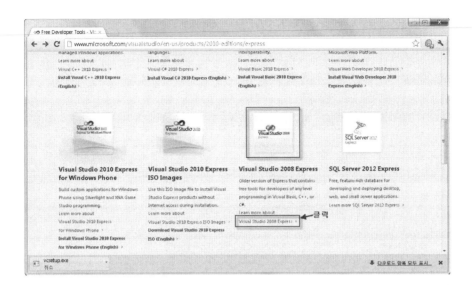

STEP 02 · Visual C++ 2008 Express with SP1 아래의 select 를 클릭하여 korean을 선택하여 언어를 설정한다. 옆의 FREE DOWNLOAD를 클릭하여 파일을 다운로드 받는다.

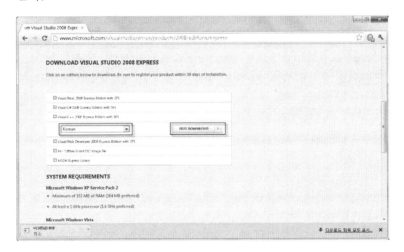

STEP 03 · 다운이 완료되면 파일을 찾아서 설치를 한다.

1.8.4 Microsoft Visual C++ 2008을 이용한 실습

앞 절에서 설치한 2008버전으로 간단한 프로그램 작성과 실행방법을 살펴본다.

STEP 01 • 시작 버튼 클릭 → Microsoft Visual C++ 2008 Express Edition을 클릭하여 실행
한다.

STEP 02 • Microsoft Visual C++ 2008 Express Edition의 초기화면이다.

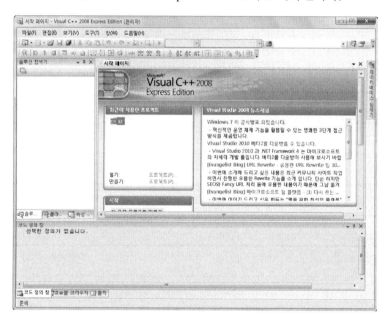

STEP 03 • 2008버전에서는 솔루션(Solution)과 프로젝트(Project)를 생성해야 한다. 솔루
션(Solution)은 어플리케이션을 생성하기 위한 프로젝트들의 그룹이다. 또한
프로젝트(Project)는 한 개의 실행파일을 만들기 위해서 필요한 모든 파일들의
그룹이다. 프로젝트(Project) 그룹내에는 소스파일, 리소스 파일, 외부파일들
과 같은 것들이 포함된다. 우선 프로젝트(Project)를 먼저 생성한다.

다음 그림처럼 파일 → 새로만들기 → 프로젝트를 클릭하여 새 프로젝트를 만든다.

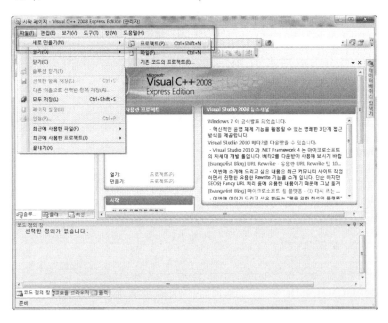

STEP 04 · 프로젝트 형식에서 '일반' 선택 → 템플릿에서 '빈 프로젝트' 선택 → 아래쪽에 프로젝트 이름을 'test'로 입력 → 위치란에서 저장위치를 설정한다. 솔루션 이름은 프로젝트 이름을 입력하면 자동 입력되므로 따로 입력하지 않아도 된다.

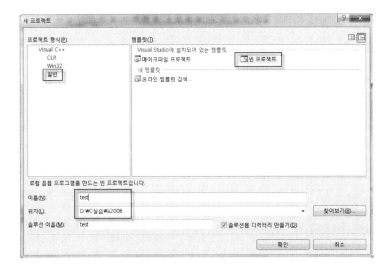

STEP 05 • 소스파일을 생성한다. '프로젝트' 메뉴 → '새 항목추가' 를 클릭하면 다음과 같
은 화면이 나타난다. 범주에서 '코드' 선택 → 템플릿에서 'C++ 파일' 선택 → 아
래쪽에 이름란에 't1.c' 라는 소스파일명을 입력한다. 이때 확장자를 .c 로 하면
C언어 형식이 되며, 확장자를 기입하지 않거나 .cpp 로 입력하면 C++ 언어 형
식으로 소스파일이 생성된다.

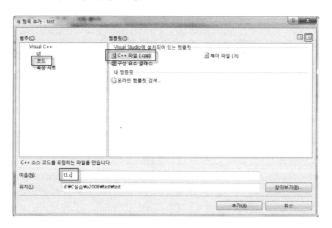

STEP 06 • STEP 05 번 과정에서 추가 버튼 클릭 후의 화면이다. 다음 그림에서 왼쪽은 워크
스페이스창으로 프로젝트내 파일들의 리스트를 보여준다. 오른쪽은 소스코드
를 입력하는 창이다. 그리고 아래는 소스코드를 컴파일, 링크후의 메시지를 출
력하는 창이다.

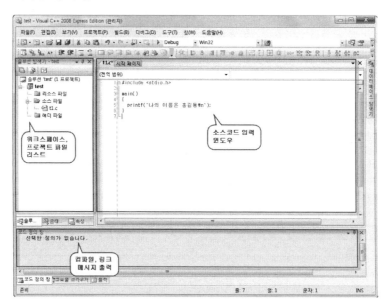

STEP 07 · 다음 그림에 나와 있는 내용을 코딩한다.

```c
#include <stdio.h>

main()
{
    printf("나의 이름은 홍길동\n");
}
```

STEP 08 · 컴파일과 링크를 실행한다. '빌드' 메뉴 선택 → '솔루션 빌드' 메뉴를 선택하면 컴파일과 링크 과정이 아래쪽 메시지창에 나타난다. 오류가 없다면 다음 그림의 아래쪽 화면처럼 '성공 : 1, 실패 : 0 , …' 이라는 메시지가 나타난다.

STEP 09 · 프로그램을 실행한다. '디버그' 메뉴 선택 → '디버깅하지 않고 시작' 메뉴를 선택하면 프로그램이 실행된다. 오류가 없다면 다음 그림처럼 MS-DOS 창에 '나의 이름은 홍길동' 이라는 문장이 출력된 것을 볼 수 있다. 이 화면에서 아무키나 누르면 도스창이 닫히고 비주얼 C++ 창으로 돌아간다.

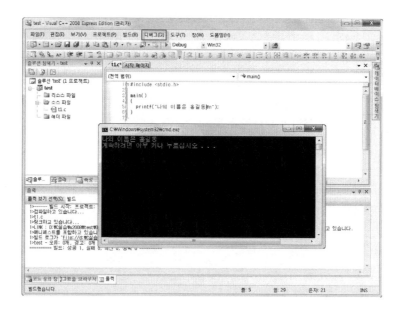

STEP 10 · 오류를 만들어서 그 오류를 찾는 방법을 실습해보자. 다음 그림에서 번호 순서 대로 진행하면 된다. 첫 번째, 소스에 있는 printf 문에서 i 를 삭제한다. 두번째 는 '빌드' 메뉴 선택 → '솔루션 빌드' 메뉴를 선택하여 컴파일과 링크를 실행한 다. 컴파일 과정이 완료되면 아래의 메시지창에 오류 메시지가 출력된다. 세 번 째는 F4키를 누르면 메시지창에 해당 오류에 해당되는 부분이 활성화되어서 표시되며, 소스코드창에서 줄번호앞에 선이 표시된다.

Exercise

1. 다음 중 C 언어와 가장 연관성이 적은 언어는?

   ① ALGOL60　　　　　　　　　② FORTRAN
   ③ BCPL　　　　　　　　　　　④ CPL

2. 다음 프로그래밍 언어들 중 시스템 프로그래밍에 가장 많이 사용되는 언어는?

   ① FORTRAN　　　　　　　　　② COBOL
   ③ C　　　　　　　　　　　　④ LISP

3. 다음 중 C 언어의 특징이 아닌 것은?

   ① 모듈 프로그램 기법을 도입하고 있다.
   ② 이식성(portability)이 뛰어나다.
   ③ 예약어가 많고 풍부한 함수가 제공되므로 대형컴퓨터에서만 운용된다.
   ④ 하드웨어에 접근하기 용이한 중급언어이므로 시스템 소프트웨어를 작성하기에 편리하다.

4. 소스 파일을 컴퓨터가 이해할 수 있는 기계어로 번역하는 과정을 무엇이라고 하는가?

5. 다음 질문에 맞는 답을 작성하시오.

   (1) C 소스파일의 확장자는 무엇인가 ?　　(　　　　　　　　)
   (2) C++ 소스파일의 확장자는 무엇인가 ?　　(　　　　　　　　)

CHAPTER 2

기본 프로그래밍 및
표준 입출력 함수

C/C++언어의 기본 프로그래밍   2.1

C/C++언어의 표준 입출력 함수   2.2

C++언어의 표준 입출력 객체   2.3

2.1 C/C++언어의 기본 프로그래밍

2.1.1 C 프로그램의 기본 구조

C 프로그램의 기본 구조는 다음과 같다.

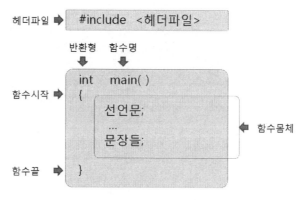

[그림 2-1] 기본 구조

프로그램은 하나 이상의 함수로 구성되는데 이 중의 하나는 반드시 main()이라는 함수이어야 한다. 함수는 헤더(header)부분과 몸체(body)부분으로 이루어지며, 헤더는 전처리기 #include와 함수의 이름을 말하며, 몸체는 중괄호인 "{ }"로 묶여 있는데 여기에는 세미콜론으로 끝나는 문장들이 들어 있다.

>> [예제 2-1] "인생은 예행연습이 없는 마라톤이야" 라는 내용을 표시하는 프로그램

```
1.  #include <stdio.h>
2.
3.  int main()
4.  {
5.      printf("인생은 예행연습이 없는 마라톤이야");
6.      return 0;
7.  }
```

실행결과

■ **프로그램 작성시 주의사항**

① 주(main) 프로그램의 처음에는 반드시 main() 이라고 쓴다.

- 만약 main() 이외의 이름을 쓰면 부(sub) 프로그램으로 간주한다.
- 프로그램의 실행은 main()부터 시작하며, main()이 없으면 실행할 수 없다.
- main()의 바로 뒤에 ;(semicolon)을 쓰지 않도록 주의한다.

② 프로그램의 본문은 "{ }" 안에 작성한다.

- '{' 와 '}' 는 프로그램의 시작 및 끝을 나타낸다.

③ printf( ) 함수의 f는 formatted(형식화된)의 약자로 이 함수는 화면에 문자열을 출력해 주는 함수이다.

- printf("문자열");
- 문자열은 이중인용부호(double quotation mark)로 묶어 준다.

④ 문장의 끝에는 반드시 ;(semicolon) 을 붙여서 다음 문장과 구분한다.

⑤ 〈stdio.h〉 헤더파일은 standard input/output header의 약자이며 C 컴파일러 패키지의 일부로써 제공된다. 여기에는 입출력(프로그램과 터미널 사이의 통신)에 관한 정보가 들어 있다.

다음 예제는 출력함수 printf() 를 사용하여 여러 개의 문자열을 출력하는 프로그램이다.

[예제 2-2] 여러 개의 문자열을 출력하는 프로그램

```
1.  #include <stdio.h>
2.
3.  int main()
```

```
4.  {
5.      printf("The rich") ;
8.      printf("The poor") ;
6.      printf("The injured") ;
7.      return 0;
8.  }
```

🌀 **실행결과**

🔍 **설명**

5~7행 : printf()함수 사용으로 인한 자동적인 개행은 발생하지 않는다.

다음 예제는 여러 개의 문자열들을 출력시에 제어문자 ('₩n')을 사용하여 개행하는 프로
그램이다. ('\n'과 '₩n'은 같은 의미)

≫ [예제 2-3] 개행문자(₩n) 삽입 프로그램

```
1.  #include <stdio.h>
2.
3.  nt main()
4.  {
5.      printf("The rich\n") ;
6.      printf("The poor\n") ;
7.      printf("The injured\n") ;
8.      return 0;
9.  }
```

🌀 **실행결과**

🔍 **설명**

5~7행   : "\n"을 개행문자(newline character)라고 한다. 커서의 위치를 다음 줄의 첫열로 이
동시켜 다음 줄에서 출력할 수 있도록 한다.

다음 예제는 puts()함수를 사용하여 여러 개의 문자열을 출력하는 프로그램이다.

》 [예제 2-4] puts()함수를 이용하여 문자열을 출력하는 프로그램

```
1.  #include <stdio.h>
2.
3.  int main()
4.  {
5.      puts("The rich") ;
6.      puts("The poor") ;
7.      puts("The injured") ;
8.      return 0;
9.  }
```

◎ **실행결과**

```
"D:\C실습\TEST\Debug\TEST.exe"
The rich
The poor
The injured
Press any key to continue
```

🔍 **설명**

5~7행   : puts()함수는 이중따옴표(" ") 안에 있는 문자열들을 출력한 후에 개행을 한다.
printf() 함수와 달리 "\n"(개행문자(newline character))를 사용하지 않아도 자동적
인 개행이 이루어진다.

🔍 **실습문제**

1. printf 함수에서 개행을 하기 위해서 사용하는 제어문자는 무엇인가?

2. C 언어에서 문장의 끝에는 반드시 (   )을 붙여서 다음 문장과 구분한다. 빈 괄호에 들어갈 말은
무엇인가?

3. 다음과 같은 출력결과가 나오도록 printf 함수를 이용하여 작성하시오.

> 〈출력결과〉
> C
> 프로그램은
> 재미있다.

4. 2번 문제의 출력결과가 나오도록 puts 함수를 이용하여 작성하시오.

2.2 C/C++언어의 표준 입출력 함수

컴퓨터에게 어떤 일을 수행 시키려면 처리 과정을 기술한 프로그램과 처리할 데이터를 입력시켜야 하고, 처리가 끝나면 어떤 형태로 결과를 출력할 것인지를 나타내는 보고서의 형태도 정해 주어야 한다.

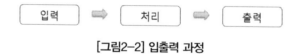

[그림2-2] 입출력 과정

C 언어에서의 입출력은 미리 만들어 제공하는 표준 입출력 함수를 호출함으로써 이루어진다. 여기서 말하는 자료의 입력과 출력이란 키보드(keyboard)를 통해 자료를 입력하게 되면 화면(monitor)을 통해 처리결과를 출력하는 고정적인 입출력 방식을 말한다.

함수 printf() 및 scanf()는 양식 지정이 필요할 때 사용하고, 단일 문자 입출력 함수인 getchar(), putchar(), getche(), getch() 및 putch() 는 양식 지정이 필요하지 않고 단순히 문자를 입출력하는 경우에 사용한다. 이들 중 getchar(), putchar()와 같은 입출력 함수들을 사용하려면 프로그램 선두에 #include 〈stdio.h〉문장을 포함시켜 주어야 한다.

2.2.1 출력함수 : printf()

printf() 함수는 일련의 인수를 받아서 주어진 형식 제어 문자열 즉, 출력 형식에 따라 표준 출력 장치인 화면(monitor)으로 데이터를 출력하는 함수로써 그 사용 형식은 다음과 같다.

■ 형식

```
printf("형식 제어 문자열", 인수1, 인수2, … );
```

형식 제어 문자열(format control string)은 데이터의 출력 형식을 제어하는 역할을 하며 이중인용부호(" ")로 묶어서 표현한다. 단순 문자, 형식 제어 문자열, escape 문자 등으로 구성되며 이들 문자를 제외한 보통 문자들은 그대로 출력된다. 인수(argument list)들은 콤마(comma)나 공백(blank)으로 구분하며 출력시킬 데이터의 변수 또는 수식으로 인수를 표현하게 된다. 인수의 개수와 형식 문자열의 개수는 일치해야 한다.

(1) 형식 제어 문자열(format control string)

형식 제어 문자열은 입출력하려는 자료의 형(type)을 지정하는 코드로서 반드시 이중인용부호(" ")내에서 %와 함께 기술하는데 형식은 다음과 같다.

■ 형식

```
printf("%[+/-][0]w[.n][1]변환문자", … );
```

〈표 2-1〉 형식 제어 문자열의 종류와 기능

변환문자	인수형	기능
%d	정수형	정수형 인수를 10진 정수로 입출력
%o	정수형	정수형 인수를 8진 정수로 입출력
%x	정수형	정수형 인수를 16진 정수로 입출력
%u	정수형	정수형 인수를 부호 없는 10진수로 입출력
%c	문자형	문자형(정수형) 인수를 단일문자로서 입출력
%s	문자열 포인터	문자열로 입출력
%f	실수형	소수점을 포함하는 실수형 입출력

변환문자	인수형	기능
%e	지수형	실수형(지수형) 인수를 지수형으로 입출력
%ld	배정도 정수형	정수형 인수를 배정도의 10진 정수로 입출력
%lf	배정도 실수형	실수형 인수를 배정도의 실수로 입출력
%g	임의형	정수형, 실수형, 지수형 중 가장 알맞은 형으로 출력

예를 들어, 형식 제어 문자열이 "%d"라고 하면, %는 변수가 출력될 위치를 나타내며 d는 출력하고자 하는 변수를 10진수로 출력한다는 것을 나타낸다.

입출력 함수에서 형식 제어 문자열을 사용하는 방법은 다음과 같다.

〈표 2-2〉 제어 문자열을 사용하는 방법

option	의미
–	출력할 자료의 결과를 왼쪽에서부터 출력한다.
+	자료 결과를 항상 '+'나 '–' 기호를 붙여 출력한다.
[0]w	w는 전체자릿수 의미, '0'은 왼쪽의 여백을 0으로 채운다.
.n	실수형 자료의 소수점 이하의 자릿수를 의미한다.

(2) escape(탈출) 문자

지금까지 사용해 온 '₩n'는 새로운 라인으로 바꾸라는 의미로써 printf() 함수에서 이중 인용부호 내에 위치하면서도 화면에는 출력되지 않는 문자이다. ASCII 코드에서 0x20 미만의 코드는 출력될 수 없는 문자인데 이러한 코드문자로써 나타내는 것을 escape 문자라 한다. C 언어에서 사용하는 escape 문자는 ₩(백슬래쉬) 다음에 하나의 문자를 사용하는데 그 종류와 기능은 다음과 같다.

〈표 2-3〉 escape 문자의 종류와 기능

escape문자	기능
₩n	커서를 새로운 줄로 바꾼다.(new line)
₩r	커서를 그 줄의 맨 앞으로 이동한다.(carriage return)
₩b	커서를 한 문자만큼 앞으로 이동한다.(back space)
₩t	커서를 그 줄의 일정한 값(tab)만큼 이동한다.(tab)
₩f	한 페이지 앞으로 전진시킨다.(form feed)
₩a	내장 벨소리를 낸다.
₩₩	백슬래쉬(₩) 문자를 출력한다.(back slash)

escape문자	기능
₩'	' 문자를 출력한다.(single quote)
₩"	" 문자를 출력한다.(double quote)
₩?	? 문자를 출력한다.(question mark)
%%	% 문자를 출력한다.(percent mark)

(3) 정수 데이터의 출력

위에 설명한 형식제어문자열과 escape(탈출) 문자를 이용하여 프로그램을 만들어 보자.

>> [예제 2-5] 정수 50을 여러 가지 진수로 출력

```
1. #include <stdio.h>
2.
3. int main()
4. {
5.     printf("%d\n", 50) ;
6.     printf("%x\n", 50) ;
7.     printf("%o\n", 50) ;
8.     return 0;
9. }
```

🔎 실행결과

🔎 설명

5행   : "%d"에서 %는 출력할 자리를 지정하는 것이며, d는 10진수(decimal)을 의미한다.
         즉, 숫자 50을 정수형의 10진수로 출력하라는 뜻이다. 만약, 실수형 숫자를 "%d"로
         출력하면 올바른 값이 출력되지 않는다.

6행   : x는 16진수(hexadecimal)을 의미한다. 숫자 50을 정수형의 16진수로 출력하게 되어
         10진수 50을 16진수 32로 출력한다.

7행   : o는 8진수(octal)을 의미한다. 숫자 50을 정수형의 8진수로 출력하게 되어 10진수
         50을 8진수 62를 출력한다.

다음 예제는 정수들의 합을 구해서 출력하는 예제이다.

> **[예제 2-6] 정수의 덧셈과 출력(1)**

```
1.  #include <stdio.h>
2.
3.  int main()
4.  {
5.      printf("%d  %d  %d\n", 5, 6, 5+6) ;
6.      return 0;
7.  }
```

🔆 **실행결과**

```
 "D:\C실습\2장\Debug\2장.exe"
5  6  11
Press any key to continue
```

🔍 **설명**

5행   : printf() 함수에서는 콤마로 구분하여 여러 개의 값들을 구분한다. 출력 제어 형식
        인 %d %d %d 와 5, 6, 5+6은 1:1 대응된다.
        5+6은 계산이 되어서 합인 11이 %d 자리에 대응되어 출력된다.

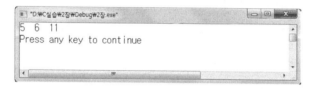

다음 예제는 출력 형식인 %d와 문자열을 함께 사용하여 출력하는 프로그램이다.

> **[예제 2-7] 정수의 덧셈과 출력(2) - 문자열과 함께 출력**

```
8.  #include <stdio.h>
9.
10. int main()
11. {
```

```
12.    printf("1번째 수 = %d,", 5) ;
13.    printf("  2번째 수 = %d\n", 6) ;
14.    printf("합 = %d\n", 5+6) ;
15.    return 0;
16. }
```

실행결과

```
■ "D:₩C실습₩2장₩Debug₩2장.exe"
1번째 수 = 5,  2번째 수 = 6
합 = 11
Press any key to continue
```

설명

5행   : "1번째 수 = " 는 공백까지도 그대로 출력된다. 출력형식지정자 "%d" 자리에는 뒤의 숫자 5가 대응되어 출력된다.

6행   : 문자열(██2번째 수 = %d\n) 앞에 있는 ██(공백)은 문자열을 출력하기 전에 공백을 우선 출력하기 위한 목적으로 사용한다.

7행   : 5+6은 계산이 된 결과값인 11이 "%d" 자리에 출력된다.

다음 예제는 정수를 자리에 맞추어서 출력하는 프로그램이다.

[예제 2-8] 정수의 출력 - 자리 수에 맞추어서 출력

```
1. #include <stdio.h>
2.
3. int main()
4. {
5.    printf("%d\n", 100) ;
6.    printf("%8d\n", 100) ;
7.    printf("%-8d%-8d\n", 100, 200) ;
8.    printf("%08d\n", 100) ;
9.    printf("%2d\n", 100) ;
10.    return 0;
11. }
```

실행결과

```
"D:\C실습\2장\Debug\2장.exe"
100
        100
100     200
00000100
100
Press any key to continue
```

설명

6행 : "%8d"에서 8은 전체자리수이며 10진 정수를 오른쪽부터 출력한다. 남는 자리는 공백으로 채운다.

7행 : "%-8d"에서 8은 전체자리수이며 10진 정수를 출력한다. - 부호는 왼쪽부터 출력하라는 뜻이며, 출력하고 남는 자리는 공백으로 채운다.

8행 : "%08d"에서 8은 전체자리수이며 10진 정수를 오른쪽부터 출력한다. 남는 자리는 0으로 채운다.

9행 : 지정한 자리수가 출력할 정수의 자리 수에 비해 작을 때는 형식을 무시하고 정수 전체를 모두 출력한다.

(4) 실수 데이터의 출력

소수점이 있는 실수 데이터를 출력해 보자.

[예제 2-9] 실수의 덧셈과 출력 (1)

```
1. #include <stdio.h>
2.
3. int main()
4. {
5.     printf("%f\n",    10.45);
6.     printf("%5.1f\n", 20.21);
7.     printf("%-5.1f\n", 10.45 + 20.21);
8.     return 0;
9. }
```

실행결과

```
"D:₩C실습₩2장₩Debug₩2장.exe"
10.450000
  20.2
30.7
Press any key to continue
```

설명

5행   : "%f"는 실수출력시 사용한다. f는 float를 의미하며 기본적으로 소수점 이하 6자리
         로 출력된다.

6행   : "%5.1f" 는 전체자리를 소수점 포함하여 5자리로 확보한 후에 소수점 이하 한자리에
         맞춘다. 오른쪽부터 출력하며 채워지지 않는 남는 부분은 공백으로 채운다. 지정한
         소수점 이하 자리수가 출력할 실수의 소수점 이하 자리 수에 비해 작을 때는 소수점
         을 기준으로 출력하고 나머지는 버리되 반올림되는 수인 경우에는 반올림하여 출력
         한다.

%5.1f → | | | 2 | 0 | . | 2 |

7행   : "%-5.1f" 는 전체자리를 소수점 포함하여 5자리로 확보한 후에 소수점 이하 한자리
         로 출력한다. - 기호는 왼쪽부터 출력하라는 의미이다.

%-5.1f → | 3 | 0 | . | 7 | |

10.45 + 20.21 의 합인 30.67이 자리수에 맞추어서 출력된다. 끝에서 반올림하여
30.7이 출력된다.

(5) 단일 문자와 문자열의 출력

C언어에서는 문자를 단일문자와 문자열로 구분해서 표현한다. 단일 문자는 1개의 문자
를 말하며 단일인용부호(' ')로 묶어서 나타낸다. 반면 문자열은 여러 개의 문자들이 나열
된 것을 말하며 이중인용부호(" ")로 묶어서 표현한다.

단일문자와 문자열의 선언 및 입출력 형식의 사용 방법은 다음과 같다.

〈표 2-4〉 단일 문자와 문자열의 선언 및 입출력 형식

구분	입출력 형식
단일 문자	%c
문자열	%s

다음 예제는 단일 문자와 문자열의 출력 프로그램이다.

>> [예제 2-10] 단일문자와 문자열의 출력(1)

```
1. #include <stdio.h>
2.
3. int main()
4. {
5.     printf("%c%c%c%c\n", 'Y','e','s',',');
6.     printf("I am happy.\n") ;
7.     return 0;
8. }
```

실행결과

```
"D:\C실습\2장\Debug\2장.exe"
Yes,
I am happy.
Press any key to continue
```

설명

5행   : 단일 문자를 출력할 때의 출력 형식은 %c로 지정한다. 여기서 c는 character를 의미
          한다.

다음 예제는 단일 문자와 문자열을 자리수에 맞추어서 출력하는 프로그램이다.

>> [예제 2-11] 단일문자와 문자열의 출력(2) - 자리 수에 맞추어서 출력

```
1. #include <stdio.h>
2.
3. int main()
4. {
5.     printf("\n%2c%2c%2c%c ", 'Y','e','s',',');
6.     printf("%s\n", " I am happy.") ;
7.     printf("%15s\n", " I am happy.") ;
8.     return 0;
9. }
```

설명

5행   : "%2c"는 2자리 내에 문자를 오른쪽부터 출력하며 남는 자리는 공백으로 채운다.

6행   : 문자열의 출력 형식은 "%s"로 지정하며 s는 string을 의미한다. 자리수를 지정하지
          않으면 왼쪽부터 출력한다. 5행에서 마지막에 개행이 없으므로 5행 출력문자 뒤에
          이어서 출력한다.

7행   : "%15s"는 전체 15자리 내에 문자열을 오른쪽부터 출력하며 남는 자리는 공백으로 채
          운다.

실행결과

(6) 정수, 실수 및 지수의 출력

출력형식 지정문자 중 %g는 대응되는 값을 판단하여 정수, 실수 또는 지수형 중에서 가
장 적당한 형식으로 출력한다. 아래의 예제를 통해서 사용법을 익히자.

[예제 2-12] 실수, 지수 출력

```
1.  #include <stdio.h>
2.
3.  int main()
4.  {
5.      printf("%f\n", 45000.0);
6.      printf("%g\n", 45000.0);
7.      printf("%f\n", 0.456);
8.      printf("%g\n", 0.456);
9.      printf("%f\n", 0.000000456);
10.     printf("%g\n", 0.000000456);
11.     return 0;
12.  }
```

실행결과

```
"D:₩C실습₩2장₩Debug₩2장.exe"
45000.000000
45000
0.456000
0.456
0.000000
4.56e-007
Press any key to continue
```

설명

6행	: "%g" 형식으로 출력하면 정수나 실수 또는 지수형 중에 가장 적당한 형식으로 출력하게 된다. 소수점 아래의 0을 무효하게 처리하여 45000.0을 정수인 45000으로 출력한다.
8행	: 실수형 데이터를 "%f" 형식으로 출력하면 소수점 이하 6자리까지 출력하게 되지만, "%g" 형식으로 출력하면 무효의 0은 제외되어 0.456000이 아닌 0.456으로 출력한다.
9행	: "%g" 형식으로 실수형 데이터를 출력할 때 실수보다 지수형이 적은 자리수로 출력할 수 있다면 0.000000456을 지수형태인 4.56e-007으로 출력한다.

(7) escape 문자를 이용한 출력

여러 가지 다양한 escape 문자를 이용한 예제를 살펴보도록 하자. 앞에서 개행문자('₩n')의 사용법과 마찬가지로 escape 문자 사용시에는 ₩(백슬래시)를 앞에 먼저 붙이고 나머지 문자를 붙여서 사용한다.

[예제 2-13] escape 문자를 이용한 출력

```c
1.  #include <stdio.h>
2.
3.  int main()
4.  {
5.      printf("안녕\n하세요\n");
6.      printf("\t123\t456\n");
7.      printf("\a\a 삑삑\n");
8.      printf("이중\"따옴표\"출력 \n");
9.      return 0;
10. }
```

실행결과

설명

5행   : '\n' 제어문자는 Enter↵와 같은 역할을 하며 커서를 다음 줄의 첫 칸으로 이동시킨다.

6행   : '\t' 제어문자는 데이터를 일정간격으로 맞추어 출력하려 할 때 사용한다. 사용할 때마다 커서를 보통 8칸씩 오른쪽으로 옮겨 놓는다.

7행   : '\a' 제어문자는 결과 출력시 '삑'하는 소리가 나도록 한다.

8행   : \" 제어문자는 이중 따옴표 자체를 출력하고자 할 때 사용한다.

실습문제

1. 10진수 정수를 출력할 때 사용하는 형식지정문자는 무엇인가?

2. printf("%f\n", 3.1); 출력시 결과를 적으시오.

3. 1 과 2의 사칙연산을 출력하는 프로그램을 코딩하시오.

4. 삑소리가 나게 하는 제어문자는 무엇인가?

2.2.2 입력함수 : scanf()

scanf() 함수는 지정된 형식에 따라 표준 입출력 장치인 키보드(keyboard)로부터 데이터를 입력하는 함수로서 그 사용 형식은 다음과 같다.

■ 형식

```
scanf("형식 문자열", &변수1, &변수2, … );
```

형식 문자열(format string)은 데이터의 입력 형식을 제어하는 역할을 하며 printf() 함수와 비슷하다. 변수 앞에는 변수의 주소를 계산하는 주소 연산자 '&'를 붙여 사용하며, 문자열로 선언된 변수에는 '&'를 사용하지 않는다. 왜냐하면, 문자열 변수 자체가 시작 주소를 갖고 있는 포인터이기 때문이다.

(1) 수치 데이터의 입력

■ scanf()를 사용해서 하나의 정수 데이터를 입력하는 방법

```
int  num;
scanf("%d", &num);
```

키보드에서 입력하는 하나의 정수형 데이터를 입력받아서 변수 num에 저장하라는 의미이다.

다음 예제는 정수 하나를 변수 num에 입력한 후 출력하는 프로그램이다.

>> [예제 2-14] 정수의 입력과 출력 (1)

```
1. #include  <stdio.h>
2.
3. int main()
4. {
5.     int  num;
6.     scanf("%d", &num);
7.     printf("num = %d\n", num) ;
8.     return 0;
9. }
```

⟳ 실행결과

[1 : 입력대기화면]

[2 : 입력후화면]

🔍 설명

5행   : int num 은 정수형 변수로 num을 선언한 것이다. 뒷장에서 자세하게 설명할 내용이
       니 여기서는 정수를 담는 그릇 정도로 이해하고 넘어가자.

6행   : scanf()가 실행되는 지점에서 _(cursor)만 표시되어 실행이 더 이상 진행되지 않고
       정수형 숫자의 입력을 요구하는 입력대기 상태가 된다. 이때 숫자를 입력한 다음
       Enter↵ 키를 누르면 num 변수로 데이터가 저장된다. scanf()의 실행은 종료되어 다음
       순서로 프로그램 실행이 진행된다.

7행   : 변수 num에 저장된 값을 출력한다. num의 값을 "%d: 자리에 10진 정수형태로 출력한다.

■ scanf()를 사용해서 두 개 이상의 정수 데이터를 입력하는 방법

```
int  a, b, c;
scanf("%d %d %d", &a, &b, &c);
```

입력할 개수만큼의 형식 지정 문자를 쓰고 각각의 변수명을 ','로 구분한다. 여러 개의 데이터를 입력할 때 스페이스바, 엔터 또는 탭으로 값들을 구분한다. 입력종료는 엔터키를 눌러서 마무리 한다.

다음 예제는 3개의 정수를 변수 a, b, c에 각각 입력한 후 출력하는 프로그램이다.

≫ [예제 2-15] 정수의 입력과 출력(2) - 여러 개의 값을 입력함

```
1.  #include  <stdio.h>
2.
3.  int main()
4.  {
5.      int  a, b, c;
6.      scanf("%d %d %d", &a, &b, &c);
7.      printf("a = %d  b = %d  c = %d\n", a, b, c);
8.      return 0;
9.  }
```

실행결과

```
"D:\C실습\2장\Debug\2장.exe"
100 200 300  [Enter]
a = 100  b = 200  c = 300
Press any key to continue
```

설명

5행 : 정수형 변수 a, b, c 3개를 선언한다. 숫자 3개를 저장할 메모리를 확보하는 것이다.

6행 : 숫자 3개를 입력하는 것이므로 형식지정문자 "%d" 3개를 나열한다. 입력해서 저장할 변수를 뒤에 나열한다. "%d"의 개수와 변수의 개수는 일치해야 한다.

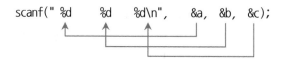

$$\text{scanf(" \%d \quad \%d \quad \%d\textbackslash n", \quad \&a, \quad \&b, \quad \&c);}$$

(2) 문자 데이터의 입력

C언어에는 문자열을 저장하는 자료형이 따로 존재하지 않는다. 문자열을 저장할때는 배열을 이용해서 여러 개의 문자열을 저장한다. 배열 ch에 문자 데이터를 입력하는 방법은 다음과 같다.

```
char  ch[4];
scanf("%s", ch);
```

■ 설명

① 첨자는 입력하고 싶은 문자수+1 이상이 되어야 한다. 문자열의 끝을 알리기 위한 널 문자('\0')의 자리를 추가하는 것이다.

② 배열을 char형으로 선언한 후에 scanf() 명령을 사용한다.

③ "%s"는 문자열 표시 입력 형식이며, 문자열을 입력할 때는 배열명 ch 앞에 '&'를 붙이지 않는다.

다음 예제는 scanf 함수를 이용하여 이름을 입력받는 예제이다. 형식지정문자에 %s를 사용하였다.

>> [예제 2-16] 문자 데이터의 입력과 출력(1)

```
1.  #include <stdio.h>
2.
3.  int main()
4.  {
5.      char  irum[10];
6.      scanf("%s", irum);
7.      printf("성명 = %s\n", irum);
8.      return 0;
9.  }
```

실행결과

설명

5행   : 요소수가 10개인 문자형 배열 irum을 선언한다.

6행   : 배열명 자체가 배열의 시작주소값을 가지고 있기 때문에 &를 붙이지 않는다. 주소의
          개념은 뒤에서 자세하게 살펴볼 것이니 모르면 이 정도에서 스킵한다.

          형식지정자 "%s"를 사용하여 문자열을 입력하면 문자열의 마지막에 널문자('\0')가
          붙는다. 이는 배열 irum에 저장되어 있는 문자열의 마지막을 알리기 위한 표식이다.

7행   : 형식지정자 "%s"를 사용하여 문자열을 출력하면 배열 irum에 저장되어 있는 문자들을
          널문자('\0') 이전까지 모두 출력한다.

[예제 2-16]과 같이 scanf()를 수행할 순서에서 _(cursor)만 표시되고 데이터가 입력되기
전까지는 실행이 더 이상 진행되지 않는다. 이렇게 하면 어떤 데이터를 입력해야 할 지
알 수 없으므로 scanf() 함수 사용 이전에 printf() 함수를 이용해서 입력해야 할 데이터
에 대한 문장을 출력하는 것이 효율적이다.

다음 예제는 [예제 2-16]을 수정하여 입력이전에 입력 도움문장을 출력하도록 한 프로그
램이다.

>> [예제 2-17] 문자 데이터의 입력과 출력(2)-메시지와 함께 입력

```
1.  #include  <stdio.h>
2.
3.  int main()
4.  {
5.      char  irum[10];
6.      printf("당신의 이름은 무엇입니까:");
7.      scanf("%s", irum);
8.      printf("나의 이름은 %s입니다\n", irum);
9.      return 0;
10. }
```

실행결과

설명

6행   : scanf() 함수 이전에 입력 도움문장을 먼저 출력한다.

7행   : 이름을 "송 찬 욱" 이라고 입력해도 '송' 밖에 입력되지 않는다. 이것은 데이터 입
력시 공백을 부여하면 데이터의 구분으로 판단하여 '송'까지만 변수에 입력하기 때
문이다. 따라서, 문자열을 입력할 때에는 문자 사이에 공백이 입력되지 않도록 유의
하여야 한다.

실습문제

1. int x;
    scanf("%d", x);   문장에서 틀린 부분을 찾아 수정하시오.

2. scanf 함수로 여러 개의 값들을 입력하려고 한다. 값들을 구분할 수 있는 구분자는 무엇으로 하는가?

3. 문자 한 개를 입력하려고 한다. scanf 함수안에 사용해야 할 형식지정문자는 무엇인가?

2.2.3 주석문(comment)

주석문이란 프로그램의 실행과는 무관하게 프로그램의 목적, 수행과정, 알고리즘에 대한 설명 등을 프로그램 내에 기술하여 프로그램의 이해를 돕기 위해 사용하는 문장이다. 한줄 주석과 블록 주석의 2가지 종류가 있다. 사용 형식은 다음과 같다.

■ 형식

> ① 한 줄 주석 : //
> ② 블록 주석 : /*　　설명내용　　*/

주석문은 프로그램의 모든 위치에 존재할 수 있다.

》》 [예제 2-18] 주석 처리 예제

```
1. /* 주석 처리 예제 */
2. #include <stdio.h>
3.
4. int main()
5. {
6.     /* =============
7.        sample.c : sample program
8.        ============= */
9.     int c= 100;  // 정수형 c에 100을 할당함.
10.    return 0;
11. }
```

2.3 C++언어의 표준 입출력 객체

C++ 언어에서는 C언어의 stdio.h 헤더파일의 라이브러리 함수를 사용하지 않고 iostream.h 헤더파일을 이용한다. iostream.h 라이브러리에는 출력 객체 cout, 입력 객체 cin 으로 입력과 출력에 관련된 내용을 제공한다.

입력객체 cin, 출력객체 cout은 스트림 삽입연산자인 '〈〈' 와 '〉〉' 가 연산자중복정의를 통해 C 언어와 같은 복잡한 형식 지정 없이 한 줄로 간단하게 입, 출력을 지정할 수 있다. 즉, 입력이나 출력하고자 하는 내용들을 스트림 삽입연산자 '〈〈' 와 '〉〉' 사이에 나열하면 된다. C언어처럼 형식을 따로 지정하지 않아도 입출력객체 cin 이나 cout에 의해 알아서 처리된다.

■ 형식

```
cin >> 변수명1 [ >> 변수명2 .. ] ;     //입력
cout << "출력문자열" << 변수명1 [<< 변수명2 .. << endl ] ;     //출력
```

예제를 통해서 사용법을 익혀 보자.

〉〉 [예제 2-19] cout을 이용한 한 줄의 문자열 출력

```
1.  #include <stdio.h>
2.
3.  int main()
4.  {
5.      cout << "안녕하세요" << endl;
6.      return 0;
7.  }
```

실행결과

설명

12행 : "<<" 출력스트림 연산자 뒤에 출력하고자 하는 내용을 기입한다. endl은 개행문자 ('\n') 과 같은 뜻이며 대신에 '\n' 을 사용해도 된다.

다음 예제는 숫자와 문자열, 연산의 결과를 출력하는 프로그램이다. 형태가 다른 데이터들을 출력하는 방법을 살펴본다.

>> [예제 2-20] cout을 이용한 정수 덧셈 출력

```
1.  #include  <stdio.h>
2.
3.  int main()
4.  {
5.      cout << 5 << "+" << 6 << "=" << 5+6 << endl;
6.      return 0;
7.  }
```

실행결과

```
"D:\C실습\2장\Debug\2장.exe"
5+6=11
Press any key to continue
```

설명

5행   : 출력할 데이터가 문자열일 경우는 이중따옴표(" ")로 둘러싸고, 숫자나 변수명은 따
          옴표 없이 그냥 기입한다. 5+6은 합의 결과가 출력된다. "<<" 출력스트림 연산자 사
          이에 원하는 출력순서대로 값을 나열하여 출력순서를 정한다.

다음 예제는 입력 객체 cin을 통해서 자료를 입력하는 예제이다. 입력한 값을 저장할 변
수명을 순서대로 나열하기만 하면 된다.

>> [예제 2-21] cout을 이용한 정수 덧셈 출력

```
1.  #include  <stdio.h>
2.
3.  int main()
4.  {
5.      int num;
6.
7.      cin >> num;
8.      cout << "num = " << num << endl;
9.      return 0;
10. }
```

6행   : ">>" 입력스트림 연산자 뒤에 입력한 값을 저장할 변수를 나열한다. 이 예제에서는
             100을 입력한 후 엔터키를 누르면 숫자 100이 num 변수에 저장된다.

다음 예제는 입력 객체 cin을 통해서 여러 개의 자료를 입력하는 예제이다. 반, 학년, 나
이를 차례대로 입력해 본다.

>> [예제 2-22] 입력객체 cin을 이용하여 여러 개의 값 입력

```
1.  #include <stdio.h>
2.
3.  int main()
4.  {
5.      char ban;
6.      int  gra, age;
7.
8.      cout << "반(A,B,C), 학년, 나이를 입력하세요 :" << endl;
9.      cin >> ban >> gra >> age;
10.
11.     cout << "반 = "   << ban << endl;
12.     cout << "학년 = " << gra << endl;
13.     cout << "나이 = " << age << endl;
14.     return 0;
15. }
```

실행결과

```
"D:\C실습\2장\Debug\2장.exe"

반(A,B,C), 학년, 나이를 입력하세요 :
B 3 21  [Enter]
반 = B
학년 = 3
나이 = 21
Press any key to continue
```

설명

5~6행 : 문자형 변수 ban, 정수형 변수 gra, age를 선언한다.

8행 : ">>" 입력스트림 연산자 사이에 입력 값을 저장할 변수명들을 나열하면 입력 순서대로 변수들에 저장된다.

　　　 B 3 21 와 같이 스페이스바로 각각의 값들을 구분하여 입력하면 B는 ban에, 3은 gra에, 21은 age 변수에 각각 저장된다.

9~11행 : 저장된 값들을 출력한다.

실습문제

1. 입력스트림 연산자와 출력스트림 연산자를 각각 작성해보시오.

2. cout << "5 + 6 = " << 5+6 << endl;
   위 문장의 결과를 작성하시오.

3. int x, y;
   위와 같이 선언된 정수형 변수 x, y에 각각 정수형 숫자 2개를 입력하려고 한다. 올바르게 작성해보시오.

Exercise

1. C언어의 코딩 규칙에 관한 설명으로 틀린 것은?

    ① 한 문장의 끝은 ;으로 표시하며 한 줄에 한 문장만 쓸 수 있다.

    ② 주프로그램의 처음에는 반드시 main()이라고 쓴다.

    ③ 함수는 헤더부분과 몸체(body)부분으로 이루어지며 이들은 각각 "{ }"으로 묶어야 한다.

    ④ 프로그램에는 반드시 전처리 명령어가 포함되어야 한다.

2. 단일문자 'b'를 변수 mun에 기억시키는 명령문으로 바르게 된 것은?

    ① char mun = b;   ② char mun = 'b';

    ③ char mun = "B";   ④ char mun : k;

3. 다음은 C 언어의 입출력 함수에서 사용하는 자료형식에 관한 인자이다. 이 중 성격이 다른 하나는 ?

    ① %f   ② %d

    ③ %o   ④ %x

4. 다음 기호 중 출력되지 않고 단지 화면에서 커서를 새로운 라인으로 옮기라는 의미를 가지는 것은?

    ① ₩t   ② ₩b

    ③ ₩n   ④ ₩f

5. 입출력 함수의 표현이 잘못된 것은?

    ① printf("%3d", x)   ② getchar("%c", x)

    ③ putchar(x)   ④ scanf("%d", x)

6. 다음 프로그램의 경우 실행결과는?

```
main()
{
  char  a='i';
  printf("%c,", a);
  printf("%c,", a+1);
  printf("%c", a+2);
}
```

① a,b,c   ② a,c,e

③ i,j,k   ④ i,j,l

7. 다음 프로그램의 실행 결과는?(△는 공백을 의미한다.)

```
main()
{
  int   k = 017;
  printf("%3d%30%3x", k, k, k);
}
```

① △15△17△F   ② 15△17△F

③ △15△17△△F   ④ 15△17△F

8. 입력한 두 숫자의 합을 출력하고자 한다. 괄호 안에 들어갈 내용은?

```
main()
{
  int  x, y;
  cout << "합을 구할 숫자 2개를 입력하시오 : " ;
  (                    )
  cout << "합 = " << x + y << endl;
}
```

9. a, b, c에 각각 200을 배정한 후 a/10, b/20, c/30의 몫과 나머지를 구하는 프로그램을 작성하시오.

　풀이 a%10, b%20, c%30과 같은 형태에서의 %기호는 나눗셈에서 나머지 연산자(modulus operator)이다.

10. x=15.12, y=13.24, z=11.28이라 할 때 수식 (x+y)/z의 결과를 구하는 프로그램을 작성하시오.

11. 다음과 같은 실행 결과가 출력되도록 프로그램을 작성하시오.

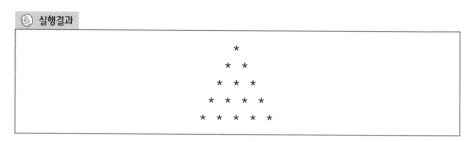

풀이 "%5c\n"은 5자리 폭으로 오른쪽에서부터 출력하라는 의미이다.

12. 다음과 같이 국어, 영어, 수학 성적을 키보드를 통해 입력받아 합계와 평균을 구한 다음 출력하는 프로그램을 작성하시오. (cin, cout 이용해서 작성하시오)

[입출력형식]

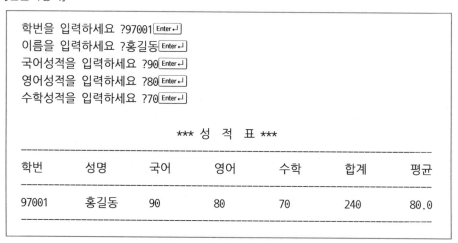

CHAPTER **3**

변수, 상수 & 자료형

변수   3.1

자료형(Data Type)   3.2

상수(constant)   3.3

기호상수(symbolic constant)   3.4

열거형 : enum   3.5

3.1 변수(variable)

변수(variable)란 프로그램이 실행되는 동안 가변적인 값을 지니게 되는 장소에 이름을 붙인 것으로서 프로그램에서 처리하고자 하는 자료를 기억시키기 위한 기억장소의 이름을 의미한다.

3.1.1 C/C++ 프로그램에 사용되는 문자

C/C++ 언어 프로그램 내에서 사용되는 문자로는 소문자, 대문자, 숫자, 특수 문자 등이 있다.

C/C++ 언어에서는 소문자와 대문자를 엄격히 구별한다.

3.1.2 식별자 명명 규칙

식별자(identifier)란 프로그래머가 프로그램에서 사용하는 변수, 객체, 함수, 상수 등에 부여한 이름을 말하며, 식별자의 이름을 구성하는 규칙은 다음과 같다.

- **식별자의 명명 규칙**
① 영문자(A-Z, a-z), 숫자(0-9), 밑줄(_)로만 구성된다.
② 첫 글자는 반드시 영문자 또는 밑줄로 시작한다.
③ 대문자와 소문자는 각각 다른 변수로 취급한다. 즉, 변수 MAX, Max, max는 각각 다른 변수이다.
④ C언어에서는 63자까지만 인식한다.
⑤ C++ 언어에서는 길이 제한이 없지만 식별자를 너무 길게 잡으면 관리가 힘들다.
⑥ 예약어는 식별자로 사용할 수 없다.

■ 올바른 식별자(변수명, 함수명 등)의 예

counter var1   source_prg   length   loop_1 SCALE 등

■ 틀린 식별자의 예

```
source-prg     /* 식별자에는 '-'를 사용할 수 없음  */
2var           /* 첫 글자가 영문자나 '_'이 아님     */
goto           /* 예약어는 사용할 수 없음         */
coun ter       /* 식별자 중간에 공백이 올 수 없음 */
```

3.1.3 예약어(keyword)

C/C++ 언어의 식별자 중에는 그 의미가 컴파일러에 의해 미리 정해져 있어 사용자가 마음대로 사용할 수 없는 예약어가 있다. int형, float형, char형 등이 예약어에 속하는데 이를 기능별로 분류하여 보면 다음과 같다.

〈표 3-1〉 C/C++ 예약어의 기능별 분류

기능별 분류	예약어
LOOP	for, while, do
DECISION & CHOICE	if, else, switch, case, default
JUMP	break, continue, goto
DATA TYPE	char, int, short, long, unsigned, float, double, struct, union, typedef
기타	return, sizeof, auto, static, extern, register, const, enum, asm, huge, void, near, far, interrupt

🔍 실습문제

1. 다음에서 올바른 식별자를 고르시오.

   num, 3sum, _point, sa_num, panmae$, p123, abc 99, if

2. for, while, do 와 같은 단어들을 무엇이라고 하는가?

3. 다음의 식별자 2개는 같은 것인가? 다르다면 왜 다른지 설명하시오.
   score, Score

3.2 자료형 (Data Type)

자료형이란 처리·저장하고자 하는 자료의 형태(type)를 말한다. 이러한 자료형은 해당되는 메모리 영역의 크기를 결정하게 된다.

3.2.1 선언문(declaration)

C/C++ 프로그램에서 사용하는 모든 변수는 사용 전에 반드시 선언해 주어야 한다. 동일한 자료형을 갖는 두 개 이상의 변수에 대해서는 comma(,)를 사용하여 변수와 변수를 구분한다.

자료형을 선언할 때는 자료형 다음에 변수명을 기입한 다음 ;(semicolon)을 끝에 표시해 주면 된다.

■ 형식

```
자료형    변수명1, 변수명2, ... ;
```


■ 선언문의 사용 예

```
int   i, j, k ;    /*  변수 i, j, k는 정수형 변수라는 것을 지정  */
float f, g, h ;    /*  f, g, h는 실수형 변수라는 것을 지정      */
char c, d, e ;     /*  c, d, e는 문자형 변수라는 것을 지정      */
```


■ 선언문의 사용 목적

① 자료형을 미리 컴파일러에게 알려줌으로써 기억장소를 확보한다.

② 사용자가 자료형이나 변수명을 잘못 사용했을 경우에 발생되는 오류를 쉽게 검출할 수 있도록 도움을 제공한다.

3.2.2 자료형과 크기

C/C++ 언어는 다음과 같은 여러 가지 기본 자료형을 제공한다.

〈표 3-2〉 기본 자료형의 종류 및 크기

종류	자료형	크기	부호	출력형식
문자형	char	1	있음	%c
	unsigned char	1	없음	%c
정수형	short	2	있음	%d
	unsigned short	2	없음	%u
	int	4	있음	%d
	unsigned int	4	없음	%u
	long	4	있음	%ld
	unsigned long	4	없음	%lu
실수형	float	4	있음	%f
	double	8	있음	%lf
	long double	10	있음	%lf

sizeof() 연산자를 사용하면 해당 자료형의 바이트 수를 알 수 있다. sizeof() 함수는 괄호 안의 변수, 자료형, 값들의 크기를 바이트로 반환한다. 값은 기종에 따라 다르지만 다음의 관계는 항상 만족된다.

```
sizeof(char) = 1
sizeof(short) <= sizeof(int) <= sizeof(long)
sizeof(unsigned) = sizeof(int)
sizeof(float) <= sizeof(double)
```

다음예제는연산자로기본형의크기를계산하여출력하는프로그램이다.

》 [예제 3-1] sizeof() 연산자를 이용한 기본형 크기 계산

```
1.  #include  <stdio.h>
2.
3.  int main()
4.  {
```

```
5.    printf("char     : %d byte\n", sizeof(    char));
6.    printf("short    : %d byte\n", sizeof(   short));
7.    printf("int      : %d byte\n", sizeof(     int));
8.    printf("long     : %d byte\n", sizeof(    long));
9.    printf("unsigned : %d byte\n", sizeof(unsigned));
10.   printf("float    : %d byte\n", sizeof(   float));
11.   printf("double   : %d byte\n", sizeof(  double));
12.   return 0;
13. }
```

실행결과

```
"D:\C실습\3장\Debug\3장.exe"
char     : 1 byte
short    : 2 byte
int      : 4 byte
long     : 4 byte
unsigned : 4 byte
float    : 4 byte
double   : 8 byte
Press any key to continue
```

설명

5~11행   : 괄호안의 자료형의 크기를 바이트 단위로 반환해서 "%d" 자리에 출력한다.

3.2.3 정수형 자료

C/C++ 언어에서 정수형을 나타내는 자료형에는 int, short, long이 있다. 자료형의 크기는 사용하는 system에 따라 조금씩 다르다. 32bit 이상 IBM PC의 경우 기본적으로 사용되는 int의 크기는 4byte이다. 정수형 자료의 사용형식은 다음과 같다.

■ 형식

```
int 변수1, 변수2, .... 변수n ;
또는
int 변수1=초기값1, 변수2=초기값2, .... 변수n =초기값n ;

/* short, long, unsigned 형도 int와 같은 형식으로 사용 */
```

■ 정수형 변수의 선언 예

```
int x, y ;
short s1, s2 ;
int x = 10, y = 20 ;
long num = 500L ;
```

정수형의 종류와 크기, 범위, 표현범위를 다음 표에 나타내었다. unsigned 는 음수를 표현하지 않는 0과 양수만을 표현함을 의미한다. 표현범위를 벗어나게 사용하면 오버플로우나 언더플로우가 일어나서 정상적인 값을 사용할 수 없다.

〈표 3-3〉 정수형의 분류

자료형	크기(byte)	표현 범위	해설	비고
short	2	−32768 ~ +32767	부호있는 짧은 정수형	%d
unsigned short	2	0 ~ 65535	부호없는 짧은 정수형	%u
int	2	−32768 ~ +32767	부호있는 표준 정수형	%d
unsigned int	2	0 ~ 65535	부호없는 표준 정수형	%u
long	4	−2147483648 ~ +2147483647	부호있는 배정도형 정수형	%ld
unsigned long	4	0 ~ 4294967295	부호없는 배정도형 정수형	%lu

다음 예제는 정수형 변수들을 선언하거나 값을 할당해서 출력하는 프로그램이다.

》》 [예제 3-2] 정수형 자료 예제

```
1.  #include <stdio.h>
2.
3.  int main()
4.  {
5.      short s = 40000;
6.      int x=20, tot;
7.      tot = x + x;
8.      printf(" s = %d, x = %d \n", s, x);
9.      printf(" tot = %d \n", tot);
10.     return 0;
11.  }
```

```
■ "D:₩C실습₩3장₩Debug₩3장.exe"
s = -25536, x = 20
tot = 40
Press any key to continue
```

◎ 설명

5행 : short형으로 변수 s를 선언하고 값 40000을 할당한다.

6행 : int형 변수 x, tot를 선언한다. x에는 값 20을 할당한다.

7행 : 변수 x와 x의 값을 더한 합을 변수 tot에 저장한다.

8행 : 변수 s, x의 값을 출력한다. 변수 s는 short형으로 범위가 -32768~32767이다. 40000 이라는 범위 밖의 값이 할당되었기 때문에 오버플로우 현상으로 인해 정상적인 값이 아닌 다른 값이 출력된다.

3.2.4 실수형 자료

실수형은 소수점이 있는 숫자를 처리하는 자료형이다. 크기에 따라 float, double, long double 3가지가 있다. 사용 형식은 다음과 같다.

■ 형식

```
float  변수1, 변수2, .... 변수n ;
float 변수1=초기값1, 변수2=초기값2, .... 변수n = 초기값 n ;
/* double, long double형은 double과 같은 형식으로 사용 */
```

■ 실수형 변수의 선언 예

```
float x, y ;
x = 3.1f;
double tae, seob ;
double song = 3.14 ;
```

C/C++ 에서는 소수점이 있는 숫자는 기본적으로 double형으로 간주한다. 따라서 float 형 변수 x를 선언한 후에 값을 따로 할당할 경우에는 값의 마지막에 'f'를 붙여서 float형 상수임을 알린다. 붙이지 않으면 'Warning'이 발생한다.

〈표 3-4〉 실수형의 분류

자료형	크기 (byte)	표현범위	해설	비고
float	4	$3.14 \times 10^{-38} \sim 3.14 \times 10^{+38}$ $10^{-38} \sim 10^{+38}$	실수형	%f
double	8	$1.7 \times 10^{-308} \sim 1.7 \times 10^{+308}$	배정도형 실수형	%lf
long double	10	$1.1 \times 10^{-4932} \sim 1.1 \times 10^{+4932}$	긴 배정도형 실수형	%lf

다음 예제는 실수형 자료를 변수에 각각 할당한 후 출력하는 프로그램이다.

≫ [예제 3-3] 정수형 자료 예제

```
1.  #include <stdio.h>
2.
3.  int main()
4.  {
5.      double song = 3.14 ;
6.      float x;
7.      x=20.567f;
8.      printf(" song = %lf\n", song);
9.      printf(" x = %5.2f\n", x);
10.     return 0;
11.  }
```

실행결과

```
song = 3.140000
x = 20.57
Press any key to continue
```

5행	: double형으로 변수 song을 선언하고 값 3.14를 할당한다.
6행	: float형 변수 x를 선언한다.
7행	: 변수 x에 값 20.567f를 저장한다.
8행	: double의 변수 song에 저장된 값을 출력한다. 출력형식지정자는 "%lf"를 사용했는데 "%f"를 사용해도 된다. 소수점 이하 6자리로 출력한다.
9행	: float형 변수 x에 저장된 값을 출력한다. 소수점 포함 전체 5자리안에 소수이하 2자리에 맞추어서 오른쪽부터 출력한다.

실습문제

1. unsigned short의 허용범위를 말하시오.

2. 정수형 변수 a, 더블형 변수 p에 각각 5, 7.3을 할당하는 문장을 작성하시오.

3. double은 몇바이트인가?

4. float형 변수에 값 할 당시 붙이는 접미어는 무엇인가?

3.2.5 문자형 자료

C/C++ 언어에서 문자형을 나타내는 자료형에는 char가 있으며 문자형 자료형은 시스템에 관계없이 1byte로 한 개의 문자를 처리한다. 문자형의 사용 형식은 다음과 같다.

■ 형식

```
char  변수1, 변수2, .... 변수n ;
또는
char 변수1=초기값1, 변수2=초기값2, .... 변수n = 초기값 n ;
```

■ 문자형 변수의 선언 예

```
char x, y ;
y = 'b';
char tae = 'A', seob = 65 ;
```

〈표 3-5〉 문자형의 분류

자 료 형	크기(byte)	표현 범위	해 설	비고
char	1	−128 ~ +127	부호있는 문자형	%c
unsigned char	1	0 ~ 255	부호없는 문자형 (그래픽 문자를 사용할 때)	%c

char형은 내부적으로 해당 문자의 아스키코드값인 정수형태로 저장이 된다. 예를 들어 char tae = 'A'; 같은 문장으로 선언했을 경우 문자형 변수 tae에 'A'의 아스키코드 값인 65가 저장된다.

결국 char tae = 65; 와 같은 형태로 선언해도 같은 값이 저장된다. 즉, char형의 변수에는 정수값이 저장되는 것이므로 연산도 가능하다.

char tae = 65 + 2; 와 같이 선언했을 경우 tae 변수에는 67이 저장된다.

다음 예제는 문자변수를 선언한 후에 문자 한 개와 정수를 대입하여 출력해 보는 프로그램이다.

[예제 3-4] 자료형 선언 예제

```
1.  #include  <stdio.h>
2.
3.  int main(){
4.      char tae = 'A', seob = 65 ;
5.      printf("tae = %c, seob=%c\n", tae, seob);
6.      printf("tae = %d, seob=%d\n", tae+1, seob);
7.      return 0;
8.  }
```

실행결과

설명

5행   : char형 변수 tae, seob을 선언한다. 각각 'A', 65를 할당한다. char형은 내부적으로
        해당 문자의 아스키코드 값인 정수형태로 저장되기 때문에 정수도 대입이 가능하다.

6행   : char형 변수에 저장된 값을 문자형태로 출력할때는 출력형식지정자 "%c"를 사용하여
        출력한다.

7행   : 출력형식지정자가 "%d" 이므로 저장되어 있던 숫자가 그대로 출력된다. char형은 내
        부적으로 해당 문자의 아스키코드 값이 저장되어 있기 때문에 연산이 가능하다.
        tae+1은 'A'의 아스키코드 값이 65이므로 66이 출력된다.

실습문제

1. char ch=68;
   printf("%c %d\n", ch, ch); 의 결과를 작성하시오.
   ('A' 의 아스키코드값 : 65)

2. 1번 문제에서 printf("%c\n", ch + 3); 과 같이 수정할 경우 출력값은 어떻게 되는가?

3.3 상수(constant)

상수(constant)란 C/C++ 언어의 문장에서 고정되어 변하지 않고 한정되어 있는 값들을
말한다. 상수도 변수와 같이 자료형에 따라 종류가 다르며 다음과 같은 종류가 있다.

• 정수형 상수 (integer constant)

• 실수형 상수 (real constant)

- 문자형 상수 (character constant)

- 문자열형 상수 (string constant)

3.3.1 정수형 상수(integer constant)

정수형 상수는 고정소수점상수(fixed point constant)라고도 하며 소수점(decimal point)을 포함하지 않는 상수이다.

〈표 3-6〉 정수형 상수의 종류 및 내용

종류	내용	사용 예
10진상수	첫 숫자가 0(zero)가 아닌 10진 숫자이다. 여기서10진 숫자는 0~9까지의 숫자(digit) 이다.	123, -123, +98, 246
8진상수	첫 숫자가 0(zero)로 시작하는 8진 숫자이다. 여기서 8진 숫자는 0~7까지의 숫자이다.	0123, 054, 0745, 0325
16진상수	0x 또는 0X로 시작하는 16진 숫자이다. 여기서 16진 숫자는 0~9 또는 a-f 또는 A-F인 숫자이다.	0x5A3, 0X123, 0xa25, 0XA43
long상수	10진, 8진, 16진 상수 뒤에 L(대문자) 또는 l(소문자)자를 붙인 상수이다.	123L, 123l, 0163L, 0X1FL

3.3.2 실수형 상수 (real constant)

실수형 상수는 부동소수점 상수(floating point constant) 라고도 한다. 소수점을 포함하는 숫자는 기본적으로 double형으로 간주한다. 십진형(decimal form)과 지수형(exponential form)으로 분류한다.

(1) 십진형 (decimal form)

10진수 형태의 실수로서 정수부, 소수점 및 소수부로 이루어져 있으며 지수부를 포함하지 않는 실수형 상수를 십진형 상수라고 한다.

십진형을 나타내는 의미는 다음과 같다.

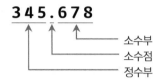

■ 규칙

① 반드시 소수점(decimal point)을 포함한다.

② 부호 및 0-9로 구성된다.

③ 부호를 생략한 경우에는 양수로 간주한다.

〈표 3-7〉 십진형 사용 예

옳은 예	틀린 예
3.141592 +3.141592 478.	3141592　　/* 소수점 없음 */ −3,141592　 /* comma 사용*/

(2) 지수형(exponential form)

지수형은 소수부(fraction)와 지수부(exponential)로 구성되며 소수부는 10진수 형태의 소수점을 포함한 실수이고, 지수부는 문자 e 또는 E, 부호(생략가능) 그리고 지수로 구성된다.

지수형을 나타내는 의미는 다음과 같다.

$0.345 * 10^2$ 을 의미하는 지수형 표기

$$0.345 + 02$$

지수부
소수점

■ 규칙

① 소수부와 지수부(e 또는 E)로 구성된다.

② 지수는 정수형만 사용 가능하며 1인 경우에는 생략이 가능하다.

③ 부호를 생략할 경우에는 양수로 간주한다.

〈표 3-8〉 지수형 사용 예

옳은 예	틀린 예
314.1592e-2	3.141592E /* 지수부 없음 */
3141592e-6	-3,141592 /* comma 사용 */
0.03141592e+2	314.1592-2.0 /* 지수부에 소수점 사용 */

■ 정수상수와 실수상수의 실질적인 차이점

① 정수는 정수만 나타내지만 부동소수점 숫자는 정수와 소수 둘 다 나타낼 수 있다.

② 부동소수점숫자는 정수보다 훨씬 큰 숫자를 나타낼 수 있다.

③ 뺄셈의 경우 부동소수점 숫자는 정수보다 정확도가 저하되기 쉽다.

④ 부동소수점연산은 보통 정수보다 처리가 느리다.

3.3.3 문자형 상수 (character constant)

문자형 상수란 단일인용부호 (' ')로 묶어 사용하는 하나의 문자를 말하는 것으로 실제 컴퓨터의 기억장소에 기억될 때의 문자상수 값은 ASCII 코드값이 된다.

〈표 3-9〉 문자형 상수와 대응 정수값(ASCII 코드)

10진수	HEX	ASCII	10진수	HEX	ASCII	10진수	HEX	ASCII
48	30	0	65	41	A	98	62	a
49	31	1	66	42	B	99	63	b
50	32	2	67	43	C	100	64	c
51	33	3	68	44	D	101	65	d

10진수	HEX	ASCII	10진수	HEX	ASCII	10진수	HEX	ASCII
52	34	4	69	45	E	102	66	e
53	35	5	70	46	F	103	67	f
54	36	6	71	47	G	104	68	g
55	37	7	72	48	H	105	69	h
56	38	8	73	49	I	106	6A	i
57	39	9	…	…	…	…	…	…
			90	5A	Z	122	7A	z

문자형 상수와 변수는 "작은 정수"로 간주할 수 있다. 다음 예제는 문자상수를 사용하는
프로그램이다.

>> [예제 3-5] 문자상수 예제

```
1.  #include <stdio.h>
2.
3.  int main()
4.  {
5.      printf("%c %d\n", 'A', 'B'+'C');
6.      /*  A : 65, B : 66, C : 67  */
7.      return 0;
8.  }
```

실행결과

```
"D:\C실습\5장\Debug\5장.exe"
A 133
Press any key to continue
```

설명

5행 : 'A'는 %c 형식지정문자에 의해서 아스키코드 65에 해당하는 문자인 'A'로 출력된다.
반면 'B'+'C' 는 %d 형식지정문자에 의해서 'B'의 아스키코드값 66과 'C'의 아스키
코드값 67의 합계인 133이 10진정수로 출력된다.

3.3.4 문자열형 상수(string constant)

C/C++ 언어에서 한 문자 이상 즉, 여러 문자를 나타낼 경우에는 이중인용부호(double quotation mark) " "로 묶어 표현한다.

• 문자열 상수는 문자형의 배열 내에 저장된다.

문자열 상수의 내부표현

문자열의 끝을 의미

• 이중인용부호 " " 내에서 제어문자 사용이 가능하다.

"program\n"

여기서 '\n'은 제어문자로써 새로운 줄로 바꾸라는 의미이다.

🔍 실습문제

1. 다음 상수들의 자료형을 작성하시오.

   ① 'a'   ② 7

   ③ "korea"   ④ 2.59

2. 문자열 상수는 문자의 끝을 알리기 위해 추가하는 문자가 있다. 무엇인가?

3. 다음 문장의 출력값은 무엇인가?

   /* A : 65, B : 66, C : 67 */

   printf("%c %d\n", 69, 'A'+4);

3.4 기호상수(symbolic constant)

앞에서 다양한 종류의 상수들을 살펴보았다. 이러한 상수들을 보통 직접 사용하지만 이름을 붙여서 상수값 대신 사용할 수도 있다. 즉, 상수값 대신 기호로 상수를 표현하여 사용하는 것을 말한다. 기호상수는 일반 변수와 구분하기 위해 보통 대문자로 구성한다.

기호상수를 표현하는 방법에는 2가지가 있다.

(1) 매크로 상수

매크로 상수는 전처리기 #define을 이용하여 기호상수를 정의하는 방법으로 프로그램의 선두에 위치시킨다. 주의할 점은 문장 맨 끝에 세미콜론(;)을 붙이지 않는다.

■ 형식

#define 상수명   값

■ 사용 예

① #define MAX 999

② #define PI   3.14159

■ 설명

① 999를 매크로상수 MAX 로 정의한다.

② 3.14159 를 매크로상수 PI 로 정의한다.

매크로상수는 #define으로 정의된 상수를 지정된 값으로 치환한다. 아래 내용에서 매크로 상수인 PI는 전처리기 수행후 모두 정의된 3.14159 의 값으로 치환된 후 컴파일된다.

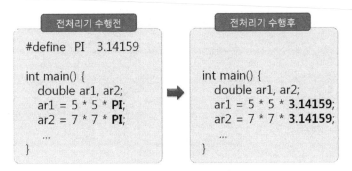

[그림 3-1] 매크로 상수

(2) const 키워드 상수

일반변수를 선언한 문장에 const 키워드를 앞에 붙여서 기호상수를 정의한다. 선언위치
는 변수선언 위치와 동일하다.

■ 형식

---

    const 데이터형 상수명 = 값;

■ 사용 예

① const int   MAX = 999;

② const double PI   = 3.14159;

const 키워드 상수는 선언시에 데이터형을 같이 지정하므로 정확하게 값을 정의할 수 있
고, 오류수정도 쉽다.

매크로 상수나 const 키워드 상수 둘 다 기호로 정의된 상수는 프로그램 중간에 수정은
불가능하다.

다음 예제는 원주율을 기호상수로 정의하여 사용하는 프로그램이다. 기호상수 사용법을
익히도록 한다.

>> [예제 3-6] 기호상수를 사용하여 원의 면적을 구하는 예제

```
1.  #include <stdio.h>
9.
10.  int main()
11.  {
12.      const  double  PI = 3.14;
13.      double ar1, ar2;
14.      ar1 = 5 * 5 * PI;
15.      ar2 = 7 * 7 * PI;
16.      printf("반지름 5인 원의 면적 = %7.2f\n", ar1);
17.      printf("반지름 7인 원의 면적 = %7.2f\n", ar2);
18.      return 0;
19.  }
```

📀 실행결과

🔍 설명

5행   : 3.14를 기호상수 PI로 정의한다. 즉, 3.14대신 상수 PI를 사용할 수 있다.

7행   : ar1 = 5 * 5 * PI; 는 ar1 = 5 * 5 * 3.14;로 계산해서 그 결과값인 78.5를 ar1에 저장한다.

9행   : %7.2f 는 전체자리수가 7, 소수점이하 자리수를 2로 맞추어서 값을 출력한다.

🔍 실습문제

1. [예제 3-6]에서 기호상수 PI를 #define 로 선언하는 문장을 작성하시오.

2. 다음 문장에서 틀린 부분을 찾아서 수정하시오.

```
#define  TRUE  1
main()
{
```

```
    printf("%d\n", TRUE);
    TRUE = 2;
    ...
}
```

3.5 열거형 : enum

열거형은 나열된 데이터들에 일정한 값을 부여함으로써 열거된 데이터에 정수값을 대응시키는 구조이다. 일단, 자료형 enum이 정의되면 컴파일러는 중괄호 { … }에 나열된 식별자의 목록에 대하여 0부터 1씩 증가된 값을 할당하게 되며, 특정한 값이 배정되어 있으면 이 값으로부터 1씩 증가된 값을 할당한다. 사용 형식은 다음과 같다.

■ 형식

```
enum  열거형명 {
              데이터1,
              데이터2,
                ...
              데이터n
            } 변수1,[변수2, … ,변수n];
```

■ enum형의 사용법

① enum days { sun, mon, tue, wed, thur, fri, sat };

② enum fruit { apple, pear, orange=6, lemon } a1;

■ 설명

①은 나열된 데이터 각각에 대하여 sun=0, mon=1, … , sat=6의 정수값이 대응된다.

②의 fruit는 열거형이름이며, 나열된 데이터에 apple=0, pear=1, orange=6, lemon=7의 정수값이 대응된다.

다음 예제는 열거형 상수와 변수에 할당되는 값들을 알아보는 프로그램이다.

>> [예제 3-7] enum형 예제

```
1.  #include <stdio.h>
2.
3.  int main()
4.  {
5.      enum fruit { apple, pear, orange=6, lemon } a1, a2;
6.      a1 = orange;
7.      a2 = lemon;
8.      printf("apple = %d\n", apple);
9.      printf("a1 = %d, a2 = %d\n", a1, a2);
10.     return 0;
11. }
```

실행결과

```
"D:₩C실습₩3장₩Debug₩3장.exe"
apple = 0
a1 = 6, a2 = 7
Press any key to continue
```

설명

5행	: fruit 열거형과 변수 a1, a2를 선언한다.
6행	: fruit의 열거형 데이터 orange의 값을 열거형 변수 a1에 할당하여 a1도 6을 가지게 된다.
7행	: fruit의 열거형 데이터 lemon의 값을 열거형 변수 a2에 할당하여 a2도 7을 가지게 된다.
8행	: 열거형 데이터 apple의 값을 출력한다. 0부터 할당되므로 0이 출력된다.
9행	: 열거형 변수 a1, a2의 값을 출력한다. 위에서 할당받은 6, 7의 값을 출력한다.

🔍 실습문제

1. 열거형내의 식별자에는 어떤 값부터 주어지는가?

2. enum ww { a=10, b, c=20, d }; 와 같이 열거형을 선언했을 경우 식별자 b, d에 할당되는 값들은 각각 무엇인가?

3. enum ww { a=1, b, c=7, d }x, y;
   x = a; y=d; 와 같이 열거형을 선언했을 경우 변수 x, y에 할당되는 값들은 각각 무엇인가?

! Exercise

1. 다음 중 C/C++ 언어의 기본 자료형이 아닌 것은?

   ① int   ② character
   ③ float   ④ long

2. 다음 중 C/C++ 언어의 올바른 변수로만 묶여 있는 것은?

   ① tot, MEAN, 2data
   ② var1, length, source_prg
   ③ source-prg, long, SCALE
   ④ sum, float, coun ter

   풀이 **변수명 작성 규칙**
   - 영숫자 및 밑줄(_)로 구성된다.
   - 첫글자는 반드시 영문자 또는 밑줄로 시작한다.
   - 예약어를 변수명으로 사용할 수 없다.
   - 대문자와 소문자를 구별한다.
   - 변수명의 중간에 공백을 둘 수 없다.

3. 다음 보기 중 C/C++ 언어에서 사용되는 예약어로 묶여진 것이 아닌 것은?

   ```
   for,  switch,  goto,  int_val,  return,  enum, then, auto, float
   ```

   ① for, auto   ② return, switch
   ③ then, int_val   ④ float, goto

4. 다음 중 문자 'a'와 문자열 "abc"의 차이점에 관한 설명으로 옳은 것은?

   ① 문자상수 'a'는 1 byte이고, 문자열 상수 "abc"는 4 byte이다.
   ② 문자상수 'a'는 2 byte이고, 문자열 상수 "abc" 는 2 byte이다.
   ③ 문자상수 'a'는 1 byte이고, 문자열 상수 "abc" 는 2 byte이다.
   ④ 문자상수 'a'는 2 byte이고, 문자열 상수 "abc" 는 4 byte이다.

풀이 문자 상수는 하나의 문자를 말하며, 문자열 상수는 문자열의 끝을 나타내는 NULL문자를 포함하고
있다.

'a'는 | a |

"abc"는 | a | b | c | ₩0 |

5. 다음 중 실수형 상수의 표현으로 옳은 것은?

① −28,325   ② 0.
③ 12.5D02   ④ 24.3E+

풀이 ① 콤마(comma) 사용
② 0.은 0.0과 동일한 표현
③ C 언어에서 D를 사용하는 표현이 없음
④ 지수의 크기가 없음

6. short형은 2byte이다. unsigned short의 표현 범위가 맞는 것은?

① −128 ~ 128   ② −32768 ~ 32767
③ 0 ~ 65535   ④ 0 ~ 256

7. 다음은 열거형에 관한 설명이다. 출력결과가 옳은 것은?

```
main()
{
    enum fresh {apple=-1, pear=0, orange} fruit;
    enum fresh fruit = orange;
    printf("%d\n", fruit);
}
```

① −1   ② 0
③ 1   ④ 2

8.   다음과 같은 명령문이 실행된 후에 su2에 저장되는 값은?

```
float   su1=3.141592;
int     su2;
su2=su1;
```

① 31.0   ② 3.14
③ 3.141592   ④ 3

9.   10진상수 1988를 8진수와 16진수로 출력하는 프로그램을 작성하시오.

10.   자료형 int, double과 상수 3, 9.1의 크기를 알아보는 프로그램을 작성하시오.

11.   다음의 결과가 나오도록 하는 프로그램을 완성하시오.

```
main()
{
    int    a = 100;
    long   b = 89999;
    float  c = 0.789;
    double d = 0.000000789;
    printf("    ①    ", a);
    printf("    ②    ", b);
    printf("    ③    ", c);
    printf("    ④    ", d);
}
```

🔅 실행결과

```
a = 100
b = 89999
c = 0.789
d = 7.89e+07
```

CHAPTER **4**

연산자(Operator)

연산자의 개념과 분류 4.1

연산자의 우선순위와 결합성 4.2

연산자의 종류 4.3

4.1 연산자의 개념과 분류

C/C++ 언어는 다른 프로그래밍 언어에서와는 달리 다양한 종류의 연산자를 제공하므로 프로그램 표현 능력이 매우 우수하며, 다른 언어에서는 찾아 볼 수 없는 조건연산자 ? :, 증감연산자 ++와 --, 그리고 각종 배정 연산자 =, +=, -= 등은 그 간결성으로 인해 프로그래밍할 때 큰 효율성을 제공하고 있다. 연산자(operator)는 변수 또는 상수에 대하여 무엇인가 행하도록 하는 단어 또는 기호이다. 연산자가 연산을 수행하는 대상을 피연산자(operand)라고 한다.

■ 연산자의 사용 예

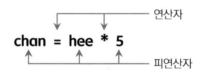

연산자는 연산에 필요한 피연산자의 수에 따라 다음과 같이 분류할 수 있다.

① 단항 연산자 (unary operator) : 하나의 피연산자에 대한 연산

(예) ++a, --a

② 2항 연산자 (binary operator) : 두 개의 피연산자에 대한 연산

(예) a+b, a*b

③ 3항 연산자 (tenary operator) : 세 개의 피연산자에 대한 연산

(예) max=(a>b) ? a : b

4.2 연산자의 우선순위와 결합성

4.2.1 우선순위

두 종류 이상의 연산자가 수식 내에 포함되는 경우 각 연산자에 부여하는 평가의 순서를 의미한다.

① 괄호 ( ) 안의 수식이 가장 먼저 실행된다.

② 사칙연산자의 경우는 *, / 가 우선이며, 그 다음 +, - 연산자가 수행된다.

③ 연산 우선순위가 동등한 경우에는 왼쪽에서 오른쪽으로 실행된다.

④ 배정연산자(=)는 오른쪽에서 왼쪽으로 실행된다.

4.2.2 결합성

우선순위가 같은 그룹 내의 연산자가 어느 방향으로 결합하는가를 결정하는 것이다.

〈표 4-1〉 연산자의 우선순위와 결합성

우선순위	결합성	연 산 자
1	좌 ☞ 우	::, (), [], ., ->,
2	우 ☞ 좌	(형), *, &, ++, --, -(unary), ~, !, sizeof, cast, new, delete
3	좌 ☞ 우	*, /, % (나머지 연산자)
4		+, -
5		《, 》
6		〈, 〈=, 〉, 〉=
7		==, !=
8		&
9		^
10		|
11		&&

우선순위	결합성	연 산 자
12		//
13	우 ☞ 좌	?:
14		=, *=, /=, %=, +=, -=, &=, ^=, |=, ⟨⟨=, ⟩⟩=
15	좌 ☞ 우	,

4.3 연산자의 종류

C 언어에서는 다음과 같은 여러 종류의 연산자들이 있다.

〈표 4-2〉 연산자의 종류

종류	연산자
산술 연산자 (arithmetic operator)	+, -, *, /, %
관계 연산자 (relational operater)	⟨, ⟨=, ⟩, ⟩=,
동등 연산자 (equality operator)	==, !=
논리 연산자 (logical operator)	&&, ||
비트 연산자 (bitwise operator)	&, |, ^, ⟨⟨, ⟩⟩, ~
배정 연산자 (assignment operator)	=, +=, -=, *=, /=, ⟨⟨=, ⟩⟩=, &=, ^=,|=
조건 연산자 (conditional operator)	? :
증가, 감소 연산자 (increment/decrement operator)	++, --
콤마 연산자 (comma operator)	,
기타 연산자	cast, sizeof, 포인터: *, &, new, delete

4.3.1 산술 연산자 (arithmetic operator)

산술 연산자는 +, -, *, /, % 의 5가지 종류가 있으며, 사용 형식은 다음과 같다.

〈표 4-3〉 산술 연산자의 종류

연산자	사용 예	의미
+	a+b	a, b의 덧셈
-	a-b	a, b의 뺄셈
*	a*b	a, b의 곱셈
/	a/b	a를 b로 나누었을 때의 몫
%	a%b	a를 b로 나누었을 때의 나머지

〈표 4-4〉 산술 연산자의 우선순위

우선 순위	연 산 자
1	*, /, %
2	+, -

■ 형식

① 산술연산자는 이항 연산자(binary operator)이다.

② 나눗셈(/) 연산시 피연산자가 모두 정수이면 소수점 부분은 버리고, 두 피연산자 중
   어느 하나라도 정수가 아닌 실수라면 소수점 부분은 버리지 않는다.

   (예) 5 / 4 = 1

       5 / 4.0 = 1.25

③ 나머지(%) 연산을 할 때에는 피연산자 모두가 반드시 정수이어야 한다.

   (예) x = 22 % 3   /* x에 1을 저장 */

산술연산자를 이용한 동일 예제를 C언어와 C++ 언어로 프로그래밍 해 보자.

>> [예제 4-1] C 산술 연산자 예제 - 정수형과 실수형의 혼합 연산

```c
1.  #include <stdio.h>
2.
3.  int main()
4.  {
5.      int    a=5,  b=3;
6.      float  c=10, d=6;
7.
8.      printf("a + b = %d\n", a+b);
9.      printf("a - b = %d\n", a-b);
10.     printf("a * b = %d\n", a*b);
11.     printf("a / b = %d\n", a/b);
12.     printf("c / d = %f\n", c/d);
13.     printf("a %% b = %d\n", a%b);
14.     /* 나머지(%) 연산에서는            */
15.     /* 실수형 피연산자를 사용할 수 없다. */
16.     return 0;
17. }
```

🍳 실행결과

```
"D:\C실습\4장\Debug\4장.exe"
a + b = 8
a - b = 2
a * b = 15
a / b = 1
c / d = 1.666667
a % b = 2
Press any key to continue
```

🔍 설명

6행   : float형 변수 c, d를 선언한다. 변수 c, d에 각각 10.0 , 6.0으로 저장된다.

11행   : 정수/정수의 연산은 결과도 정수이다. 5/3의 결과는 소수점이 포함되지 않는 정수 1
          이다.

12행   : 실수/실수의 연산은 결과도 실수이다. 10.0/6.0의 결과는 1.666667이다.

13행   : 5를 3으로 나눈 나머지인 2가 출력된다. "%%"는 "%"자체를 출력한다.

다음 예제는 [예제 4-1]을 C++ 로 작성한 프로그램이다.

[예제 4-2] C++ 산술 연산자 예제 - 정수형과 실수형의 혼합 연산

```
1.  #include <iostream.h>
2.  #include <iomanip.h>
3.
4.  int main()
5.  {
6.      int     a=5,  b=3;
7.      float   c=10, d=6;
8.
9.      cout << "a + b = " << a+b << endl;
10.     cout << "a - b = " << a-b << endl;
11.     cout << "a * b = "  << a*b << endl;
12.     cout << "a / b = "  << a/b  << endl;
13.     cout << "c / d = "  << c/d  << endl;
14.     cout << "c / d = "  << setprecision(3) << c/d<< endl;
15.     cout << "a %% b = " << a%b << endl;
16.     return 0;
17.  }
```

실행결과

```
"D:\C실습\4장\Debug\4장.exe"
a + b = 8
a - b = 2
a * b = 15
a / b = 1
c / d = 1.66667
c / d = 1.67
a %% b = 2
Press any key to continue
```

설명

2행   : setprecision( ) 함수를 사용하기 위한 헤더파일이다.

13행 : printf( ) 함수에서는 소수점 이하 6자리로 출력지만 cout에서는 6자리로 출력되지
       않는다. 연산결과대로 출력되지만 소수이하 자리가 무한대의 결과일때에만 소수이하
       5자리로 출력된다.

14행 : setprecision(n) 함수를 이용해서 소수이하 자리수를 지정할 수 있다. 정수부분 포함
       해서 소수이하 n자리까지 출력하고 디폴트는 6자리이 다. n+1자리에서 반올림한다.

4.3.2 관계 연산자 (relational operator)

루프(loop) 또는 조건문(if) 등에서 값의 크기나 조건 등을 비교할 때 사용하는 연산자들이다. 연산결과는 참 또는 거짓이다. 사용 형식은 다음과 같다.

■ 형식

수식1   관계연산자   수식2

〈표 4–5〉 관계 연산자의 종류

연산자	사용 예	의미
〈	a 〈 b	보다 작다 (less than)
〈=	a 〈= b	보다 작거나 같다 (less than or equal)
〉	a 〉 b	보다 크다(greater than)
〉=	a 〉= b	보다 크거나 같다(greater than or equal)
==	a == b	같다 (equal)
!=	a != b	같지 않다 (not equal)

〈표 4–6〉 관계 연산자의 사용 예

수식	결과
5 == 3	0(거짓)
5 〉 3	1(참)
5 != 3	1(참)
(5+7) == (3*4)	1(참)

■ 설 명

① 관계 연산 수식의 평가는 참(true)이나 거짓(false)으로 표현하는데 참은 0 이외의 값을 가지며, 거짓은 0을 가진다.

② 관계 연산자 사용시 양변의 데이터형은 일치해야 한다.

③ 〈=, 〉=의 연산자를 =〈, =〉로 쓰지 않도록 주의해야 한다.

④ ==, !=를 일반적으로 동등 연산자(equal operator)라고 한다.

⑤ == 와 =의 구별에 유의해야 한다.

(예) a == b 는 변수 a, b의 값이 같다는 동등 연산자이며, a = b 는 우변 b의 값을 배
정하라는 배정연산자이다.

⑥ 관계 연산자의 연산 우선순위는 산술 연산자보다 낮다.

다음 예제는 관계연산자를 이용하여 두 값을 비교한 결과를 출력하는 프로그램이다.

 [예제 4-3] C 관계 연산자 예제

```
1.  #include <stdio.h>
2.
3.
4.  int main()
5.  {
6.      int    a=70,  b=50;
7.      printf("a < b  의 결과는 = %d\n", a<b);
8.      printf("a <= b 의 결과는 = %d\n", a<=b);
9.      printf("a > b  의 결과는 = %d\n", a>b);
10.     printf("a >= b 의 결과는 = %d\n", a>=b);
11.     printf("a == b 의 결과는 = %d\n", a==b);
12.     printf("a != b 의 결과는 = %d\n", a!=b);
13.     return 0;
14. }
```

 [예제 4-4] C++ 관계 연산자 예제

```
1.  #include <iostream.h>
2.
3.  int main()
4.  {
5.      int    a=70,  b=50;
6.      cout <<"a < b  의 결과는 "  << (a<b)  << endl;
7.      cout <<"a <= b 의 결과는 " << (a<=b) << endl;
8.      cout <<"a > b  의 결과는 "  << (a>b)  << endl;
9.      cout <<"a >= b 의 결과는 " << (a>=b) << endl;
```

```
10.      cout <<"a == b 의 결과는 " << (a==b) << endl;
11.      cout <<"a != b 의 결과는 " << (a!=b) << endl;
12.      return 0;
13. }
```

🔷 실행결과

```
"D:₩C실습₩4장₩Debug₩4장.exe"
a < b 의 결과는 = 0
a <= b 의 결과는 = 0
a > b 의 결과는 = 1
a >= b 의 결과는 = 1
a == b 의 결과는 = 0
a != b 의 결과는 = 1
Press any key to continue
```

🔍 설명

7~12행　　: 연산의 결과는 0 또는 1로 출력된다. 거짓은 0으로 표현하고, 참은 0 이외의 값으로 표현하는데, 출력시에는 1로 대표한다.

🔍 실습문제

1. C/C++ 언어에서 거짓은 무엇으로 표현되는가?

2. 11 / 3 의 결과는 무엇인가?

3. 11 % 3의 결과는 무엇인가?

4. 3 == 4 < 2 의 결과는 무엇인가?

4.3.3 논리 연산자 (logical operator)

논리 연산자를 사용하면 여러 개의 연산식들을 결합하여 복합적으로 사용할 수 있다. 논리 연산자에는 &&(논리곱 and), ||(논리합 or), !(부정 not)이 있으며, 그 결과 값은 참 (true)이면 1, 거짓(false)이면 0의 값을 갖게 된다. 사용 형식은 다음과 같다.

■ 형식

수식1   논리연산자   수식2

〈표 4-7〉 논리 연산자의 종류

연산자	사용 예	의미
&&	a && b	a, b 모두 참(true)이라면 참(1)이 된다. a, b 중 한 개라도 거짓(false)이면 거짓(0)이 된다.
||	a || b	a, b 모두 거짓일 때만 거짓(0)이 된다. a, b 중 어느 한 개라도 참이면 참(1)이 된다.
!	!a	a가 참(1)이면 거짓(0)이 되고, a가 거짓(0)이면 참(1)이 된다.

〈표 4-8〉 논리합과 논리곱의 의미

a	b	a&&b	a||b	!a
0	0	0	0	1
0	1	0	1	1
1	0	0	1	0
1	1	1	1	0

〈표 4-9〉 논리 연산자의 사용 예

수식	결과
(7 == 7) && (8 != 3)	두 연산항이 참이므로 결과는 참(1)이 된다.
(7 > 1) || (8 < 1)	참 || 거짓 이므로 결과는 참(1)이 된다.
(2 == 1) && (3 == 3)	거짓 && 참 이므로 결과는 거짓(0)이 된다.
! 5	!참이므로 결과는 거짓(0)이 된다.

다음 예제는 2개의 숫자를 이용한 논리연산자에 대한 예제이다. C/C++언어에서는 숫자 0은 거짓을 의미하고 그 외의 숫자는 참을 의미한다.

(») [예제 4-5] C 논리 연산자 예제

```
1.  #include <stdio.h>
2.
3.  int main()
4.  {
5.      int  a=5, b=0, r1, r2, r3;
6.      r1 = a&&b;
7.      r2 = a||b;
8.      r3 = !a;
9.      printf("a && b = %d\n", r1 );
10.     printf("a || b = %d\n", r2 );
11.     printf("!a = %d\n", r3 );
12.     return 0;
13. }
```

(») [예제 4-6] C++ 논리 연산자 예제

```
1.  #include <iostream.h>
2.  int main()
3.  {
4.      int  a=5, b=0, r1, r2, r3;
5.      r1 = a&&b;
6.      r2 = a||b;
7.      r3 = !a;
8.      cout <<"a && b = " << r1 << endl;
9.      cout <<"a || b = " << r2 << endl;
10.     cout <<"!a = " << r3 << endl;
11.     return 0;
12. }
```

🔘 실행결과

```
"D:\C실습\4장\Debug\4장.exe"
a && b = 0
a || b = 1
!a = 0
Press any key to continue
```

4.3.4 비트 연산자 (bitwise operator)

비트 연산자는 비트별(bitwise) 연산을 하기 위해 사용하는 연산자이다. 비트 연산자에는 &, |, ^, ⟨⟨, ⟩⟩ ~ 등이 있으며, 사용 형식은 다음과 같다.

■ 형식

수식1   비트연산자   수식2

〈표 4-10〉 비트 연산자의 종류

연산자	사용 예	의미
&	a & b	a, b를 각각 2진수로 표현한 후, 각 비트 단위로 AND시킨다.
|	a | b	a, b를 각각 2진수로 표현한 후, 각 비트 단위로 OR시킨다.
^	a ^ b	a, b를 각각 2진수로 표현한 후, 각 비트 단위로 XOR시킨다.
~	~a	a의 1의 보수(1's complement)를 구한다.
⟨⟨	a ⟨⟨ b	a를 2진수로 표현한 후, b비트만큼 왼쪽으로 이동시킨다.
⟩⟩	a ⟩⟩ b	a를 2진수로 표현한 후, b비트만큼 오른쪽으로 이동시킨다.

〈표 4-11〉 비트별 and, or, exclusive or의 의미

a	b	a & b	a | b	a ^ b
0	0	0	0	0
0	1	0	1	1
1	0	0	1	1
1	1	1	1	0

〈표 4-12〉 비트별 연산자와 보수 연산자의 사용 예

int a=2, b=5;

수식	2진수 표현	결과
a	0 0 0 0 0 0 0 0 0 0 0 0 0 0 1 0	2
b	0 0 0 0 0 0 0 0 0 0 0 0 0 1 0 1	5
a & b	0 0 0 0 0 0 0 0 0 0 0 0 0 0 0 0	0
a | b	0 0 0 0 0 0 0 0 0 0 0 0 0 1 1 1	7
a ^ b	0 0 0 0 0 0 0 0 0 0 0 0 0 1 1 1	7
~(a | b)	1 1 1 1 1 1 1 1 1 1 1 1 1 0 0 0	-8

다음 예제는 2개의 숫자를 이용한 비트논리연산자에 대한 예제이다. 비트논리연산자는 주어진 숫자를 2진 비트로 변환 후에 연산을 한다.

》 [예제 4-7] C 비트 연산자 예제

```
1.  #include <stdio.h>
2.
3.  int main()
4.  {
5.      int  a=2, b=5;
6.      printf("a & b    = %d\n", a&b);
7.      printf("a | b    = %d\n", a|b);
8.      printf("a ^ b    = %d\n", a^b);
9.      printf("~(a | b) = %d\n", ~(a|b));
10.     return 0;
11. }
```

⊚ 실행결과

```
a & b = 0
a | b = 7
a ^ b = 7
~(a | b) = -8
Press any key to continue
```

⊚ 설명

6행 : int형은 원래 32bit이지만 길어서 이해하기 어려우므로 8bit로 계산한 2와 5의 2진 수를 예로 들면 각각 00000010, 00000101이다. 이것을 00000010 & 00000101 한 결과 는 00000000 이 되어 10진수로 표현되면 0이 되어 출력된다.

7행 : 마찬가지로 00000010 | 00000101 한 결과는 00000111 이 되어 10진수로 표현되면 7 이 되어 출력된다.

8행 : 00000010 ^ 00000101 한 결과는 00000111 이 되어 10진수로 표현되면 7이 되어 출력 된다.

9행 : ~(00000010 | 00000101) 한 결과는 (00000111)~ 이며 다시 not을 한 것은 11111000 이다. 8bit 이긴 하지만 좌측 제일 앞의 비트가 1이므로 음수값이 되어 10진수로 표 현되면 -8이 되어 출력된다.

다음은 오른쪽(〉〉), 왼쪽(〈〈) 이동 연산자의 사용 예를 다음 표에 나타내었다. 다른 비트 연산자와 마찬가지로 값을 2진수로 변경한 뒤 연산하며 결과는 정수형태로 표현된다.

[표 4-13] 이동 연산자의 사용 예

int a = 90;

수 식	2진수 표현	결 과
a	0 0 0 0 0 0 0 0 0 1 0 1 1 0 1 0	90
a 〉〉 2	0 0 0 0 0 0 0 0 0 0 0 1 0 1 1 0	22
a 〈〈 2	0 0 0 0 0 0 0 1 0 1 1 0 1 0 0 0	360

이동 연산자의 결과값을 보면 다음과 같은 규칙이 성립됨을 알 수 있다.

① 오른쪽 시프트(〉〉) 연산자 : 왼쪽 피연산자의 값을 2에 대한 오른쪽 피연산자값의 누승으로 나눈 것과 같다.

즉, 90 〉〉 2 는 90 / 2^2 과 같은 결과이다.

② 왼쪽 시프트(〉〉) 연산자 : 왼쪽 피연산자의 값을 2에 대한 오른쪽 피연산자의 값에 대한 누승으로 곱한 것과 같다.

즉, 90 〈〈 2 는 90 * 22 과 같은 결과이다.

다음 예제는 숫자 90을 오른쪽, 왼쪽으로 2비트씩 각각 이동한 결과 값을 출력하는 프로그램이다.

》 [예제 4-8] C 비트 연산자 예제 - 오른쪽, 왼쪽으로 2비트 이동한 경우의 결과

```
1.  #include  <stdio.h>
2.
3.  int main()
4.  {
5.      int  a;
6.      a = 90;
7.      printf("a >> 2  = %d\n", a>>2);
8.      printf("a << 2  = %d\n", a<<2);
9.      return 0;
10. }
```

> ⟩⟩ **[예제 4-9]** C++ 비트 연산자 예제 - 오른쪽, 왼쪽으로 2비트 이동한 경우의 결과

```
1. #include <iostream.h>
2.
3. int main()
4. {
5.     int a;
6.     a = 90;
7.     cout <<"a >> 2 = " << (a)>>2) << endl;
8.     cout <<"a << 2 = " << (a<<2) << endl;
9.     return 0;
10. }
```

🔘 실행결과

```
"D:\C실습\4장\Debug\4장.exe"

a >> 2 = 22
a << 2 = 360
Press any key to continue
```

🔍 설명

7행 : 정수를 오른쪽으로 1번 시프트한 결과는 그 정수에 2로 나눈 결과와 같아진다. 결과 적으로 2번 오른쪽 시프트하면 4로 나눈 결과와 같아진다. (단 정보의 손실이 없다 고 가정)

8행 : 정수를 왼쪽으로 1번 시프트한 결과는 그 정수에 2를 곱한 결과와 같아진다. 결과적 으로 2번 왼쪽 시프트하면 4를 곱한 결과와 같아진다.
(단, 정보의 손실이 없다고 가정)

4.3.5 배정 연산자 (assignment operator)

배정 연산자(=)는 수학적인 "같음"을 의미하는 것이 아니라 우변(오른쪽 피연산자)의 값 을 좌변의 변수에 배정하라는 의미이다. 또한 배정문과 산술 연산자의 기능을 결합시켜 서 간편하게 사용할 수 있게 해 주는 기능을 가지고 있다.

$$x = 10;$$

〈표 4-14〉 배정 연산자의 종류

연산자	형식	의미
=	변수 = 수식	변수 = (수식)
+=	변수 += 수식	변수 = 변수 + (수식)
-=	변수 -= 수식	변수 = 변수 - (수식)
*=	변수 *= 수식	변수 = 변수 * (수식)
/=	변수 /= 수식	변수 = 변수 / (수식)
%=	변수 %= 수식	변수 = 변수 % (수식)

〈표 4-15〉 배정 연산자의 종류

연산자	형식	의미
〈〈=	변수 〈〈= 수식	변수 = 변수 〈〈 (수식)
〉〉=	변수 〉〉= 수식	변수 = 변수 〉〉 (수식)
&=	변수 &= 수식	변수 = 변수 & (수식)
^=	변수 ^= 수식	변수 = 변수 ^ (수식)
|=	변수 |= 수식	변수 = 변수 | (수식)

〈표 4-16〉 배정 연산자의 사용 예

수식	의미
x += 10	x = x + 10
y *= 20	y = y * 20
z /= 30	z = z / 30
x += y / 5	x = x + (y / 5)
y %= 3	y = y % 3

다음 예제는 배정연산자를 이용하여 여러 가지 연산을 한 후 그 결과 값을 출력하는 프로그램이다. 배정연산자의 사용형태를 잘 살펴보자.

》》 [예제 4-10] C 배정 연산자 예제

```
1.  #include <stdio.h>
2.
3.  int main()
4.  {
5.      int  a, b, c;
6.      a=5, b=6, c=7;
7.      a+=10;
```

```
8.     b*=(10+3);
9.     c%=3;
10.    printf("a+=10      의 값 = %d\n", a);
11.    printf("b*=(10+3)  의 값 = %d\n", b);
12.    printf("c%%=3      의 값 = %d\n", c);
13.    return 0;
14. }
```

>> **[예제 4-11] C++ 배정 연산자 예제**

```
1.  #include <iostream.h>
2.
3.  int main()
4.  {
5.     int  a, b, c;
6.     a = 5, b=6, c=7;
7.     a+=10;
8.     b*=(10+3);
9.     c%=3;
10.    cout << "a+=10      의 값 = " << a << endl;
11.    cout <<"b*=(10+3)  의 값 = " << b << endl;
12.    cout <<"c%%=3      의 값 = " << c << endl;
13.    return 0;
14.  }
```

◉ 실행결과

🔍 설명

7행　　: a = a + 10; 과 같다. 15가 변수 a에 다시 저장된다.

8행　　: b *= (10 +3);을 풀면 b = b * (10 + 3);이 되므로 6 * (10 + 3)의 결과값인 78이
　　　　변수 b에 다시 저장되어 출력된다.

9행　　: c %= 3; 은 c = c % 3; 과 같으므로 7 % 3의 결과인 1이 변수 c에 저장되어 출력된다.

🔍 실습문제

1. 1 & 5 의 결과는 무엇인가? 8bit로 계산하시오.

2. 8 >> 3의 결과는 무엇인가?

3. x = x % (9 / 2); 의 연산식을 배정연산자를 사용하여 간략화 하시오.

4. 3번 문제에서 x의 값이 23이라면 실행후 변수 x에 최종적으로 저장되는 값은 무엇인가?

5. (4 * 2 > 5) && !7 의 결과는 무엇인가?

4.3.6 조건 연산자 (conditional operator)

조건연산자란 특정한 if ~ else 구문을 간결하게 표현하기 위해 ? : 형태를 사용하는 연산자를 말한다. 이러한 연산자를 사용하는 수식을 조건 수식(conditional expression)이라고 하며 사용 형식은 다음과 같다.

■ 형식

수식1 ? 수식2 : 수식3

■ 사용 예

max = x > y ? x : y;

수식1을 평가하여 그 결과가 참(1)이면 수식2를 실행하고, 거짓(0)이면 수식3을 실행한다.

수식 1에는 참, 거짓의 판별이 가능한 연산식을 작성하며, 수식2와 수식3은 실행가능한 상수, 변수, 수식, 함수 등을 기재할 수 있다.

다음 예제는 조건연산자를 이용하여 입력값들 중에서 큰 값을 출력하는 프로그램이다.

≫ [예제 4-12] C 조건 연산자 예제 - 두 수를 입력받아서 큰 값을 출력

```c
1.  #include <stdio.h>
2.
3.  int main()
4.  {
5.      int  a, b, c;
6.      printf("두 수를 입력하세요 : ");
7.      scanf("%d %d", &a, &b);
8.
9.      c = a > b ? a: b;
10.     printf("입력 수 중 큰 값은 = %d\n", c);
11.     return 0;
12. }
```

≫ [예제 4-13] C++ 조건 연산자 예제 - 두 수를 입력받아서 큰 값을 출력

```cpp
1.  #include <iostream.h>
2.
3.  int main()
4.  {
5.      int  a, b, c;
6.      cout << "두 수를 입력하세요 : " << endl;
7.      cin >> a >> b;
8.
9.      c = a > b ? a: b;
10.     cout << "입력 수 중 큰 값은 = " << c << endl;
11.     return 0;
12. }
```

실행결과

설명

6~7행	: 변수 a, b에 각각 수를 입력받는다.
9행	: 물음표 앞의 조건이 참이면 바로 뒤의 문장을 수행, 아니면 콜론(:) 뒤의 문장을 수행한다. 즉, 변수 a가 b보다 크면 a의 값을 변수 c에 할당, 아니면 b의 값을 변수 c에 할당한다.
10행	: 조건연산자의 결과값이 저장되어 있는 변수 c의 값을 출력한다.

실습문제

1. 다음 문장을 실행한 후, 변수 x에 저장되는 값은 무엇인가?

   x = 3 > 2 ? 1 : 0;

4.3.7 증가·감소 연산자

증가연산자 ++는 변수의 값을 1 증가시키고, 감소연산자 --는 변수의 값을 1 감소시키는 연산자이다. 변수 앞에 증감연산자(++, --)를 두는 전위형(prefix)과 변수 뒤에 증감연산자(++, --)를 두는 후위형(postfix)이 있다. 이러한 두 가지 형태는 증가 또는 감소가 일어나는 시점을 기준으로 구분하게 된다.

〈표 4-17〉 증감 연산자의 종류

연산자	사용 예	의미
++	++a(prefix) a++(postfix)	a에 1을 먼저 증가시킨 후에 수식을 평가한다. 수식을 평가한 후 a를 1 증가시킨다.
--	--b(prefix) b--(postfix)	먼저 b를 1 감소시킨 후에 수식을 평가한다. 수식을 평가한 후 b를 1 감소시킨다.

다음 예제는 증감연산자를 이용한 프로그램이다. 전위와 후위연산의 결과를 잘 살펴보고 차이점을 익히도록 한다.

≫ [예제 4-14] C 증감 연산자 예제

```c
1.  #include <stdio.h>
2.
3.  int main()
4.  {
5.      int a =10, b =10;
6.      int aa, bb;
7.
8.      aa = ++a ;
9.      bb = b-- ;
10.
11.     printf ("전위형 증가값 = %d, a = %d\n", aa, a) ;
12.     printf ("후위형 감소값 = %d, b = %d\n", bb, b) ;
13.     return 0;
14. }
```

≫ [예제 4-15] C++ 증감 연산자 예제

```cpp
1.  #include <iostream.h>
2.
3.  int main()
4.  {
5.      int a =10, b =10;
6.      int aa, bb;
7.
8.      aa = ++a ;
9.      bb = b-- ;
10.
11.     cout << "전위형 증가값 = " << aa << ", a = " << a << endl;
12.     cout << "후위형 감소값 = " << bb << ", b = " << b << endl;
13.     return 0;
14. }
```

◎ 실행결과

```
■ "D:\C실습\4장\Debug\4장.exe"
전위형 증가값 = 11, a = 11
후위형 감소값 = 10, b = 9
Press any key to continue
```

설명

| 8행 | : 전위형이므로 a의 값(10)을 먼저 1 증가시킨 후 증가된 a의 값(11)을 aa에 배정한다. |
| 9행 | : 후위형이므로 b의 값(10)을 bb에 먼저 배정한 후 b를 1 감소시킨다. |

4.3.8 콤마 연산자(comma operator)

콤마 연산자는 수식들을 콤마에 의해 열거되어 있는 순서대로 평가하는 연산자로서 사용 형식은 다음과 같다.

■ 형식

수식1, 수식2, 수식3, …

〈표 4-18〉 콤마 연산자의 종류

연산자	형식
,	수식1, 수식2, 수식3, ...

■ 설명

① 콤마 연산자는 동일한 성격, 동일한 자격의 오퍼랜드를 나열시 사용하며 순차 연산자라고도 한다.

② 콤마로 분리된 수들은 왼쪽부터 평가하며 오른쪽 식의 값을 결과 값으로 한다.

③ 콤마 연산자는 두 개의 대입식을 하나의 수식으로 압축하고 싶을 때 사용한다.

다음 예제는 콤마연산자를 이용한 연산순서를 익히는 프로그램이다.

[예제 4-16] C 콤마 연산자 예제

```
1.  #include <iostream.h>
2.
3.  int main()
4.  {
5.      int x, y;
6.
7.      x = ( y=0, y+5 );
8.
9.      printf("x = %d\n", x);
10.     printf("y = %d\n", y);
11.     return 0;
12. }
```

[예제 4-17] C++ 콤마 연산자 예제

```
1.  #include <iostream.h>
2.
3.  int main()
4.  {
5.      int x, y;
6.
7.      x = ( y=0, y+5 );
8.
9.      cout << "x = " << x << endl;
10.     cout << "y = " << y << endl;
11.     return 0;
12. }
```

실행결과

```
"D:\C실습\4장\Debug\4장.exe"
x = 5
y = 0
Press any key to continue
```

설명

7행	: x = (y=0, y+5);에서 괄호안의 내용부터 실행하는데 콤마연산에 의해 y에 0이 대입된다. 그 후에 y+5를 하게 되어 5의 값이 변수 x에 대입된다. y에 0이 대입되었으므로 0이 출력된다.

4.3.9 sizeof 연산자

sizeof 연산자는 변수나 수식 또는 데이터형이 차지하는 메모리 영역의 크기를 바이트 (byte) 단위로 구하는 연산자이다.

〈표 4–19〉 sizeof 연산자의 종류

연산자	형식	의미
sizeof	sizeof(변수) sizeof(수식) sizeof(데이터형)	( )안의 변수, 수식, 데이터형의 크기를 바이트(byte) 단위로 구하고자 할 때 사용

다음 예제는 sizeof 연산자를 이용하여 문자열의 길이와 자료형의 크기를 출력한다.

[예제 4-18] C sizeof 연산자 예제

```
1.  #include <stdio.h>
2.
3.  int main()
4.  {
5.      printf("홍 길동 이라는 글자는 %d 바이트로 이루어져 있다.\n",
6.                                      sizeof("홍 길동"));
7.      printf("int형의 크기는 %d 바이트이다\n", sizeof(int));
8.      return 0;
9.  }
```

>>> [예제 4-19] C++ sizeof 연산자 예제

```
 1.  #include  <iostream.h>
 2.
 3.  int main()
 4.  {
 5.      cout << "홍 길동 이라는 글자는" <<  sizeof("홍 길동")
 6.          << "바이트로 이루어져 있다." << endl;
 7.      cout <<"int형의 크기는 " << sizeof(int) << "바이트이다 "
 8.          << endl;
 9.      return 0;
10.  }
```

실행결과

4.3.10 형변환

현재의 자료형에서 다른 자료형으로 형(type)을 변환시키는 것을 형변환이라고 한다. 형변환에는 자동형변환과 cast 연산자를 이용한 강제형변환의 2종류가 있다.

(1) 자동형변환

자동형변환은 자료형이 서로 다른 혼합연산일 경우 기억장소의 크기가 큰 쪽으로 컴파일러가 자동적으로 통일시켜 연산하여 결과가 나오는 것을 말한다. 기억장소의 크기가 같은 경우에는 다음의 규칙을 따른다.

■ 규칙 1

char형, short형 → int형으로 변환, unsigned char형, unsigned short형 → unsigned형으로 변환된다.

■ 규칙 2

기억장소의 크기가 작은 쪽이 큰 쪽으로 변환된다.

int 〈 unsigned 〈 long 〈 unsigned long 〈 float 〈 double

다음 예제는 자동형변환에 대한 프로그램이다. 각 자료형의 크기를 잘 숙지하여 형변환
되는 규칙을 살펴본다.

》》 [예제 4-20] C 자동형변환 예제

```c
1.  #include <stdio.h>
2.
3.  int main()
4.  {
5.      short s=10;
6.      int i=2, ans;
7.      double  d=20.7;
8.      ans = (s + i) + (d + i);
9.
10.     printf(" s + i = %d \n", s+i);
11.     printf(" d + i = %lf \n", d+i);
12.     printf(" ans = %d \n", ans);
13.     return 0;
14. }
```

》》 [예제 4-21] C++ 자동형변환 예제

```cpp
1.  #include <iostream.h>
2.
3.  int main()
4.  {
5.      short s=10;
6.      int i=2, ans;
7.      double  d=20.7;
8.      ans = (s + i) + (d + i);
9.
10.     cout << " s + i = " << s+i << endl;
```

```
11.      cout << " d + i = " << d+i << endl;
12.      cout << " ans = "   << ans << endl;
13.      return 0;
14.  }
```

실행결과

```
"D:₩C실습₩3장₩Debug₩3장.exe"
s + i = 12
d + i = 22.700000
ans = 34
Press any key to continue
```

설명

8행   : s+i는 short형인 s의 값이 int형으로 자동변환된 후 int형의 i의 값과 연산을 하게
           된다.
           d+i는 int형 변수 i의 값인 정수 2가 double형인 2.0으로 변환된 후 double형의 d
           의값과 연산을 한다.
           원래 연산의 결과는 double형인 34.700000 이지만   int형 변수인 ans에 값이 할당되
           어서 소수점 이하의 값이 모두 저장되지 않는다. 이처럼 크기가 큰 자료형의 값을
           크기가 작은 자료형에 할당시 값이 잘릴 수 있으므로 주의한다.

(2) cast 연산자를 이용한 강제 형변환

cast 연산자는 이미 지정된 데이터형을 다른 데이터형으로 강제적으로 바꾸고자 할 때
사용하는 연산자이다.

■ **형식**

　(데이터형) 수식

■ **사용 예**

　song = (int) (2.5 + 1.2);

〈표 4-20〉 cast 연산자의 종류

연산자	형식	의미
( )	(데이터형) 수식	수식의 데이터형을 ( )안의 데이터형으로 바꿀 때 사용

다음 예제는 cast 연산자를 이용하여 자료형을 강제로 변환시킨 후 연산을 한다. 변환 후의 결과값과 변환 전의 결과값 차이를 비교해 보자.

[예제 4-22] C cast 연산자 예제 (1) - 정수를 float형으로 변환

```
1.  #include <stdio.h>
2.
3.  int main()
4.  {
5.      int   x, y;
6.      float z, w;
7.      x = 10;
8.      y = 4;
9.
10.     z = (float)x / (float)y;
11.     w = x / y;
12.
13.     printf("z = %f\n", z);
14.     printf("w = %f\n", w);
15.     return 0;
16. }
```

[예제 4-23] C++ cast 연산자 예제 (1) - 정수를 float형으로 변환

```
1.  #include <iostream.h>
2.
3.  int main()
4.  {
5.      int  x, y;
6.      float z, w;
7.      x = 10;
8.      y = 4;
9.
10.     z = (float)x / (float)y;
```

```
11.        w = x / y;
12.
13.        cout << "z = "  << z << endl;
14.        cout << "w = " << w << endl;
15.        return 0;
16. }
```

```
"D:\C실습\4장\Debug\4장.exe"
z = 2.5
w = 2
Press any key to continue
```

설명

10행   : 변수 x와 y의 값들이 cast 연산에 의해 float형으로 강제 형변환되어 10.0 / 4.0으로 연산하게 된다. 결과값인 2.5가 변수 z에 저장된다.

11행   : 변수 x, y가 정수형이므로 10/4는 정수형 나눗셈의 결과값인 2가 변수 w에 저장된다.

다음 예제는 cast 연산자를 이용하여 float형을 int형으로 변환시킨 후 연산한다. 변환 후의 결과값과 변환 전의 결과값 차이를 비교해 보자.

[예제 4-24] C cast 연산자 예제 (2) - float형을 정수로 변환

```
1. #include <stdio.h>
2.
3. int main()
4. {
5.     int   s;
6.     float x=3.25, y=9.83;
7.
8.     s = (int)x + (int)y;   /* y를 정수화할 때 반올림 되지 않는다. */
9.     printf("s = %d\n", s);
10.    return 0;
11. }
```

>> [예제 4-25] C++ cast 연산자 예제 (2) - float형을 정수로 변환

```
1.  #include <iostream.h>
2.
3.  int main()
4.  {
5.      int    s;
6.      float x=3.25, y=9.83;
7.
8.      s = (int)x + (int)y;
9.      cout << "s = " << s << endl;
10.     return 0;
11. }
```

실행결과

설명

8행 : 실수형인 x와 y의 값들이 cast 연산에 의해 정수형으로 강제 변환되어 3 + 9의 형태
로 연산을 하게 된다. 그 결과값인 12가 변수 s에 저장된다.

실습문제

1. int a=3;
   a++;
   printf("%d\n", a); 출력값을 적으시오.

2. int a=3;
   printf("%d\n", a++;); 출력값을 적으시오.

3. 5 / 2.0 의 결과값은 무엇인가?

4. 5 / 2 의 결과값은 무엇인가?

5. (double)5 / 2 의 결과값은 무엇인가?

6. sizeof(4.3) 의 결과값은 무엇인가?

Exercise

1. 다음과 같은 명령문을 실행한 후의 su1, su2의 값은?

```
main()
{
    int su1=5, su2=5;
    cout << "su1= " << ++su1 << "su2= " <<  su2-- << endl;
}
```

① su1=6, su2=4   ② su1=5, su2=4

③ su1=5, su2=5   ④ su1=6, su2=5

풀이 •++su1 : 먼저 su1을 1 증가시킨 후 수식을 평가한다.

•su1++ : 수식을 먼저 평가한 후 su1을 1 증가한다.

•--su2 : 먼저 su2를 1 감소시킨 후 수식을 평가한다.

•su2-- : 수식을 먼저 평가한 후 su2를 1 감소한다.

2. 다음과 같은 명령문을 실행한 후의 변수 y의 값은?

```
main()
{
    int x, y;
    x=10;
    y=(x>5)? 20: 30;
    cout << "y = " <<  y << endl;
}
```

① 5   ② 10

③ 20   ④ 30

풀이 조건 연산자 형식 수식1? 수식2: 수식3에서 수식1을 평가하여 그 결과가 참(1)이면 수식2를 평가되고, 거짓(0)이면 수식3을 평가한다.

3. 다음 명령문과 같은 의미를 알맞게 표현한 것은?

   a*=b+10;

   ① a=a*(b+10)   ② a=a*b+10
   ③ 수식오류   ④ a=b*(1+10)

   풀이 대입연산자 보다는 산술연산자가 우선순위가 더 높다.
   변수*=(수식) 형식의 의미는 변수=변수*(수식)이다. 여기서 주의할 점은 괄호 내에 수식을 나타내
   어야 한다는 점이다.

4. a=90일 때 a>>2를 수행한 후의 결과는?

   ① 20   ② 21
   ③ 22   ④ 23

5. a, b, c, d의 변수에다 각각 20, 30, 40, 50을 배정한 후 다음의 결과를 출력하도록 하
   는 프로그램을 작성하시오.

   ◈ 실행결과

   ```
   a+b = 50
   a-b = -10
   c*d = 2000
   d/c = 1
   ```

6. a의 값이 210인 경우 오른쪽으로 2비트 이동한 값을 구하는 프로그램을 작성하시오.

7. a=10, b=5를 배정한 후 a AND b, a OR b, a XOR b로 비트연산하는 프로그램을 작
   성하시오.

8. 10, 30, 15, 25, 20 중에서 최대값과 최소값을 구하는 프로그램을 조건 연산자를 사용
   하여 작성하시오.

9. a=90, b=0일 때 관계 연산자와 논리 연산자의 결과를 화면에 출력하는 프로그램을 작성하시오.

10. 콤마 연산자를 사용한 프로그램의 실행결과를 예상하시오.

```
main()
{
    int x, y, z;
    x=y=2;
    z = ( y*=x, y+5 );
    cout << "z = " << z << endl;
}
```

11. 어떤 문구점에서 500원 하는 "note"를 20권을 구매하였다. 마침 문구점에서 세일행사의 일환으로 10000원 이상 물품을 구입하면 구매금액의 10%를 할인해 준다고 한다. 다음과 같이 출력하는 프로그램을 완성하시오.

```
main()
{
    char   *pum = "note";
    int    dan = 500, su = 20;
    int    gu_gum, ji_gum;
    float  sale;
    gu_gum = dan * su;
    sale = (gu_gum >= 10000)? [    ①    ];
    ji_gum = gu_gum - int(sale + 0.5);
    printf("\n\t품명\t단가\t수량\t구매금액\t할인금액\t지불금액");
    printf("\n\t%s\t%d\t%d\t%d\t%d\t%d",pum,dan,su,gu_gum,[    ②    ]);
}
```

실행결과

품명	단가	수량	구매금액	할인금액	지불금액
note	500	20	10000	1000	9000

CHAPTER **5**

제어문

제어문의 개념 5.1

제어문의 종류 5.2

조건문 5.3

반복문 5.4

분기문 5.5

5.1 제어문의 개념

C/C++ 프로그램의 문장을 수행하는 실행순서(execution sequence)는 기본적으로 [그림 5-1]의 (a)와 같이 순차성을 가진다. 이때 제어문의 구조를 지니게 되면 [그림 5-1]의 (b)와 같이 실행순서를 변화시킬 수 있다.

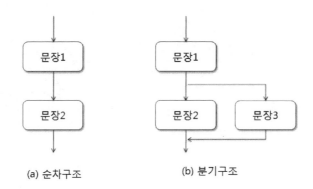

(a) 순차구조   (b) 분기구조

[그림 5-1] 문장의 흐름

5.2   제어문의 종류

프로그램의 실행 순서를 변경시키는 제어문에는 [표 5-1]과 같이 조건문, 반복문, 분기문과 같은 종류가 있다.

〈표 5-1〉 제어문 종류

조건문	반복문	분기문
if문	for문	goto문
if-else문	while문	continue문
switch-case문	do-while문	break문

5.3 조건문

조건식의 결과에 따라서 참인 경우와 거짓인 경우로 각각 분기하는 경우이다.

5.3.1 if문

if문은 조건이 참일 때 수행해야 할 문장을 실행하는 경우를 말한다. 사용 형식은 다음과
같다.

■ 형식

```
if (조건식)
    문장1;
다음 문장;
```

조건식이 참이면 조건식 뒤의 문장1을 실행하고, 거짓일 경우에는 문장1을 실행하지 않
고 다음 문장으로 프로그램의 제어를 넘겨준다. 여기서 주의할 것은 다음 문장은 if문과
는 상관없는 문장이다. 그러므로 다음 문장은 if문의 조건식 결과와는 상관없이 항상 실
행되는 문장이다. "문장1"이 여러 개일 경우에는 반드시 중괄호{ } 로 묶어줘야 한다.

if문의 형식을 표현한 순서도는 [그림 5-2]와 같다.

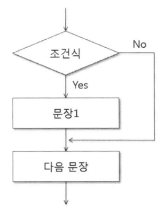

[그림 5-2] 단순 if문 순서도

다음 예제는 if문을 사용하여 두 수의 대소를 비교한 후, 그 결과를 출력하는 프로그램이다.

» **[예제 5-1] C 단순 if문(1) 예제 - 두 수의 크기 비교**

```c
1.  #include <stdio.h>
2.
3.  int main()
4.  {
5.      int x=10, y=20;
6.
7.      if (x > y)
8.        printf("x는 y보다 크다.\n");
9.      if (x <= y)
10.       printf("x는 y보다 작거나 같다.\n");
11.     return 0;
12. }
```

» **[예제 5-2] C++ 단순 if문(1) 예제 - 두 수의 크기 비교**

```cpp
1.  #include <iostream.h>
2.
3.  int main()
4.  {
5.      int x=10, y=20;
6.
7.      if (x > y)
8.         cout << "x 는 y보다 크다." << endl;
9.      if (x <= y)
10.        cout << "x 는 y보다 작거나 같다." << endl;
11.     return 0;
12. }
```

◎ 실행결과

설명

7행	: x가 10, y가 20이므로 조건이 거짓이 되어 아래의 행은 수행되지 않는다.
9행	: x가 10, y가 20이므로 조건이 참이 되어 다음 행의 문장을 출력한다.

다음 예제는 if문을 사용하여 입력한 수의 짝홀수를 구분하여 출력한다.

》 [예제 5-3] C 단순 if문(2) 예제 - 입력 수의 짝홀수 구분 출력

```c
1.  #include  <stdio.h>
2.
3.  int main()
4.  {
5.      int n;
6.      printf("숫자 입력 : ");
7.      scanf("%d", &n);
8.
9.      if (n%2 == 0)
10.        printf("%d 는 짝수이다.\n", n);
11.     if (n%2 == 1)
12.        printf("%d 는 홀수이다.\n", n);
13.     return 0;
14. }
```

》 [예제 5-4] C++ 단순 if문(2) 예제 - 입력 수의 짝홀수 구분 출력

```cpp
1.  #include  <iostream.h>
2.
3.  int main()
4.  {
5.      int n;
6.      cout << "숫자 입력 : ";
7.      cin >> n ;
8.
9.      if (n%2 == 0)
10.        cout << n << " 는 짝수이다."  << endl;
11.     if (n%2 == 1)
12.        cout << n << " 는 홀수이다."  << endl;
```

```
13.   return 0;
14.  }
```

🔷 실행결과

🔍 설명

6~7행	: 변수 n에 숫자 1개를 입력한다.
9행	: n의 값을 2로 나누어서 나머지가 0과 같으면 아래의 행을 실행한다. 만일 숫자 5를 입력하면 2로 나누었을때 나머지가 0 이 아니므로 아래의 행은 실행되지 않는다.
11행	: n의 값을 2로 나누어서 나머지가 1과 같으면 아래의 행을 실행한다. 만일 숫자 5를 입력하면 2로 나누었을때 나머지가 1이므로 아래의 행은 실행된다.

🔷 실습문제

1. 조건식이 참일때 수행해야 할 문장이 여러 개일 경우 어떻게 해야 하는가?

2. if문이 완료되면 어떤 문장이 수행되는가?

3. 변수 a에 100과 70의 값이 각각 입력되었을 경우 각각의 출력값을 작성하시오.
   ```
   int a;
   if (a > 90) printf("합격\n");
   printf("장학금수여\n");
   ```

4. 변수 a에 100과 70의 값이 각각 입력되었을 경우 각각의 출력값을 작성하시오.
   ```
   int a;
   if (a > 90) {
       printf("합격\n");
       printf("장학금수여\n");
   }
   ```

5.3.2 if-else문

if-else문은 조건식의 참 또는 거짓에 따라 각각 실행할 문장을 결정하는 구조이다. 사용 형식은 다음과 같다.

■ 형식

```
if (조건식)
    문장1;
else
    문장2;
다음 문장;
```

■ 설명

① 조건식이 참이면 문장1을 실행하고, 거짓이면 문장2를 실행한다.

② 다음 문장은 if문이 완료된 후의 문장이므로, if문과 상관없이 항상 실행된다.

if-else문의 형식을 기호로 표현한 순서도는 [그림 5-3]과 같다.

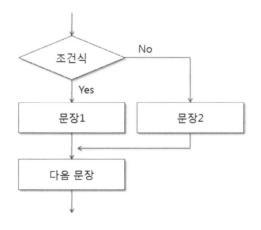

[그림 5-3] if~else 문의순서도

다음 예제는 if~else문을 사용하여 두 숫자의 대소를 구분하여 출력한다.

[예제 5-5] C if-else문(1) 예제 - 두 수의 크기 비교

```
1.  #include <stdio.h>
2.
3.  int main()
4.  {
5.      int x=10, y=20, max, min;
6.
7.      if(x > y)
8.      {    max = x;
9.           min = y;
10.     }
11.     else
12.     {    max = y;
13.           min = x;
14.     }
15. printf("max=%d,  min=%d\n", max, min);
16. return 0;
17. }
```

[예제 5-6] C++ if-else문(1) 예제 - 두 수의 크기 비교

```
1.  #include <iostream.h>
2.
3.  int main()
4.  {
5.      int x=10, y=20, max, min;
6.
7.      if(x > y)
8.      {    max = x;
9.           min = y;
10.     }
11.     else
12.     {    max = y;
13.           min = x;
14.     }
15.     cout << "max= " << max << ",  min=" << min << endl;
16.     return 0;
17. }
```

실행결과

설명

7~14행   : x가 y보다 크면 x의 값을 max에, y의 값을 min에 할당한다. 아니면 x의 값을 min에,
y의 값을 max에 할당한다. x가 10, y가 20이므로 첫 번째 조건이 거짓이 되어 else
다음의 12~13행의 내용이 실행된다.
조건이 참일 경우, 거짓일 경우에 각각 실행할 문장이 2개이므로 중괄호로 묶는다.

다음 예제는 if~else문을 사용하여 입력한 수의 짝홀수를 구분하여 출력한다.

[예제 5-7] C if-else문(2) 예제 - 입력 수의 짝홀수 구분 출력

```
1.  #include <stdio.h>
2.
3.  int main()
4.  {
5.      int n;
6.
7.      printf("숫자 입력 : ");
8.      scanf("%d", &n);
9.
10.     if (n%2 == 0)
11.         printf("%d 는 짝수이다.\n", n);
12.     else
13.         printf("%d 는 홀수이다.\n", n);
14.     return 0;
15. }
```

[예제 5-8] C++ if-else문(2) 예제 - 입력 수의 짝홀수 구분 출력

```
1. #include <iostream.h>
2.
3. int main()
4. {
5.     int n;
6.
7.     cout << "숫자 입력 : ";
8.     cin >> n ;
9.
10.    if (n%2 == 0)
11.        cout << n << " 는 짝수이다." << endl;
12.    else
13.        cout << n << " 는 홀수이다." << endl;
14.    return 0;
15. }
```

실행결과

설명

7~8행   : 숫자 1개를 입력받아서 변수 n에 저장한다.

10~13행   : 변수 n을 2로 나누어서 나머지가 0과 같으면 바로 아래의 행을 실행하고 0과 같지
            않으면 13행을 실행한다. 만일 5를 입력받으면, 2로 나누었을때 나머지가 1이므로
            else 다음의 행이 실행된다.

실습문제

1. 정수형 변수 x의 값이 19 보다 크면 "성인", 아니면 "청소년"을 출력하는 문장을 if-else문을 이
   용하여 작성하시오.

2. 변수 a에 70의 값이 입력되었다고 가정할 때의 출력값을 작성하시오.

```
int a;
if (a > 90)
    printf("합격\n");
else
    printf("불합격\n");
```

5.3.3 다중 if-else문

다중 if-else문은 if-else문을 확장한 구조이다. 조건을 여러 개 판단하여 그 결과값에 따라 실행을 하는 경우에 주로 이용되는 방식이 된다. 사용 형식은 다음과 같다.

■ 형식

```
if (조건식1)
    문장1;
else if (조건식2)
    문장2;
        :              :
else if (조건식n)
    문장n;
else
    문장k;
다음 문장;
```

■ 설명

① 다중 if-else 문 내의 문장은 단문으로서 조건식을 차례로 평가하여, 처음으로 참이 되는 문장을 실행한 다음 if-else문을 종료하게 된다.

② 조건식이 모두 거짓일 경우 else절이 있다면 else절 다음의 문장k를 실행하고, else절이 없다면 if문을 종료한다.

다중 if-else 문의 형식을 표시한 순서도는 [그림 5-4]와 같다.

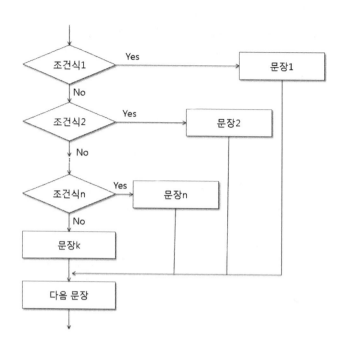

[그림 5-4] 다중 if~else 문의 순서도

다음 예제는 다중 if~else문을 사용하여 입력한 점수의 성적을 평가하여 출력하는 프로그램이다.

■ 처리조건

점수	평가
90~100	A
80~89	B
0~79	F

》 [예제 5-9] C 다중 if문 예제 - 성적평가 출력

```c
1.  #include <stdio.h>
2.
3.  int main()
4.  {
5.      int score;
6.
7.      printf("점수 입력 : ");
```

```
8.      scanf("%d", &score);
9.
10.     if (score >=90)
11.        printf ("점수= %d, 평가 = 'A' \n", score);
12.     else if(score >=80 && score <=89)
13.        printf("점수= %d, 평가 = 'B' \n", score);
14.     else
15.        printf("점수= %d, 평가 = 'F' \n", score);
16.     return 0;
17. }
```

>> [예제 5-10] C++ 다중 if문 예제 - 성적평가 출력

```
1.  #include <iostream.h>
2.
3.  int main()
4.  {
5.      int score;
6.
7.      cout << "점수 입력 : ";
8.      cin >> score ;
9.
10.     if (score >=90)
11.        cout << "점수= " << score << ", 평가 = 'A' " << endl;
12.     else if(score >=80 && score <=89)
13.        cout << "점수= " << score << ", 평가 = 'B' " << endl;
14.     else
15.        cout << "점수= " << score << ", 평가 = 'F' " << endl;
16.     return 0;
17.  }
```

실행결과

```
"D:\C실습\5장\Debug\5장.exe"
점수 입력 : 92 [Enter]
점수= 92, 평가 = 'A'
Press any key to continue
```

설명

7~8행	: 점수 1개를 입력받아서 변수 score에 저장한다.
10~15행	: 만일 92를 입력하면, 첫 번째 조건식인 (score >= 90)를 판단한다. 조건식이 참이므로 조건식 뒤의 문장을 실행하여 점수=92, 평가='A' 를 출력한 후 if-else문 전체를 빠져 나온다.

실습문제

1. 변수 x에 3이 입력된다면 출력값이 어떻게 되는지 작성하시오.

```
int x;
if (x == 1)
    printf("총무\n");
else if (x == 2)
    printf("영업\n");
else if (x == 3)
    printf("기획\n");
else
    printf("1~3 만 입력\n");
```

5.3.4 중첩(nested) if-else문

if문안에 또 다른 if문을 포함시켜 조건을 복합적으로 비교 판단하는 중첩 if-else 문의 사용 형식은 다음과 같다.

■ 형식

```
if (조건식1)
    if (조건식2)
        문장1;
    else
        문장2;
else
    문장3;
다음 문장;
```

■ 설명

① 조건식1이 참이면 조건식2를 평가하는데 이때 참이면 문장1을 실행하고 거짓이면 문장2를 실행한다. 그런 다음에는 프로그램의 제어를 다음 문장으로 넘겨준다.

② 처음부터 조건식1이 거짓이면 문장3을 실행하고, 다음 문장으로 프로그램의 제어를 넘겨준다.

③ else문은 가장 가깝게 있는 if문과 짝을 이룬다.

중첩 if-else문의 형식을 표현한 순서도는 [그림 5-5]와 같다.

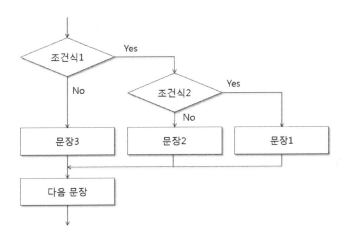

[그림 5-5] 중첩 if~else 문의 순서도

다음 예제는 중첩 if~else문을 사용하여 숫자의 포함 범위를 출력하는 프로그램이다.

>> [예제 5-11] C 중첩 if문 예제

```c
1.  #include <stdio.h>
2.
3.  int main()
4.  {
5.      int num=77;
6.
7.      if ( num >= 10 ) {
```

```
8.          if (num <= 50 )
9.              printf("num은 10에서 50사이의 값입니다.\n");
10.         else
11.             printf("num은 50보다 큰 값입니다.\n");
12.     }
13.     else
14.         printf("num은 9 이하의 값입니다.\n");
15.     return 0;
16. }
```

》》 [예제 5-12] C++ 중첩 if문 예제

```
1.  #include  <iostream.h>
2.
3.  int main()
4.  {
5.      int num=77;
6.
7.      if ( num >= 10  ) {
8.          if (num <= 50 )
9.                  cout << "num은 10에서 50사이의 값입니다.\n"
10.         else
11.                 cout << "num은 50보다 큰 값입니다.\n" ;
12.     }
13.     else
14.         cout << "num은 9 이하의 값입니다.\n" ;
15.     return 0;
16. }
```

⑥ 실행결과

설명

7~14행   : 숫자의 허용범위를 중첩 if문으로 판단해서 출력한다. 변수 num의 값이 10 이상이면 8~12행의 중첩된 if문을 실행한다. 다시 num의 값이 50이하이면 "num은 10에서 50사이의 값입니다."를 출력, 아니면 "num은 50보다 큰 값입니다."를 출력한다.

변수 num의 값이 10 이상이면 라는 조건이 거짓이면 13행의 else문 다음인 14행의 "num은 9 이하의 값입니다"가 출력된다.

변수 num의 값이 70이므로 7행의 조건은 참, 8행의 조건은 거짓이 되어서 11행의 "num은 50보다 큰 값입니다."를 출력한다.

실습문제

1. 변수 x에 1, y에 2가 입력된다면 출력값이 어떻게 되는지 작성하시오.

```
if (x == 1)
    if (y == 1)
        printf("서울\n");
    else
        printf("부산\n");
else
    printf("기획\n");
```

5.3.5 switch-case문

다중 if문 대신 사용할 수 있는 다중 선택문이다. 특정 변수의 값에 따라 여러 가지의 상황 선택, 즉 다중택일을 위해 사용하는 제어문의 하나이다. 사용 형식은 다음과 같다.

■ 형식

```
switch (수식) {
        case  상수1  :  문장1;
                        break;
        case  상수2  :  문장2;
                        break;
        case  상수3  :  문장3;
                        break;
```

```
              :
              :
    case   상수n  :  문장n;
                      break;
    [ default :  문장n+1; ]
}
```

■ **설명**

① switch 문은 먼저 수식을 평가한 뒤 이 결과 값을 가지고 맨 처음의 case 다음의 상수 1, 상수2, …… , 상수n 식으로 차례대로 비교해 나간다.

② 수식의 결과 값과 case 다음의 상수 값과 일치할 경우, case 다음의 상수 값이 일치하는 문장만 실행한 다음 break문에 의해 제어를 switch~case 문장 밖으로 전달시켜 준다.

③ break문 생략시 처음 case 다음의 상수 값과 일치하는 문장부터 순서대로 계속 문장을 수행한다. break문을 만날 때 까지 case 와 상관없이 계속 수행된다.

④ default 문은 생략가능하다.

예를 들어, [그림 5-6]의 순서도에서 처럼 수식의 값이 상수2와 같으면 문장2만 실행한 후 switch 문장을 벗어나게 된다. 수식의 결과와 상수가 일치하지 않는다면 default로 되어 있는 부분을 실행한다. default는 생략가능하다.

switch-case-break문의 형식을 표현한 순서도는 [그림 5-6]과 같다.

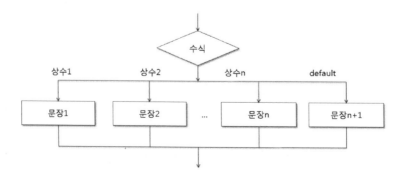

[그림 5-6] switch~case 문의 순서도

■ switch ~ case 문 사용시 주의할 점

① switch 문에서 사용되는 수식에는 정수 변수 또는 문자 변수만 사용할 수 있다.

② case 다음의 상수값에는 정수 또는 단일 문자만 사용할 수 있다.

옳은 예	틀린 예
case 5:	case 2.3:
case 'B':	case "korea":

③ case 다음의 상수값에는 아래 예와 같이 값의 범위를 표현할 수 없다.

case > 10 :

다음 예제는 switch~case 연산자를 이용하여 입력한 연산자 기호에 따른 연산결과를 출력하는 프로그램이다.

>> [예제 5-13] C switch - case문(1) 예제 - 입력한 연산자의 결과 출력

```
1.   #include  <stdio.h>
2.
3.   int main()
4.   {
5.       char  c;
6.       int  i=10, j=5;
7.       printf("연산자 입력 [+, -, *, /] ---> ");
8.       scanf("%c", &c);
9.
10.      switch(c) {
11.          case '+' : printf("%d + %d=%d\n", i, j, i+j);
12.                  break;
13.          case '-' : printf("%d - %d=%d\n", i, j, i-j);
14.                  break;
15.          case '*' : printf("%d * %d=%d\n", i, j, i*j);
16.                  break;
17.          case '/' : printf("%d / %d=%d\n", i, j, i/j);
18.                  break;
19.          default : printf("연산자 해당사항 없음\n");
```

```
20.  }
21.  return 0;
22.  }
```

>> [예제 5-14] C++ switch – case문(1) 예제 – 입력한 연산자의 결과 출력

```
1.  #include  <iostream.h>
2.
3.  int main()
4.  {
5.      char  c;
6.      int  i=10, j=5;
7.      cout << "연산자 입력 [+, -, *, /] ---> " ;
8.      cin >> c;
9.
10.     switch(c) {
11.     case '+' : cout << i <<"+" << j <<"=" << i+j << endl;
12.             break;
13.     case '-' : cout << i <<"-" << j <<"=" << i-j << endl;
14.             break;
15.     case '*' : cout << i <<"*" << j <<"=" << i*j << endl;
16.             break;
17.     case '/' : cout << i <<"/" << j <<"=" << i/j << endl;
18.             break;
19.     default : cout << "연산자 해당사항 없음" << endl;
20.  }
21.  return 0;
22.  }
```

◎ 실행결과

```
■ "D:\C실습\5장\Debug\5장.exe"
연산자 입력 [+, -, *, /] ---> * [Enter]
10 * 5=50
Press any key to continue
```

10~20행 : 변수 c의 입력된 연산자에 맞는 기호를 case 절에서 찾는다. 해당 case 절의 다음 문장을 수행한 후 switch~case문을 종료한다. 찾는 기호가 없으면 "default" 문 뒤의 문장을 수행하다.

만일 변수 c에 '*' 기호가 입력되면 case 절에서 같은 기호를 찾는다. 15행에 같은 기호가 있으므로 15~16행의 내용을 수행한다. 두수의 곱을 구한 뒤 출력하고 break문에 의해서 switch~case문을 빠져 나온다.

다음 예제는 앞의 예제에서 break문을 생략한 switch~case 문의 프로그램이다. break문이 없으므로 입력한 연산자부터 마지막 문장인 default 문까지 차례로 실행하게 된다.

>> [예제 5-15] C switch - case문(2) 예제 - break문 생략

```
1.  #include <stdio.h>
2.
3.  int main()
4.  {
5.      char  c;
6.      int   i=10, j=5;
7.
8.      printf("연산자 입력 [+, -, *, /] ---> ");
9.      scanf("%c", &c);
10.
11.     switch(c) {
12.         case '+' : printf("%d + %d=%d\n", i, j, i+j);
13.         case '-' : printf("%d - %d=%d\n", i, j, i-j);
14.         case '*' : printf("%d * %d=%d\n", i, j, i*j);
15.         case '/' : printf("%d / %d=%d\n", i, j, i/j);
16.         default  : printf("연산자 해당사항 없음\n");
17.     }
18.     return 0;
19. }
```

>> [예제 5-16] C++ switch - case문(2) 예제 - break문 생략

```cpp
1.  #include  <iostream.h>
2.
3.  int main()
4.  {
5.      char  c;
6.      int  i=10, j=5;
7.
8.      cout << "연산자 입력 [+, -, *, /] ---> " ;
9.      cin >> c;
10.
11.     switch(c) {
12.         case '+' : cout << i <<"+" << j <<"=" << i+j << endl;
13.         case '-' : cout << i <<"-" << j <<"=" << i+j << endl;
14.         case '*' : cout << i <<"*" << j <<"=" << i+j << endl;
15.         case '/' : cout << i <<"/" << j <<"=" << i+j << endl;
16.         default : cout << "연산자 해당사항 없음" << endl;
17.     }
18.     return 0;
19. }
```

◎ 실행결과

[실행결과 1: *를 입력했을 때 결과]

[실행결과2: -를 입력했을 때 결과]

설명

11~16행	: 입력한 연산자 기호와 일치하는 문자를 case 절에서 찾아서 내용을 수행한다. break 문이 없으므로 해당내용 수행후 다음 case절의 값과는 상관없이 계속 수행된다. 만일 "*" 문자가 입력되면 14행이 해당 case 절이므로 두수의 곱을 구한 후 결과값 을 출력한다. break문이 없으므로 다음 행의 나누기도 구해서 출력하고, 그 다음 행 의 "연산자 해당없음"도 출력한 후 switch~case문을 종료한다.

다음 예제는 점수를 입력하여 평가를 출력한다. 입력한 점수를 10으로 나누어서 그 몫으로 case문의 값과 비교하여 성적에 대한 평가를 출력 한다.

■ **처리조건**

성적	평가
90-100	A
80-89	B
70-79	C
60-69	D
0-59	F

>> **[예제 5-17]** C switch - case문(3) 예제 - 입력 점수에 대한 성적 평가 출력

```c
1.  #include <stdio.h>
2.
3.  int main()
4.  {
5.      int jumsu, score;
6.      printf("점수 입력 : ");
7.      scanf("%d", &jumsu);
8.
9.      score = jumsu / 10;
10.
11.     switch(score){
12.     case 10 :
13.     case 9 : printf("점수 = %d, 평가 = 'A' \n", jumsu);   break;
14.     case 8 : printf("점수 = %d, 평가 = 'B' \n", jumsu);   break;
15.     case 7 : printf("점수 = %d, 평가 = 'C' \n", jumsu);   break;
16.     case 6 : printf("점수 = %d, 평가 = 'D' \n", jumsu);   break;
```

```
17.      default : printf("점수 = %d, 평가 = 'F ' \n", jumsu);
18.      }
19.      return 0;
20.  }
```

[예제 5-18] C++ switch – case문(3) 예제 – 입력 점수에 대한 성적 평가 출력

```
1. #include <iostream.h>
2.
3. int main()
4. {
5.      int jumsu, score;
6.      cout << "점수 입력 : " ;
7.      cin >> jumsu ;
8.
9.      score = jumsu / 10;
10.
11.     switch(score){
12.     case 10 :
13.     case 9 : cout << "점수 = " << jumsu
14.                  << ", 평가 = 'A'" <<endl;
15.          break;
16.     case 8 : cout << "점수 = " << jumsu
17.                  << ", 평가 = 'B'" <<endl;
18.          break;
19.     case 7 : cout << "점수 = " << jumsu
20.                  << ", 평가 = 'C'" <<endl;
21.          break;
22.     case 6 : cout << "점수 = " << jumsu
23.                  << ", 평가 = 'D'" <<endl;
24.          break;
25.     default : cout << "점수 = " << jumsu
26.                  << ", 평가 = 'F'" <<endl;
27.      }
28.      return 0;
29. }
```

실행결과

설명

9행 　: switch 문에서는 범위표현이 되지 않으므로 입력한 점수를 10으로 나누어서 그 몫으로 범위를 대신 표현한다. 예를 들어서 87을 10으로 나누면 몫이 8이다. case 8에 해당하는 조건이 되어 평가 "B"가 출력되도록 한다.

12~13행 : 100점과 90점대는 평가 A로 결과는 같지만 10으로 나누었을때 각각의 몫이 다르다. 따라서 case 10: 뒤에 break를 생략하여 case 9: 의 문장을 실행하도록 하여 같은 결과를 출력한다.

실습문제

1. switch~case 구문중 if 문의 else 에 해당하는 명령은 무엇인가?

2. case 절에서 문장뒤의 break는 생략가능한가? 만일 가능하다면 실행결과가 어떻게 달라지는지 설명하시오.

2. 변수 ch에 'a', 'p'가 각각 입력되었다고 가정할 때의 출력값을 작성하시오.
```c
switch(ch) {
    case 'a' : printf("apple\n");  break;
    case 'p' : printf("pear\n");
    case 'c' : printf("carrot\n"); break;
    default : printf("잘못된 입력\n");
}
```

5.4 반복문

조건이 만족되는 동안 일련의 문장을 반복 실행하도록 하는 제어문들이다. 반복문에는 for문, while문 그리고 do-while문이 있다.

5.4.1 for문

(1) for문

for문은 프로그램에서 반복횟수를 정확하게 알고 있을 때 주로 사용되는 반복문이다. 여러 가지 반복문 중에서 가장 사용 빈도가 높은 것이라고 할 수 있다.

for문의 사용 형식은 다음과 같다.

■ **형식**

```
for( 초기식 ; 조건식 ; 증감식)
   {
        반복 문장 ;
   }
```

■ **사용 예**

```
       ①  ─────→  ②⑤
for (n = 1;   n <= 3;   n++)
{                /③⑥  / ④
      printf("*******₩n");
}
```

■ **설명**

① 초기식을 실행한다. 보통 특정값을 변수에 배정하는 식이 된다. 초기식은 처음 한번만 수행한다.

② 조건식을 평가하여 참이면 ③번 과정의 반복 문장을 실행하고, 거짓이면 for 문을 종료한다.

④ ②번에서 반복문장 수행이 끝나면 위로 올라가서 증감식을 실행하여 값을 증가 또는

감소한다.

⑤ 변경된 값이 조건식에 합당한지 다시 평가하여 참이면 ⑥ 번의 반복 문장을 실행하고, ④⑤⑥의 과정을 반복한다. 조건식이 거짓이면 반복문을 벗어나 for 문을 종료한다.

for문의 형식을 표현한 순서도는 [그림 5-7]과 같다.

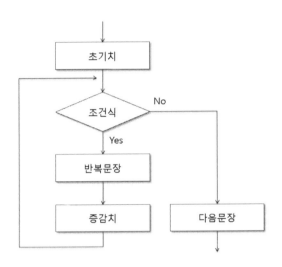

[그림 5-7] for문의 순서도

다음 예제는 for문을 사용하여 숫자 1 ~ 5를 순서대로 출력하는 프로그램이다.

》》 [예제 5-19] C for문(1) 예제 – 1~5 숫자 출력

```
1.  #include <stdio.h>
2.
3.  int main()
4.  {
5.      int n;
6.
7.      for (n = 1; n <= 5; n++) {
8.          printf("n=%d\n", n);
9.      }
10.     return 0;
11. }
```

>> [예제 5-20] C++ for문(1) 예제 - 1~5 숫자 출력

```
1.  #include <iostream.h>
2.
3.  int main()
4.  {
5.      int n;
6.
7.      for (n = 1; n <= 5; n++) {
8.          cout <<"n="<< n << endl;
9.      }
10.     return 0;
11. }
```

실행결과

설명

7~8행   : 변수 n의 값이 1에서 5까지 1씩 증가하는 값을 5번 출력한다. n이 초기식에 의해 1
이 할당되고, 조건식에서 5이하인지 판단한다. 참이므로 다음 행에서 n의 값인 1을
출력한다. for문으로 다시 돌아가서 증감식에 의해 n의 값을 1증가해서 2가 된다.
조건식에서 5이하인지 판단한다. 이 과정을 계속 반복하다가 n의 값이 6이 되면 조
건이 거짓이 되므로 for문을 종료한다.

〈표 5-2〉 for문 실행과정

초기식	조건식(n<=5)	반복문장	증감식(n++)
n=1	y	n = 1	2
	y	n = 2	3
	y	n = 3	4
	y	n = 4	5
	y	n = 5	6

다음 예제는 for문을 사용하여 정수(1-100)의 합을 구한 후 그 값을 출력하는 프로그램이다.

》〉 [예제 5-21]　C for문(2) 예제 - 1~100의 합 출력

```
1.  #include  <stdio.h>
2.
3.  int main()
4.  {
5.      int n, sum=0;
6.
7.      for (n = 1; n <= 100; n++) {
8.          sum+=n;
9.      }
10.
11.     printf("1 + 2 + 3 + …… + 100 = %d\n", sum);
12.     return 0;
13. }
```

》〉 [예제 5-22]　C++ for문(2) 예제 - 1~100의 합 출력

```
1.  #include  <iostream.h>
2.
3.  int main()
4.  {
5.      int n, sum=0;
6.
7.      for (n = 1; n <= 100; n++) {
8.          sum+=n;
9.      }
10.
11.     cout << "1 + 2 + 3 + …… + 100 = " << sum << endl;
12.     return 0;
13. }
```

실행결과

설명

5행 : 정수형 변수 sum은 누적합을 저장하기 위해 선언하였다. 누적합은 처음 실행시 자신을 더하기 때문에 초기값을 할당하지 않으면 원하는 값이 나오지 않는다. 누적합의 변수는 sum=0; 과 같이 반드시 초기값을 먼저 할당해야 한다.

8행 : sum += n; 은 sum = sum + n; 과 같다. n의 값이 1에서 100까지 변할 때 마다 그 값을 sum에 계속 누적하여 합을 계산한다.

실습문제

1. 50 ~ 100의 수중에서 50, 60, 70, 80, 90, 100의 값들만 출력하는 내용을 for문을 이용하여 작성하시오.

초기식, 조건식, 증감식은 필요에 의해서 생략하거나 2개 이상 작성할 수 있다. 초기식, 조건식, 증감식 3가지 모두 생략한 경우는 무한루프를 의미하게 된다.

■ 초기식을 생략한 경우

```
int  k=1, sum=0;
for(  ; k<=100 ; k++ ) {
       sum+=k;
                 }
```

■ 증감식을 생략한 경우

```
int  sum=0;
for(k=1; k<=100 ;  ) {
       sum+=k;
       k++;
}
```

■ 초기식, 조건식, 증감식 모두 생략된 경우

```
for(  ;  ;  ){                        /*  무한 루프 구조가 됨  */
        printf("***\n");  ;
}
```

■ 초기식, 증감식이 복수로 존재하는 경우

```
int k, t, sum=0;
for( k=1, t=1 ; k<=100 ; k++, t+=3 ) {
    sum+=t;
    printf("k=%d\n", k);
  }
```

■ 초기식에 다른 문장이 존재하는 경우

```
int k, sum=0;
for( k=1, printf("* for문 시작 *\n") ; k<100 ; k++) {
    sum+=k;
}
```

(2) 중첩 for문

중첩 for문은 for문안에 또 다른 fop문을 포함하여 반복 실행하는 경우를 말한다. 외부에 자리한 for문을 외부 반복문, 안쪽에 자리한 반복문을 내부 반복문이라고 한다. 중첩 for문의 사용 형식은 다음과 같다.

■ 형식

```
for( 초기식 ; 조건식 ; 증감식)
{
    for( 초기식 ; 조건식 ; 증감식)
    {
      반복 문장1 ;
      }
    반복 문장2 ;
}
```

■ **설명**

① 외부 for문이 한번 실행될때 내부 for문은 자신의 반복횟수대로 반복 실행한다.

② 전체 반복횟수 = 외부 for문 반복횟수 * 내부 for문 반복횟수 가 된다.

다음 예제는 중첩 for문을 이용해서 구구단을 출력하는 예제이다.

>> **[예제 5-23] C 중첩 for문(1) - 구구단 출력**

```
1.  #include <stdio.h>
2.
3.
4.  int main()
5.  {
6.      int  a, b;
7.
8.      for (a = 2; a <= 9; a++ ) {
9.        for (b = 1; b <= 9; b++ )
10.        {
11.           printf("%2d * %2d = %2d ", a, b, a*b);
12.        }
13.       printf("\n");
14.      }
15.      return 0;
16.  }
```

>> **[예제 5-24] C++ 중첩 for문(1) 예제 - 구구단 출력**

```
1.  #include <iostream.h>
2.  #include <iomanip.h>
3.
4.  int main()
5.  {
6.      int  a, b;
7.
8.      for (a = 2; a <= 9; a++ ) {
9.        for (b = 1; b <= 9; b++ ) {
10.           cout << a << "*" << b << "=" << setw(2)
```

```
11.              << a*b << " " ;
12.         }
13.       cout << endl;
14.     }
15.     return 0;
16. }
```

실행결과

```
■ "D:₩C실습₩5장₩Debug₩5장.exe"
2*1= 2 2*2= 4 2*3= 6 2*4= 8 2*5=10 2*6=12 2*7=14 2*8=16 2*9=18
3*1= 3 3*2= 6 3*3= 9 3*4=12 3*5=15 3*6=18 3*7=21 3*8=24 3*9=27
4*1= 4 4*2= 8 4*3=12 4*4=16 4*5=20 4*6=24 4*7=28 4*8=32 4*9=36
5*1= 5 5*2=10 5*3=15 5*4=20 5*5=25 5*6=30 5*7=35 5*8=40 5*9=45
6*1= 6 6*2=12 6*3=18 6*4=24 6*5=30 6*6=36 6*7=42 6*8=48 6*9=54
7*1= 7 7*2=14 7*3=21 7*4=28 7*5=35 7*6=42 7*7=49 7*8=56 7*9=63
8*1= 8 8*2=16 8*3=24 8*4=32 8*5=40 8*6=48 8*7=56 8*8=64 8*9=72
9*1= 9 9*2=18 9*3=27 9*4=36 9*5=45 9*6=54 9*7=63 9*8=72 9*9=81
Press any key to continue
```

설명

8~14행 　: for문을 중첩하게 되면 외부 for문이 1번 돌 때 내부 for문의 변수 b의 값이 1 ~ 9 까지 반복한 후에 조건식이 거짓이 되면 즉, b의 값이 10이 되면 외부 for문 위로 올라간다.

예제 5-23, 11행 : %2d는 자릿수를 맞추기 위해 사용한다. 2자리를 확보한 후 오른쪽에 맞추어 출력한다.

13행 　: 구구단 한 줄을 출력한 후에 외부 for문으로 올라가기 전에 다음 구구단을 출력하기 위해 개행을 한다.

예제 5-24, 10행 : setw(n) 은 출력시의 필드폭을 n으로 설정한다. 정해진 자리수내에서 오른쪽 기준으로 출력한다. 이 함수를 사용하기 위해서는 #include <iomanip.h> 헤더파일을 추가해야 한다. 자리수를 맞추어서 출력할 때 유용하게 사용한다.

다음 예제는 중첩 for문을 이용해서 직각삼각형을 출력하는 예제이다.

[예제 5-25] C 중첩 for문(2) 예제 - 직각삼각형 출력

```
1. #include <stdio.h>
2.
3. int main()
4. {
```

```
5.      int  a, b;
6.
7.      for (a = 1; a <= 5; a++ ) {
8.        for (b = 1; b <= a; b++ ) {
9.            printf("*");
10.       }
11.      printf("\n");
12.     }
13.     return 0;
14.  }
```

[예제 5-26] C++ 중첩 for문(2) 예제 - 직각삼각형 출력

```
1.  #include <iostream.h>
2.
3.  int main()
4.  {
5.      int  a, b;
6.
7.      for (a = 1; a <= 5; a++ ) {
8.        for (b = 1; b <= a; b++ ) {
9.            cout << "*" ;
10.       }
11.      cout << endl;
12.     }
13.     return 0;
14.  }
```

실행결과

설명

8행   : 변수 b는 1부터 외부 for문의 a값 만큼 아래의 문장을 반복한다.

5.4.2 while문

순환문이라고도 하는 while문은 for문과 달리 반복횟수가 정해지지 않은 문장을 수행할 때 주로 많이 사용된다. 반복조건식이 참인 동안 계속해서 반복 문장을 실행하는 구조로 서 사용 형식은 다음과 같다.

■ 형식

```
while(조건식) {
    반복 문장;
}
다음 문장;
```

■ 설명

① 조건식을 판단한다.

② 조건식을 판단하여 참이면 반복문장을 계속 실행하고, 거짓이면 while문을 종료하므 로 프로그램의 제어는 while문을 탈출하여 다음 문장을 수행하게 된다.

③ 만일, 처음에 조건식이 거짓일 경우 반복 문장은 한번도 수행되지 않고 while문을 벗 어나게 된다.

④ while(1) 과 같이 조건식에 1을 작성하는 경우는 조건식이 항상 참이 되므로 무한루 프를 의미한다.

while문의 형식을 표현한 순서도는 [그림 5-8]과 같다.

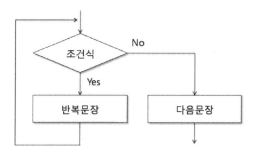

[그림 5-8] while문의 순서도

다음 예제는 입력한 문자를 계속 출력하는 프로그램이다. 단, Ctrl + Z를 누르면 입력을 중단하고 반복루프를 벗어난다.

》 [예제 5-27] C while문(1) 예제 - 입력 문자 출력

```c
1.  #include <stdio.h>
2.
3.  int main()
4.  {
5.      int k;
6.
7.      while(scanf("%d", &k) != EOF) {
8.          printf("입력 값=%d\n", k);
9.      }
10.     return 0;
11. }
```

》 [예제 5-28] C++ while문(1) 예제 - 입력 문자 출력

```cpp
1.  #include <iostream.h>
2.
3.  int main()
4.  {
5.      int k;
6.
7.      while((cin >> k), !cin.eof()) {
8.          cout << "입력 값= " <<  k << endl;
9.      }
10.     return 0;
11. }
```

실행결과

[실행결과1]

[실행결과 2 : Ctrl + Z만 눌렀을 경우]

설명

7행   : EOF는 End Of File을 의미하며, stdio.h 헤더파일에 다음과 같이 정의되어 있다.
          Ctrl + Z 를 입력하면 EOF로 인식한다.
          #define EOF -1

예제 5-28, 7행 : cin.eof() 함수는 End Of File을 판별하는 함수이며 Ctrl + Z 로 문장의 끝을 판
          단한다. 즉 Ctrl + Z 키 입력시 문장의 끝으로 인식하여 반복루프를 빠져나가게 된다.
          cin.eof() 함수의 반환값은 1이다.
          입력시 처음에 Ctrl + Z 를 입력하면 조건식이 거짓이 되므로 반복문장을 수행하지 않
          고 while문의 루프를 벗어나게 된다.

다음 예제는 while문을 사용하여 정수(1-100)의 합을 구하여 출력하는 프로그램이다.

[예제 5-29] C while문(2) 예제 - 1~100의 합 출력

```
1.  #include <stdio.h>
2.
3.  int main()
4.  {
5.      int n=1, sum=0;
6.
```

```
7.      while (n <= 100) {
8.          sum+=n;
9.          ++n;
10.     }
11.     printf("1 + 2 + 3 + …… + 100 = %d\n", sum);
12.     return 0;
13. }
```

>> **[예제 5-30] C++ while문(2) 예제 - 1~100의 합 출력**

```
1.  #include  <iostream.h>
2.
3.  int main()
4.  {
5.      int n=1, sum=0;
6.
7.      while (n <= 100) {
8.          sum+=n;
9.          ++n;
10.     }
11.     cout << "1 + 2 + 3 + …… + 100 = " << sum << endl;
12.     return 0;
13. }
```

실행결과

설명

5행   : while 문 조건에 사용되는 변수 n의 초기값을 1로 설정한다.

7행   : 변수 n의 값이 100 이하인지 확인하여 참이면 아래의 문장을 반복하고, 아니면 while 문을 종료한다.

8행   : sum = sum + n과 같다. 1씩 증가되는 n의 값을 변수 sum에 누적시켜 합을 구한다.

9행   : 변수 n의 값을 1씩 증가시킨다.

while문으로 반복횟수를 지정할 때에는 아래에 제시된 번호 순서대로 작성하면 쉽게 표현할 수 있다. while문 사용전에 조건식에 사용되는 변수에 초기값을 먼저 할당한다. while문안에 조건식을 작성하여 변수의 사용범위를 설정한다. 반복문장 안에 반드시 조건식에 사용된 변수의 증감식을 작성해야만 무한 루프를 방지할 수 있다. 초기식은 한번만 수행하고, 2번과 3번의 과정을 계속 반복하다가 조건이 거짓이 되면 while문을 벗어나게 된다.

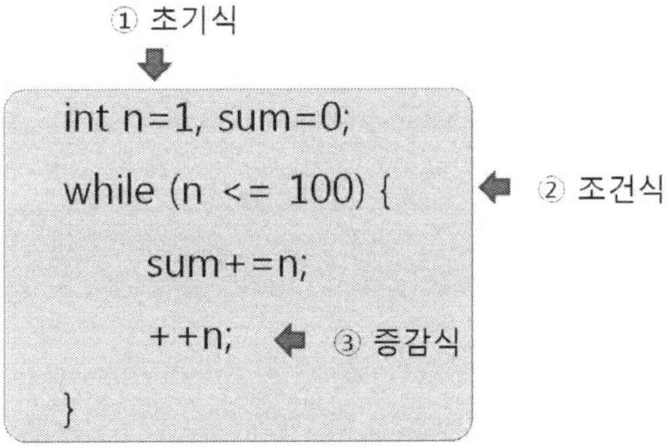

① 초기식

```
int n=1, sum=0;
while (n <= 100) {        ② 조건식
    sum+=n;
    ++n;      ③ 증감식
}
```

[그림 5-9] while문 작성과정

🔍 실습문제

1. while문을 사용하여 본인 이름을 5번 출력하는 프로그램을 완성하시오.

2. 변수 x에 5가 할당된다면 결과값이 어떻게 되는가?
```
int x;
while(x < 5) {
 printf("*** \n");
 x++;
}
```

5.4.3 do-while문

do 다음의 반복문장을 일단 한 번 실행한 후에 수식을 평가하여 거짓이면 반복 문장을 벗어나고 참이면 반복 문장을 다시 실행하는 구조이다. 즉, 처음에 수식이 거짓이더라도 반복문장은 한번은 수행하게 된다. 사용 형식은 다음과 같다.

■ 형식

```
do {
        반복 문장;
    }
while(수식);
다음 문장;
```

■ 설명

① 반복 문장의 내용을 실행한다.

② 조건식을 평가하여 거짓이면 do while문을 종료하므로 프로그램의 제어는 do while문을 탈출하여 다음 문장을 수행하게 된다.

③ 조건식을 평가하여 참이면 반복 문장을 계속 실행하며, 프로그램의 제어는 다시 조건식을 평가하여 거짓이 될 때까지 위의 과정을 반복 수행한다.

do-while문의 형식을 표현한 순서도는 [그림 5-10]과 같다.

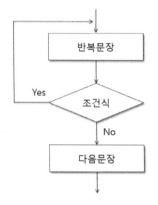

[그림 5-10] do-while문의 순서도

■ while문과 do-while문과의 차이점

while문은 수식을 평가하여 처음부터 거짓이면 반복 문장을 한번도 실행하지 않는데 비하여 do-while문은 일단 반복 문장부터 실행한 다음 수식을 평가하기 때문에 처음부터 거짓이라도 최소한 한번은 반복문장을 실행하게 된다.

다음 예제는 입력한 문자를 계속 출력하는 프로그램이다. 단, Ctrl + Z를 누르면 입력을 중단하고 반복루프를 벗어난다.

»» [예제 5-31] C do~while문(1) 예제 - 입력 숫자 출력

```
1.  #include  <stdio.h>
2.
3.  int main()
4.  {
5.      int k;
6.      scanf("%d", &k);
7.
8.      do{
9.          printf("입력 값=%d\n", k);
10.     } while(scanf("%d", &k) != EOF);
11.     return 0;
12.  }
```

»» [예제 5-32] C++ do~while문(1) 예제 - 입력 숫자 출력

```
1.  #include  <iostream.h>
2.
3.  int main()
4.  {
5.      int k;
6.      cin >> k;
7.
8.      do{
9.         cout << "입력 값= " <<  k << endl;
10.     }while((cin >> k), !cin.eof());
11.     return 0;
12.  }
```

실행결과

[실행결과1]

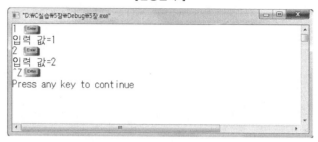

[실행결과2 : Ctrl + Z만 눌렀을 경우]

설명

6행 : do~ while문은 조건을 뒤에 검사하는데, 입력값으로 조건을 검사하므로 반복문 들어
가기 전에 먼저 입력이 되도록 한다.
do~ while문은 조건을 뒤에 검사하는데, 입력값으로 조건을 검사하므로 반복문 들어
가기 전에 먼저 입력이 되도록 하였다.

다음 예제는 do~while문을 사용하여 정수(1-100)의 합을 구하여 출력하는 프로그램이다.

[예제 5-33] C do~while문(2) 예제 - 1~100의 합 출력

```
1.  #include  <stdio.h>
2.
3.  int main()
4.  {
5.      int n=1, sum=0;
6.
7.      do {
8.          sum+=n;
9.          ++n;
```

```
10.      }while (n <= 100);
11.      printf("1 + 2 + 3 + …… + 100 = %d\n", sum);
12.      return 0;
13.  }
```

>> **[예제 5-34] C++ do~while문(2) 예제 - 1~100의 합 출력**

```
1.  #include <iostream.h>
2.
3.  int main()
4.  {
5.      int n=1, sum=0;
6.
7.      do {
8.          sum+=n;
9.          ++n;
10.     }while (n <= 100);
11.     cout << "1 + 2 + 3 + …… + 100 = " << sum << endl;
12.     return 0;
13. }
```

🔵 **실행결과**

🔍 **설명**

5행　　: while 문 조건에 사용되는 변수 n의 초기값을 1로 설정한다.

8행　　: sum = sum + n과 같다. 1씩 증가되는 n의 값을 변수 sum에 누적시켜 합을 구한다.

9행　　: 변수 n의 값을 1씩 증가시킨다.

10행　 : 변수 n의 값이 100 이하인지 확인하여 참이면 8~9행의 문장을 반복하고, 아니면 while 문을 종료한다.

다음 예제는 입력한 점수의 성적에 대한 평가를 출력하는 프로그램이다. 단, 0이 입력될 때까지 점수를 계속 입력하며, 0이 입력되면 수행이 종료되도록 한다.

■ 처리조건

점수	평가
90–100	A
80–89	B
70–79	C
60–69	D
0–59	F

» [예제 5-35] C do~while문(3) 예제 – 입력 점수에 대한 성적 평가 출력

```c
1.  #include <stdio.h>
2.
3.  int main()
4.  {
5.      int jumsu;
6.
7.      do {
8.      printf("점수 입력(-1 입력시 종료) : ");
9.      scanf("%d", &jumsu);
10.
11.     switch(jumsu / 10){
12.     case 10 :
13.     case 9 : printf("점수 = %d, 평가 = 'A ' \n", jumsu);
14.             break;
15.     case 8 : printf("점수 = %d, 평가 = 'B ' \n", jumsu);
16.             break;
17.     case 7 : printf("점수 = %d, 평가 = 'C ' \n", jumsu);
18.             break;
19.     case 6 : printf("점수 = %d, 평가 = 'D ' \n", jumsu);
20.             break;
21.     default : printf("점수 = %d, 평가 = 'F ' \n", jumsu);
22.      } /* switch 문의 끝 */
23.  }while(jumsu != -1);
24.  return 0;
25.  }
```

> [예제 5-36] C++ do~while문(3) 예제 - 입력 점수에 대한 성적 평가 출력

```
1.  #include <iostream.h>
2.
3.  int main()
4.  {
5.      int jumsu;
6.
7.      cout << "점수 입력(-1 입력시 종료) : " ;
8.      do {
9.          cin >> jumsu ;
10.         switch(jumsu / 10){
11.         case 10 :
12.         case 9 : cout << "점수 = " << jumsu
13.                       << ", 평가 = 'A'" <<endl;  break;
14.         case 8 : cout << "점수 = " << jumsu
15.                       << ", 평가 = 'B'" <<endl;  break;
16.         case 7 : cout << "점수 = " << jumsu
17.                       << ", 평가 = 'C'" <<endl;  break;
18.         case 6 : cout << "점수 = " << jumsu
19.                       << ", 평가 = 'D'" <<endl;  break;
20.         default : cout << "점수 = " << jumsu
21.                       << ", 평가 = 'F'" <<endl;
22.         } /* switch 문의 끝 */
23.     }while(jumsu != -1);
24.     return 0;
25. }
```

🙆 실행결과

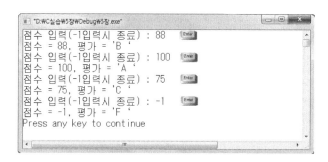

설명

10행	: 입력받은 jumsu를 10으로 나눈 몫이 case 절과 비교할 조건이 된다.
11~21행	: 10행에서 구한 몫과 case 절의 값과 비교하여 맞으면 뒤의 문장을 수행한다. break 문에 의해 switch~case문을 빠져 23행의 while문 조건을 실행한다.
23행	: 입력한 점수가 -1과 같지 않은 동안 do ~ while 사이의 문장을 반복 수행한다. 만일, 처음에 -1을 입력하면 판단은 뒤에서 하므로 평가는 'F'라는 결과를 출력한 후에 반복을 종료한다.

실습문제

1. do~while문을 사용하여 본인 이름을 5번 출력하는 프로그램을 완성하시오.

2. 변수 x에 1이 할당된다면 결과가 어떻게 되는지 작성하시오.

```
int x;
do{
    printf("*** \n");
    x++;
}while(x < 5);
```

3. 2번 문제에서 x에 5가 할당된다면 결과가 어떻게 되는지 작성하시오.

5.5 분기문

5.5.1 goto문

goto문은 프로그램의 제어를 지정된 레이블(label)이 있는 문장으로 무조건 분기하도록 하여 그 위치의 문장들을 실행하는 제어문으로서 무조건 분기문이라고 한다.

사용 형식은 다음과 같다.

■ 형식

---

goto　레이블;

레이블 :　문장(statement);
/* 레이블 : 사용자 정의 단어 */

■ 설명

① goto문은 분기할 레이블명에 콜론(colon)을 붙여 사용한다.

② goto문은 프로그램의 제어를 레이블명(label name)으로 강제적으로 이동시키는 명령문이다.

③ 깊게 내포된 루프 안에서 루프 밖으로 탈출하고 싶을 때 편리하다.

④ 레이블명은 C/C++ 언어의 식별자 명명 규칙에 따라서 정의한다.

⑤ 가능하면 goto문은 사용하지 않는 것이 좋다. goto문은 프로그램의 구조를 어지럽게 하여 프로그램을 읽기 힘들게 만들기 때문이다.

다음 예제는 a가 1에서 10까지 1씩 증가되다가 5가 되면 goto문에 의해서 루프를 벗어나도록 하는 프로그램이다.

》》 [예제 5-37]　C　goto문 예제

```
 1.  #include <stdio.h>
 2.
 3.  int main()
 4.  {
 5.      int  a;
 6.
 7.      for(a = 1; a <= 10; a++) {
 8.         if  (a == 5) goto  end;
 9.         printf("a=%d\n", a);
10.      }
11.      end :  printf("******************\n");
12.      return 0;
13.      }
```

» [예제 5-38] C++ goto문 예제

```
1.  #include <iostream.h>
2.
3.  int main()
4.  {
5.      int  a;
6.
7.      for(a = 1; a <= 10; a++) {
8.          if  (a == 5) goto  end;
9.          cout << "a=" << a << endl;
10.     }
11.     end :   cout << "******************" << endl;
12.     return 0;
13. }
```

실행결과

설명

8행 : a의 값이 5와 같으면 for문의 반복문장을 벗어나서 end 레이블로 무조건 분기한다.

11행 : end 레이블로 분기하면 레이블명 뒤의 문장을 순서대로 수행한다.

5.5.2 continue문

break문과 같이 루프를 완전히 빠져 나가는 것이 아니라 continue 문 이하의 문장들을 실행하지 않고, 다음 반복 동작을 하기 위해 반복문의 처음으로 되돌아가게 만드는 구조이다. 원하는 부분을 건너 뛰고 반복하고자 할때 주로 사용한다.

사용 형식은 다음과 같다.

■ 형식

```
continue;
```

다음 예제는 continue문을 사용하여 정수(1-10)의 수중에서 짝수들만 출력하는 프로그램이다.

>> [예제 5-39] C continue문 예제 (1) - 1~10의 수중에서 짝수 출력

```c
1.  #include  <stdio.h>
2.
3.  int main()
4.  {
5.      int  n=1;
6.
7.      while ( n++ < 10 ) {
8.          if  ( n % 2 == 1 )  continue;
9.          printf("%d\n", n);
10.     }
11.     return 0;
12. }
```

>> [예제 5-40] C++ continue문 예제 (1) - 1~10의 수중에서 짝수 출력

```cpp
1.  #include  <iostream.h>
2.
3.  int main()
4.  {
5.      int  n=0;
6.
7.      while ( n++ < 10 ) {
8.          if  ( n % 2 == 1 )  continue;
9.          cout <<  n << endl;
10.     }
11.     return 0;
12. }
```

실행결과

설명

7행 　　　: n의 값이 10보다 작은지 먼저 비교한 후에 증감연산자에 의해 1 증가한다. n의 값이 10보다 작은 동안 8~9행의 문장을 반복 수행한다.

8행 　　　: n을 2로 나누어서 나머지가 1과 같으면 continue문에 의해서 아래에 있는 출력 문장을 실행하지 않고 while문의 처음으로 돌아가서 조건을 판단한다. 결국 n을 2로 나누어서 나머지가 0 인 경우, 즉 짝수만 출력하고 홀수인 경우에는 출력문장을 건너뛰게 된다.

다음 예제는 continue문을 사용하여 정수(1-5) 중에서 3, 5를 제외한 숫자들의 합을 출력하는 프로그램이다.

[예제 5-41] C continue문 예제 (2) - 합 출력

```c
1.  #include  <stdio.h>
2.
3.  int main()
4.  {
5.      int n, sum=0;
6.
7.      for ( n=1; n<=5; n++) {
8.          if ( n==3 )  continue;
9.          if ( n==5 )  continue;
10.         sum += n;
11.     }
12.     printf("1+2+4= %d\n", sum);
13.     return 0;
14. }
```

[예제 5-42] C++ continue문 예제 (2) - 합 출력

```
1.   #include <iostream.h>
2.
3.   int main()
4.   {
5.       int n, sum=0;
6.
7.       for ( n=1; n<=5; n++) {
8.           if ( n==3 )  continue;
9.           if ( n==5 )  continue;
10.          sum += n;
11.      }
12.      cout << "1+2+4= " << sum << endl;
13.      return 0;
14.  }
```

🖐 실행결과

```
■ "D:\C실습\5장\Debug\5장.exe"
1+2+4= 7
Press any key to continue
```

🔍 설명

7~11행	: n의 값이 1~5까지 1씩 증가하며 8~10행의 문장을 반복 수행한다.
8행	: n의 값이 3과 같으면 아래의 문장들을 수행하지 않고 for문의 처음으로 돌아간다.
9행	: n의 값이 5와 같으면 아래의 문장들을 수행하지 않고 for문의 처음으로 돌아간다. 결국 3과 5는 누적합을 구하지 않는다. 8~9행을 다음과 같이 한 문장으로 표기해도 된다. if(n==3 || n==5) continue;

5.5.3 break문

반복문(for, while, do-while)이나 switch문에서 주로 사용한다. 프로그램 실행 중 break문을 만나면 프로그램의 제어가 반복문이나 switch문을 강제적으로 벗어나 다음 문장을 수행하게 된다. 사용 형식은 다음과 같다.

■ 형식

```
break;
```

다음 예제는 입력한 숫자에 대한 구구단을 계속 출력한다. break문에 의해서 0이 입력되면 while문의 반복 루프를 벗어나도록 하여 입력을 중단하도록 한다.

>> [예제 5-43] C break문 예제

```
1.  #include <stdio.h>
2.
3.  int main()
4.  {
5.      int x, y;
6.
7.      while(1){
8.         printf(""숫자 입력 :" );
9.         scanf("%d", &x);
10.        if (x == 0) break;
11.        for (y=2; y<=9; y++)
12.           printf("%d * %d = %d\n", x, y, x*y);
13.     }
14.     return 0;
15. }
```

>> [예제 5-44] C++ break문 예제

```
1.  #include <iostream.h>
2.
3.  int main()
4.  {
5.      int x, y;
6.
7.      while(1){
8.         cout << "숫자 입력 :" ;
```

```
9.        cin >> x;
10.       if (x == 0) break;
11.       for (y=2; y<=9; y++)
12.          cout << x << " * " << y << " = " <<  x*y << endl;
13.      }
14.    return 0;
15. }
```

실행결과

설명

7행	: while(1)은 항상 참을 의미하여 7~11행을 무한 반복한다.
8~9행	: 숫자 1개를 입력받는다. 구구단을 생성할 단을 입력하는 것이다.
10행	: 입력한 값이 0과 같으면 break 문에 의해서 while 문을 빠져나간다. 무한반복을 종료하게 된다.
11~12행	: 입력한 숫자의 구구단을 출력한다.

Exercise

1. 다음과 같이 if문을 이용한 제어문을 조건연산자를 사용하여 올바르게 바꾼 것을 고르시오.

```
if(a>b) c = a;
else c = b;
```

① c = ab : a? b;

② c = a>b ? a: b;

③ c = a<b: a? b:

④ c = a>b ? b: a;

2. 다음과 같은 명령문을 실행한 후의 변수 y의 값은?

```
main()
{
   int a=10, y=0, i=0;
   while(1){
           if(i>a)break;
           i++;
           y += i;
           }
   cout << "y = " << y << endl;
}
```

① 45

② 10

③ 55

④ 66

풀이 while(1)문: 조건이 항상 1(참)이 되므로 무한 루프(loop)이며, 이 프로그램의 경우 if()break문에 의하여 루프를 벗어나게 된다.

3. for, while, do~while과 같은 반복문의 끝으로 제어를 옮길 때 사용하는 명령문은?

① break

② loop

③ continue

④ return

4. 다음 프로그램의 명령문 중 틀린 부분이 있으면 모두 찾아 바로 고치시오.

① while(++i<b)do{

```
    a+=b;
    printf("\n a= %d",a);
}
```

② for(i=0;i<0;i+=5) sum+=i;

③ a+b=a;

④ for(i=2;k%i == 0; ++1){

```
        sum+=i;
        i+=2;
    }
```

5. 1부터 100 까지 자연수의 합을 구하는 프로그램이 아닌 것은?

① while(a<100){

```
    ++a;
    sum+=a;
}
```

② for(a=1;a<=100;a+=) sum+=a;

③ do{

```
    ++a;
    sum+=a;
}while(a<=100);
```

④ for(a=1;a<=100;++a, sum+=a);

6. 학번이 0으로 입력될 때까지 국어, 영어, 수학 성적을 입력하여 합계와 평균을 구하
여 다음과 같이 출력하도록 하는 프로그램을 작성하시오.

```
main()
{
  int hbun;
  int score1,score2,score3;
  int hap;
  float pyung;
  char *irum;
  while(1)
  {
  printf("\n\n 학번를 입력하세요");
  scanf ("%d",&hbun);
```

```
        if (            ①            )break;
        printf("\n 이름을 입력하세요=?");
        scanf("%s",irum);
        printf("\n 성적을 입력하세요 국어, 영어, 수학=?");
        scanf("%d %d %d",&score1,&score2,&score3);
        hap=score2+score1+score3;
        pyung=hap/3.0;
        printf("\n\n\t\t*** 성 적 표 ***\n");

printf("\n—————————————————————————————————————");
    printf("\n학번\t성명\t국어\t영어\t수학\t합계\t평균");

printf("\n—————————————————————————————————————");
    printf("\n%d\t%s\t%d\t%d\t%d\t%d\t%5.1f",

hbun,irum,score1,score2,score3,hap,pyung);

printf("\n—————————————————————————————————————");
    }
  }
```

실행결과

```
                        *** 성 적 표 ***
————————————————————————————————————————————————————
학번        성명        국어        영어        수학        합계        평균
————————————————————————————————————————————————————
9701       홍길동        70         80         90         240        80.0
————————————————————————————————————————————————————
```

7. 5명의 국어, 영어, 수학 성적을 입력하여 합계와 평균을 구하고 각 과목별 평균을 구하여 다음과 같이 출력하도록 하는 프로그램을 작성하시오.

```
main()
{
  int i, hbun;
  int score1,score2,score3;
  int hap, hap1=0, hap2=0, hap3=0;
  float pyung, pyung1, pyung2, pyung3;
  char *irum;
```

```
for(             ①             )
   {
   printf("\n\n 학번를 입력하세요");
   scanf ("%d",&hbun);
   printf("\n 이름을 입력하세요=?");
   scanf("%s",irum);
   printf("\n 성적을 입력하세요 국어, 영어, 수학=?");
   scanf("%d %d %d",&score1,&score2,&score3);
   hap=score1+score2+score3;
   pyung=hap/3.0;
   hap1+=score1;
   hap2+=score2;
   hap3+=score3;
   printf("\n\n\t\t*** 성 적 표 ***\n");

printf("\n─────────────────────────────────────");
      printf("\n학번\t성명\t국어\t영어\t수학\t합계\t평균");

printf("\n─────────────────────────────────────");
      printf("\n%d\t%s\t%d\t%d\t%d\t%d\t%5.1f",

hbun,irum,score1,score2,score3,hap,pyung);

printf("\n─────────────────────────────────────");
      }
   pyung1=hap1/5.0;
   pyung2=hap2/5.0;
   pyung3=hap3/5.0;
   printf("\n\n국어 성적의 총평균 = %5.1f", pyung1);
   printf("\n영어 성적의 총평균 = %5.1f", pyung2);
   printf("\n수학 성적의 총평균 = %5.1f", pyung3);
}
```

🖥 **실행결과**

```
학번=9701 Enter↵
성명=홍길동 Enter↵
성적을 입력하세요 국어, 영어, 수학=? 70 80 90 Enter↵

                    *** 성 적 표 ***
─────────────────────────────────────────────────────────
학번      성명      국어      영어      수학      합계      평균
```

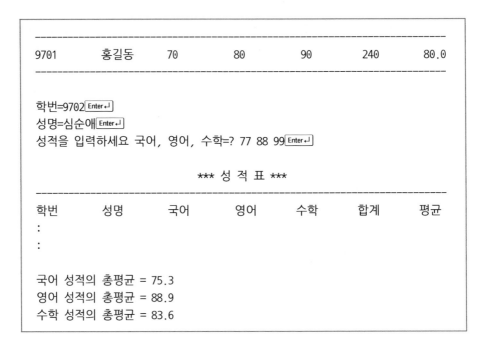

```
-----------------------------------------------------------------------
9701         홍길동      70        80        90       240       80.0
-----------------------------------------------------------------------
```

학번=9702 Enter↵
성명=심순애 Enter↵
성적을 입력하세요 국어, 영어, 수학=? 77 88 99 Enter↵

*** 성 적 표 ***

```
-----------------------------------------------------------------------
학번       성명       국어       영어      수학      합계       평균
:
:
```

국어 성적의 총평균 = 75.3
영어 성적의 총평균 = 88.9
수학 성적의 총평균 = 83.6

8. 10명의 키와 체중을 입력하여 가장 큰 키와 가장 많이 나가는 체중을 구하여 출력하는 프로그램을 작성하시오.

```c
main()
{
    int   height, max_h = [   ①   ], i;
    float weight, max_w = [   ②   ];
    for([      ③      ]){
        printf("\n키를 입력하세요(cm)");
        scanf("%d", &height);
        if(max_h < height) max_h = height;
        printf("\n체중을 입력하세요(kg)");
        scanf("%f", &weight);
        if(max_w < weight) max_w = weight;
    }
    printf("\n\n가장 큰 키 = %dcm", max_h);
    printf("\n가장 많이 나가는 체중 = %5.1fkg", max_w);
}
```

🌀 **실행결과**

키를 입력하세요(cm) 187 `Enter↵`
체중을 입력하세요(kg) 55.5 `Enter↵`

키를 입력하세요(cm) 187 `Enter↵`
:
:

가장 큰 키 = 199cm
가장 많이 나가는 체중 = 78.9kg

CHAPTER 6

함수

함수의 기본개념 6.1

C/C++ 언어의 함수 종류 6.2

함수의 구조 6.3

return문 6.4

함수의 매개변수 전달방식 6.5

기억 클래스(storage class) 6.6

되부름 함수 6.7

inline(확장) 함수 6.8

6.1 함수의 기본개념

함수란 특정한 작업을 수행하도록 만들어진 독립적인 단위의 프로그램을 말한다. 다른 언어에서 사용하는 서브루틴(subroutine)의 개념과 비슷하다고 볼 수 있다. [그림 6-1]과 같이 수들의 합을 구하는 부분을 독립적 단위의 프로그램으로 만들어서 필요할 때마다 불러서 사용할 수 있다. 이와 같이 함수를 사용하면 프로그램을 단위별로 세분화하여 호출해서 사용할 수 있도록 프로그래밍 할 수 있게 된다.

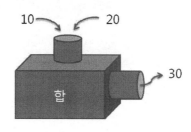

[그림 6-1] 함수

- **어떤 경우에 함수를 사용하는가?**

① 커다란 프로그램을 작업별로 분할하여 작성하는 것을 가능하게 해 준다.

② 하향식(top-down)의 모듈화된 프로그램 설계를 가능하게 한다.

③ 특정 부분을 여러 번 반복해서 실행해야 하는 경우 적절한 함수를 만들어서 필요할 때마다 함수를 호출하여 사용하면 편리하다.

④ 특정한 부분이 여러 프로그램에 사용될 때 함수를 사용하면 편리하다.

- **함수를 사용할 경우의 장점**

① 프로그램을 작성하기가 쉬우며 이해하고 수정하기가 쉽다.

② 프로그램의 유지, 보수, 갱신 및 확장이 용이해 진다.

③ 반복되는 작업을 하나의 루틴으로 만들어 재사용함으로써 코딩 양을 줄일 수 있다.

④ 구조적 프로그래밍을 가능케 함으로써 프로그램이 작고 간결해 지며 조직적으로 구성할 수 있다.

⑤ 함수로 구성되는 구조적 프로그램은 오류 발생시 오류를 발견하기가 쉽다.

⑥ 일반 사용자가 알 필요가 없는 특정한 부분을 숨길 수 있는 정보 은폐가 가능하다.

6.2 C/C++ 언어의 함수 종류

C/C++ 언어에서 사용되는 함수에는 다음과 같은 3가지의 종류가 있다.

(1) main()함수

함수를 여러 개 사용하여 프로그램을 작성하더라도 반드시 main()이라는 이름의 함수가 프로그램의 어느 부분에라도 반드시 있어야 한다. 왜냐하면, 프로그램은 main()이라는 함수에서부터 실행되기 때문이다.

(2) 사용자 정의 함수

사용자가 작성한 함수로써 main() 함수 또는 다른 함수들에 의하여 호출된다.

(3) 라이브러리(library) 함수

시스템이 제공하는 함수들로서 여러 함수들을 종류별로 모아 놓고 확장자가 *.h인 헤더 파일 형태로 제공한다. 입출력 함수인 printf(), scanf() 들을 사용할 때 〈stdio.h〉를 추가해서 사용해야 한다.

6.3 함수의 구조

6.3.1 함수의 정의 및 호출

함수의 정의는 머리(header)부분과 몸통(body)부분으로 구성되며 사용 형식은 다음과 같다.

■ 형식 1 – 매개변수가 없는 경우

```
[데이터 형]  함수명( )      /* 함수의 머리 */
{                             /* 함수의 내용 시작*/
   변수 선언;
   실행문1;
   실행문2;
                  :
                  :
[ return([수식]); ]
}                       /* 함수의 내용 끝*/
```

■ 사용 예

```
void  func( )
{
    printf("*************\n");
}
```

■ 설명

① 매개변수는 생략 또는 한 개 이상 사용 가능하다.

② 보통 [데이터형]을 생략하기도 하는데, [데이터형]이 생략되면 int형으로 간주한다. 반
환형이 없을 경우에는 void형으로 표기한다.

③ 정의한 함수는 main() 함수나 또 다른 함수내에서 호출을 해야만 실행이 가능하다.
예를 들어 [그림 6-2]에서 처럼 chinju()라는 사용자정의 함수가 있을때, main() 함수
내에서 이 함수를 호출하여 실행하는 과정을 그림으로 나타내었다.

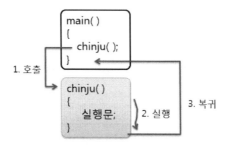

[그림 6-2] 함수의 호출과정

다음 예제는 C언어에서의 매개변수와 반환값이 없는 간단한 함수 프로그램이다.

>> [예제 6-1] C 함수의 정의(1) – (매개변수가 없는 경우)

```
1.  #include <stdio.h>
2.
3.  int main() {
4.      printf(" --- 함수 예제 --- \n");
5.      chinju();
6.      masan();
7.      printf(" ---- END ----- \n");
8.      return 0;
9.      }
10.
11.     void chinju() {
12.         printf("welcome to chinju\n");
13.     }
14.
15.     void masan() {
16.         printf("welcome to masan\n");
17. }
```

실행결과

```
"D:₩C실습₩5장₩Debug₩5장.exe"

 --- 함수 예제 ---
welcome to chinju
welcome to masan
 ---- END -----
Press any key to continue
```

설명

5행   : chinju() 함수를 호출한다. 제어가 chinju() 함수가 있는 10행으로 옮겨가서 몸체에 있
          는 문장을 실행한다. 완료후에는 제어가 호출한 함수의 다음 행인 6행으로 옮겨간다.

7행   : masan() 함수를 호출한다. 제어가 masan() 함수가 있는 14행으로 옮겨가서 몸체에 있
          는 문장을 실행한다. 완료후에는 제어가 호출한 함수의 다음 행인 7행으로 옮겨간다.

10행   : void는 반환형이 없다는 뜻이다. 함수명 뒤의 빈괄호( )는 매개변수가 없다는 의미
          이며 매개변수를 사용하지 않더라도 괄호는 반드시 표시하여야 한다.
          함수의 머리 부분 끝에는 ;을 붙이지 않는다.

[예제 6-1]에서 매개변수가 없는 함수를 정의하고 호출하는 과정을 살펴보았다. 함수 호출시 전달해야 하는 값이 존재할 경우 매개변수를 통해 주고 받는다. 매개변수는 생략 또는 1개 이상 사용할 수 있다. 사용형식은 다음과 같다.

■ 형식 2 – 매개변수가 있는 경우

```
[데이터 형]  함수명([데이터형 변수명1, 데이터형 변수명2,..])
{
    변수 선언;
    실행문1;
    실행문2;
       :
[ return([수식]);]
}
```

■ 사용 예

```
int  func(int x, int y)
{
    return(x+y);
}
void main() {
    int res;
    res = func(5, 6);
}
```

매개변수는 실매개변수(actual parameter)와 형식매개변수(formal parameter)가 있다.

〈표 6-1〉 실매개변수와 형식매개변수

매개변수	설명
실매개변수	호출 함수에서 정의하는 변수
형식매개변수	피호출 함수에서 정의하는 변수

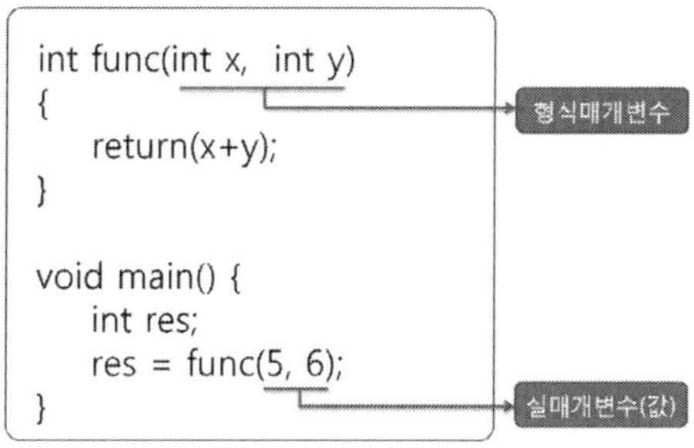

[그림 6-3] 매개변수의 종류

■ 설명

① 변수 x, y를 형식매개변수라고 한다.

② main() 함수안의 res=func(5, 6);에서 5, 6을 실매개값이라고 하며 변수가 있다면 실매개변수라고 한다.

③ 실매개변수와 형식매개변수의 데이터형과 개수는 반드시 일치해야 한다. 위의 예에서 실매개값 5, 6과 변수 x, y의 데이터형은 int, 개수는 2개로 일치한다.

④ main()함수에서 func(5,6) 함수 호출시 5는 x에, 6은 y에 전달되어 함수 몸체의 내용이 실행된다.

다음 예제는 C언어에서 숫자 2개를 매개값으로 받아서 그 두수의 곱을 구해서 출력하는 함수에 대한 내용이다.

>> [예제 6-2] C 함수의 정의(2) - (매개변수가 있는 경우)

```
1.  #include  <stdio.h>
2.
3.  int main()  {
4.      printf("** 함수 예제 **\n");
5.      hap(5, 7);
6.      return 0;
7.      }
8.
9.      void hap(int x, int y) {
10.         int z;
```

```
11.         z = x*y;
12.         printf("두 수의 곱 = %d\n", z);
13.  }
```

실행결과

```
"D:\C실습\5장\Debug\5장.exe"
** 함수 예제 **
두 수의 곱 = 35
Press any key to continue
```

설명

5행   : hap( ) 함수를 호출한다. 상수 5, 7(실매개값)을 함수호출시 변수 x, y(형식매개변
            수)로 1:1 대응되게 전달한다.

9~13행   : hap( ) 함수를 호출하면 제어가 hap( ) 함수가 있는 9행으로 옮겨간다. 호출시 괄호안
            의 매개값 5는 x에, 7은 y에 넘겨 받는다. 두 수의 곱을 구한뒤 변수 z에 저장하여
            출력한다. 완료후 제어는 main( )함수로 다시 넘어가서 호출한 함수의 다음 행인 6행
            으로 옮겨간다.

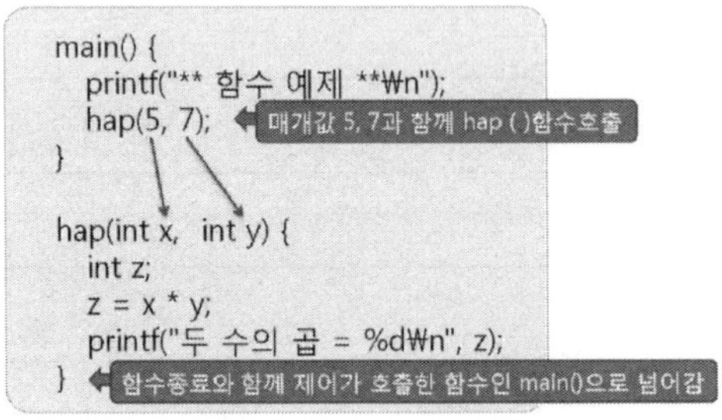

```
main() {
  printf("** 함수 예제 **\n");
  hap(5, 7);    ← 매개값 5, 7과 함께 hap ( )함수호출
}

hap(int x,  int y) {
  int z;
  z = x * y;
  printf("두 수의 곱 = %d\n", z);
}  ← 함수종료와 함께 제어가 호출한 함수인 main()으로 넘어감
```

[그림 6-4] 매개변수 전달과정

6.3.2 함수의 원형 선언

함수의 몸체를 제외한 함수의 머리부분을 프로그램의 선두에 위치에 시키는 것을 함수
의 원형선언이라고 한다. C++ 에서는 함수를 호출하기 전에 함수의 형을 엄격히 검사하
므로 함수의 원형을 먼저 선언해야 한다. 사용형식은 다음과 같다.

■ 형식

　　[데이터 형]　함수명([매개변수 선언]);

■ 설명

① 함수원형 선언시에 함수 머리부분 뒤에 세미콜론(;)을 반드시 붙여야 한다.

② 예를 들어서 아래와 같은 형태로 작성하여 프로그램의 선두에 위치시킨다.

　　　　　　　　　　　　void hap(int x, int y);

다음 예제는 C++언어에서 숫자 2개를 매개값으로 받아서 그 두수의 곱을 구해서 출력하는 함수에 대한 내용이다. 함수원형 선언위치와 사용방법을 익히도록 한다.

》》 [예제 6-3]　C++ 함수의 정의 - (매개변수가 있는 경우)

```
1.  #include <iostream.h>
2.  void hap(int x, int y);    /* 함수원형 선언  */
3.
4.  int main()  {
5.      int a=5, b=7;
6.      cout << "** 함수 예제 **" << endl;
7.      hap(a, b);
8.      return 0;
9.  }
10.
11. void hap(int x, int y) {
12.     int z;
13.     z = x * y;
14.     cout << "두 수의 곱 = " << z << endl;
15.  }
```

실행결과

```
"D:\C실습\5장\Debug\5장.exe"
** 함수 예제 **
두 수의 곱 = 35
Press any key to continue
```

6.4 return문

return문을 만나면 함수의 나머지 부분에 상관없이 함수의 실행을 종료하고 호출한 함수로 제어의 흐름을 변경한다. 사용 형식은 다음과 같다.

■ 형식

---

   (1) return;
   (2) return (수식);   또는 return 수식;

■ 설명

① 형식 1은 반환값 없이 제어만 호출한 함수로 옮기는 경우에 사용한다.

② 형식 2는 수식의 값, 즉 함수에서 실행된 결과값이나 수식을 호출한 함수로 반환한다. 의미가 정해져 있는 반환값도 있다.

return 0; /* 정상종료를 의미함 */

return 1; /* 비정상종료를 의미함 */

③ return문이 제어를 호출한 함수로 반환할 때, 그 결과값은 변수의 형을 가지고 호출한 함수로 반환되는 것이 아니라 함수의 형을 가지고 호출한 함수로 반환된다.

④ return()문은 하나의 값만을 되돌려 주는데 사용하며 만약 호출 프로그램으로 둘 이상의 값을 되돌려 주고자 하면 call by reference 방법을 사용해야 한다.

다음 예제는 함수에서 return문을 만났을 때의 결과를 나타내는 프로그램이다.

> **[예제 6-4] C return문(1) - 제어만 옮기는 경우**

```
1.  #include <stdio.h>
2.
3.
4.  int main() {
5.      song();
6.      return 0;
```

```
7.  }
8.
9.  void song() {
10.     printf("C 프로그래밍.\n");
11.     return;
12.     printf("visual c++ 프로그래밍\n");
13.  }
```

[예제 6-5] C++ return문(1) - 제어만 옮기는 경우

```
1.  #include <iostream.h>
2.
3.  void song();    /* 함수원형선언 */
4.  int main() {
5.      song();
6.      return 0;
7.  }
8.
9.  void song() {
10.     printf("C 프로그래밍.\n");
11.     return;
12.     printf("visual c++ 프로그래밍\n");
13.  }
```

실행결과

설명

5행   : song() 함수를 호출한다. 제어가 9행의 song()함수가 있는 곳으로 옮겨간다.

11행   : return 문을 만나면 아래에 문장들과는 상관없이 제어가 호출했던 함수쪽으로 바로
옮겨가고 함수는 종료된다. 11행은 실행되지 않는다. return 문 뒤에 값이 없으므로
여기에서는 제어만 main() 함수쪽으로 옮겨간다.

다음 예제는 매개값으로 받은 두 수에 대한 연산결과를 호출한 쪽으로 반환하는 경우이다.

≫ [예제 6-6] C return문(2) - 반환값이 있는 경우

```c
1.  #include <stdio.h>
2.
3.  int main()
4.  {
5.      int a=15, b=4, res;
6.      res=nmg(a, b);
7.      printf("15 %% 4 = %d\n", res);
8.      a=10;
9.      printf("10 %% 4 = %d\n", nmg(a, b));
10.     return 0;
11. }
12.
13. int nmg(int x, int y) {
14.     return (x % y);
15.  }
```

≫ [예제 6-7] C++ return문(2) - 반환값이 있는 경우

```cpp
1.  #include <iostream.h>
2.  int nmg(int x, int y);
3.  int main()
4.  {
5.      int a=15, b=4, res;
6.      res=nmg(a, b);
7.      cout << "15 % 4 =" << res << endl;
8.      a=10;
9.      cout << "10 % 4 =" << nmg(a, b) << endl;
10.     return 0;
11. }
12.
13. int nmg(int x, int y) {
14.     return (x % y);
15.  }
```

실행결과

```
"D:\C실습\5장\Debug\5장.exe"
15 % 4 =3
10 % 4 =2
Press any key to continue
```

설명

6행   : 매개변수 a, b의 값을 전달하며 함수 nmg( )를 호출한다. 함수 실행 후 반환값을 변수
        res에 대입한다. 이때 반환값을 저장할 변수와 반환값의 자료형을 일치시켜야 한다.

9행   : 반환값이 존재하는 함수를 호출할 경우에는 출력문안에서 호출가능하다. 반환받은
        값을 그대로 출력문안에 적용하여 출력한다.

14행   : x를 y로 나눈 나머지 값을 호출한 쪽으로 반환하고 함수를 종료한다.

다음 예제는 두 수를 매개값으로 받아서 사칙연산을 하는 함수를 각각 작성한후 그 결과
값을 받아서 호출한 쪽에서 출력하는 프로그램이다.

[예제 6-8] C return문(3) - 사칙연산 함수

```c
1.  #include <stdio.h>
2.
3.  int add(int x, int y);
4.  int sub(int x, int y);
5.  int mul(int x, int y);
6.  int div(int x, int y);
7.
8.  int main()  {
9.      int a, b;
10.     int val1, val2, val3, val4;
11.     a=20;  b=10;
12.
13.     val1 = add(a, b);
14.     val2 = sub(a, b);
15.     val3 = mul(a, b);
16.     val4 = div(a, b);
17.
```

```
18.      printf("%d + %d = %d\n", a, b, val1);
19.      printf("%d - %d = %d\n", a, b, val2);
20.      printf("%d * %d = %d\n", a, b, val3);
21.      printf("%d / %d = %d\n", a, b, val4);
22.      return 0;
23.  }
24.  /*---------------------------------*/
25.  int add( int x, int y)
26.  {  int z;
27.      z = x + y;
28.      return(z);
29.  }
30.  /*---------------------------------*/
31.  int sub(int x, int y)
32.  {   int z;
33.      z = x - y;
34.      return(z);
35.  }
36.  /*---------------------------------*/
37.  int mul(int x, int y)
38.  {  return(x * y);
39.  }
40.  /*---------------------------------*/
41.  int div(int x, int y)
42.  {  return(x / y);
43.  }
```

[예제 6-9] C++ return문(3) - 사칙연산 함수

```
1.  #include <iostream.h>
2.
3.  int add( int x, int y);
4.  int sub(int x, int y);
5.  int mul(int x, int y);
6.  int div(int x, int y);
7.
8.  int main() {
9.      int a, b;
```

```
10.       int val1, val2, val3, val4;
11.       a=20;   b=10;
12.
13.       val1 = add(a, b);
14.       val2 = sub(a, b);
15.       val3 = mul(a, b);
16.       val4 = div(a, b);
17.
18.       cout << a << " + " << b << " = " << val1 << endl;
19.       cout << a << " - " << b << " = " << val2 << endl;
20.       cout << a << " * " << b << " = " << val3 << endl;
21.       cout << a << " / " << b << " = " << val4 << endl;
22.       return 0;
23. }
24. /*-------------------------------------*/
25. int add( int x, int y)
26. {   int z;
27.       z = x + y;
28.       return(z);
29. }
30. /*-------------------------------------*/
31. int sub(int x, int y)
32. {   int z;
33.       z = x - y;
34.       return(z);
35. }
36. /*-------------------------------------*/
37. int mul(int x, int y)
38. {   return(x * y);
39. }
40. /*-------------------------------------*/
41. int div(int x, int y)
42. {   return(x / y);
43. }
```

◉ 실행결과

```
"D:\C실습\5장\Debug\5장.exe"
20 + 10 = 30
20 - 10 = 10
20 * 10 = 200
20 / 10 = 2
Press any key to continue
```

◉ 설명

3~6행   : 함수원형선언이다.

13행   : 변수 a와 b의 값을 매개값으로 넘기면서 add( ) 함수를 호출한다. 제어가 24행 add( )
함수 몸체쪽으로 옮겨간다. 이때 a는 x에, b는 y에 전달되어서 합을 구한 후 그 결
과값인 30을 변수 z에 저장한다. return(z); 명령에 의해서 제어를 호출한 함수쪽으
로 다시 옮기고 변수 z의 값을 val1에 반환한다. 나머지 함수들도 이와 같은 방법으
로 함수를 호출해서 연산 결과값을 호출한 함수쪽으로 다시 반환하게 된다.

다음 예제는 반환되는 값의 데이터형이 함수명앞의 데이터형에 의해서 결정됨을 보여주
는 프로그램이다.

≫ [예제 6-10] C return문(4)

```
1.  #include <stdio.h>
2.  int pyg(float x, float y);
3.
4.  int main()
5.  {
6.      float a=6.0, b=3.0;
7.      printf("평균1 = %d\n", pyg(a, b));
8.      printf("평균2 = %f\n", pyg(a, b));
9.      return 0;
10. }
11.
12. int pyg(float x, float y)
13. {
14.     float z;
15.     z = (x + y) / 2;
16.     printf("z = %f\n",z);
```

```
17.        return(z);
18.  }
```

>> [예제 6-11] C++ return문(4)

```
1.  #include  <iostream.h>
2.  int pyg(float x, float y);
3.
4.  int main()
5.  {
6.      float a=6.0, b=3.0;
7.      cout << "평균1 = " << pyg(a, b) << endl;
8.      cout << "평균2 = " << pyg(a, b) << endl;
9.      return 0;
10. }
11.
12. int pyg(float x, float y)
13. {
14.     float z;
15.     z = (x + y) / 2;
16.     cout << "z = " << z << endl;
17.     return(z);
18. }
```

실행결과

설명

17행   : return문이 제어를 호출한 함수로 반환할 때 그 결과값은 변수의 형을 가지고 호출한 함
수로 반환되는 것이 아니라 함수의 반환형을 가지고 호출한 함수로 반환된다.

출력결과를 보면 pyg( ) 함수안에서 계산하여 출력하는 z의 값은 4.5인 반면 반환되어 출
력된 값은 각각 4와 0.000000 이다.

이 결과에서 보는 바와 같이 값이 반환될때 z의 자료형이 아닌 pyg 함수 앞에 있는 자료
형인 int형에 맞추어서 반환되었음을 알 수 있다.

형식지정자가 %d인 경우에는 반환되는 값 그대로 4의 값이 출력이 되었고, 형식지정자가
%f인 경우에는 반환되는 값이 정수형의 값 4이므로 자료형이 맞지 않아서 전혀 다른 값이
출력되었다.

실습문제

1. C/C++에서 사용하는 함수의 종류 3가지는 무엇인가?

2. 함수의 특징을 3가지 이상 말하시오.

3. 실매개값과 형식매개변수사이에는 반드시 일치해야 하는 것들이 있다. 무엇인가?

4. return; 와 같은 형태로 사용이 가능한가? 만일 사용이 가능하다면 어떤 경우에 사용되는 반환문
인지 설명하시오.

5. korea 라는 글자를 2번 출력하는 함수를 작성하려고 한다. 작성조건을 참조하여 완성하시오.
〈작성조건〉반환값없음, 함수명 : test, 매개변수 없음.

6.5 함수의 매개변수 전달 방식

함수들 간에는 서로 데이터 교환이 필요한 경우가 많다. 호출 함수가 피호출 함수에게
처리에 필요한 데이터를 전달하거나 피호출 함수가 처리결과를 호출함수로 전달하는 경
우에서와 같이 호출 및 피호출 함수간의 데이터 전달을 매개변수 전달(parameter
passing)이라 한다. 매개변수 전달방법으로는 값에 의한 호출(call by value)과 참조(주
소)에 의한 호출(call by reference)이 있다. C++에서 추가된 전달방법인 참조에 의한 호
출(call by reference)도 있다.

6.5.1 값에 의한 호출(call by value)

C/C++ 언어에서 일반적인 매개변수 전달 방법이다. 호출함수의 변수인 실매개변수의 실제 값을, 피호출함수의 변수인 형식매개변수로 전달해 준다. 즉, 형식매개변수와 실매개변수의 기억장소를 따로 관리하며 값만 복사해서 넘기는 것이다. 피호출함수에서 산술식이나 연산식에 의해 형식매개변수의 값을 변화시키더라도 호출함수에 있는 실매개변수의 값은 변하지 않는다.

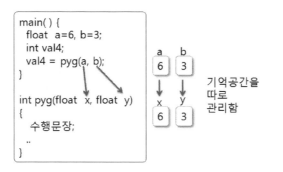

[그림 6-5] call by value에 의한 전달 과정

다음 예제는 call by value 기법으로 매개변수를 전달하여 두 수의 치환결과를 알아보는 프로그램이다.

>> [예제 6-12] C call by value 방식 - 두 수의 치환

```
1.  #include <stdio.h>
2.  void swap(int x, int y);
3.
4.  int main()
5.  {
6.      int a=20, b= 10;
7.      printf("바꾸기 전의 값 a = %d, b = %d\n", a, b);
8.      swap(a, b);
9.      printf("바꾼 후의 값 a = %d,  b = %d\n", a, b);
10.     return 0;
```

```
11.  }
12.
13.  void swap(int x, int y)
14.  {
15.      int temp;
16.      temp = x;
17.      x = y;
18.      y = temp;
19.  }
```

[예제 6-13] C++ call by value 방식 - 두 수의 치환

```
1.  #include  <iostream.h>
2.  void swap( int x, int y);
3.
4.  int main()
5.  {
6.      int a=20, b= 10;
7.      cout << "치환 전의 값 a = " << a << ", b = " << b << endl;
8.      swap(a, b);
9.      cout << "치환 후의 값 a = " << a << ", b = " << b << endl;
10.     return 0;
11.  }
12.
13.  void swap(int x, int y)
14.  {
15.      int temp;
16.      temp = x;
17.      x = y;
18.      y = temp;
19.  }
```

◎ 실행결과

```
 "D:\C실습\6장\Debug\6장.exe"
치환 전의 값 a = 20, b = 10
치환 후의 값 a = 20, b = 10
Press any key to continue
```

🔍 설명

8행	: swap(a, b); 매개변수 2개를 전달하면서 swap함수를 호출한다. 실매개변수는 형식매개변수에 순서대로 1:1 대응되게 값을 전달한다. 그러므로 실매개변수 a의 값인 20이 형식매개변수 x로 b의 값인 10은 y로 전달된다.
15~18행	: 전달받은 x, y의 값인 20과 10의 값을 임시변수 temp를 이용하여 자리바꿈을 한다. x에 10, y에 20이 저장되게 된다.
9행	: swap 함수 종료 후 다시 main함수로 돌아와서 a, b의 값을 출력한다. 자리가 바뀌지 않은 원래의 값으로 출력된다. 실매개변수와 형식매개변수의 저장장소가 각기 다르기 때문에 swap 함수에서 변경된 값들이 적용되지 않는다.

6.5.2 주소에 의한 호출(call by pointer or call by address)

값만 복사해서 형식매개변수로 전달하는 call by value 방식과 달리 call by pointer는 실매개변수의 값이 아닌 주소를 피호출함수의 형식매개변수로 전달하는 방식이다. 즉, 실매개변수의 기억공간을 형식매개변수가 접근가능하게 된다는 의미와 같게 되므로 형식매개변수의 값이 변하면 그대로 실매개변수의 값에 영향을 미치게 된다. call by pointer 방식은 값이 여러 개이거나 배열 전체를 전달하는 경우에 주로 이용한다.

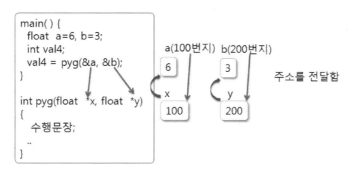

[그림 6-6] call by pointer에 의한 전달 과정

다음 예제는 call by pointer기법으로 매개변수를 전달하여 두 수의 치환결과를 알아보는 프로그램이다.

>> [예제 6-14] C call by pointer 방식 - 두 수의 치환

```
1.  #include <stdio.h>
2.  void swap(int *x, int *y);
3.
4.  int main()
5.  {
6.      int a=20, b= 10;
7.      printf("바꾸기 전의 값 a = %d, b = %d\n", a, b);
8.      swap(&a, &b);
9.      printf("바꾼 후의 값 a = %d,  b = %d\n", a, b);
10.     return 0;
11. }
12.
13. void swap(int *x, int *y)
14. {
15.     int temp;
16.     temp = *x;
17.     *x = *y;
18.     *y = temp;
19. }
```

>> [예제 6-15] C++ call by pointer 방식 - 두 수의 치환

```
1.  #include <iostream.h>
2.  void swap(int *x, int *y);
3.
4.  int main()
5.  {
6.      int a=20, b= 10;
7.     cout << "치환 전의 값 a = " << a << ", b = " << b << endl;
8.      swap(&a, &b);
9.      cout << "치환 후의 값 a = " << a << ", b = " << b << endl;
10.     return 0;
11. }
12.
13. void swap(int *x, int *y)
14. {
15.     int temp;
```

```
16.      temp = *x;
17.      *x = *y;
18.      *y = temp;
19. }
```

실행결과

```
치환 전의 값 a = 20, b = 10
치환 후의 값 a = 10, b = 20
Press any key to continue
```

설명

7행   : swap(&a, &b); 매개변수 2개를 전달하면서 swap함수를 호출한다. 호출 함수의 실매 개변수는 간접 포인터 연산자(&)를 사용하여 피호출 함수로 주소를 전달한다.

13행   : 피호출 함수의 형식매개변수는 포인터 변수(*)로 선언하여 번지값을 받을 준비를 한다. 실매개변수 a, b의 주소를 형식매개변수인 포인터변수 x, y에 각각 넘긴다.

9행   : 실매개변수와 형식매개변수가 같은 주소의 저장공간을 사용하므로 swap 함수에서 변경된 값이 실매개변수에도 그대로 영향을 미치게 된다. main 함수로 돌아와서 출력한 a, b의 값이 서로 자리가 바뀐 값인 10, 20으로 출력된 것을 볼 수 있다.

실습문제

1. 호출하는 함수쪽에서 전달되는 변수를 무엇이라고 하는가?

2. call by value 방식은 함수사이에 값 전달시에 어떤 방법으로 전달되는 것인지 설명하시오.

3. call by poiter 방식은 함수사이에 값 전달시에 값이 아닌 무엇을 전달하는 방식인가?

6.5.3 참조에 의한 호출(call by reference)

C++ 언어에 추가된 기능으로 C++에서만 사용할 수 있는 기법이다. call by pointer방식처럼 주소를 전달하는 것이 아니라 실매개변수의 기억공간에 대한 또 다른 별칭을 만들어서 사용하는 방식이라고 할 수 있다. 같은 기억공간을 실매개변수와 형식매개변수 2개의 이름으로 같이 사용하는 개념이라고 볼 수 있다. call by pointer에 의한 방식에 비해 데이터를 안전하게 전달할 수 있는 방식이다.

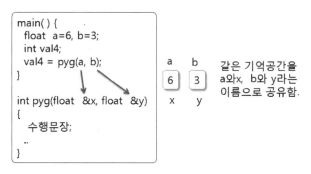

[그림 6-7] call by reference에 의한 전달 과정

다음 예제는 입력한 숫자를 call by reference 기법으로 매개변수를 전달하여 절대값을 구하는 프로그램이다.

>> [예제 6-16] C++ call by reference 방식 - 절대값 구하는 함수

```
1.  #include <iostream.h>
2.  void abs(int &x);
3.
4.  int main()
5.  {
6.      int a, res;
7.      cout << "숫자 입력 :  " ;
8.      cin >> a;
9.      abs(a);
10.     cout << "a의 절대값 = " << a << endl;
11.     return 0;
12. }
```

```
13.
14.  void abs(int &x)
15.  {
16.      if(x < 0)
17.          x = -x;
18.  }
```

실행결과

```
"D:\C실습\6장\Debug\6장.exe"
숫자 입력 :  -7  [Enter]
a의 절대값 = 7
Press any key to continue
```

설명

9행   : call by pointer 방식처럼 주소를 전달하는 것이 아니라 실매개변수를 일반 변수 형
         태로 전달한다.

14행   : 주소연산자를 붙여서 참조변수 x를 선언한다. x는 기억공간을 따로 할당받는 것이
         아니라 abs(a);에서 실매개변수 a의 또다른 별칭으로 선언된다.

10행   : 변경된 값이 출력된다. 참조변수 x의 값을 변경하면 실매개변수 a의 값도 변경된다.
         x는 a의 또 다른 별칭이므로 가능하다.

실습문제

1. call by reference 방식은 함수사이에 값 전달시에 값이 아닌 무엇을 전달하는 방식인가?

2. 다음은 call by reference 방식으로 매개변수를 전달한다. test 함수의 빈 괄호를 완성하시오.
   ```
   void main()
   {   int x=3;
       //test 함수호출
       test(x);
   }
   void test(      )  //test 함수
   {  ...
   }
   ```

6.6 기억 클래스(storage class)

C/C++ 언어에서 변수나 함수의 성질을 결정하는 데에는 자료형과 기억 클래스가 있다. 자료형이 자료의 크기를 규정하는데 반하여 기억 클래스는 특정 자료(data)가 기억장소 (memory)상의 어디에 기억될 것인가를 규정하는 것이다. 기억클래스에 따라 변수의 유효범위와 소멸시기를 결정할 수 있다.

변수의 유효범위(scope)란 프로그램 내에서 변수가 사용될 수 있는 범위나 변수가 프로그램 내에서 효과를 나타낼 수 있는 범위를 말하는 것이다. 변수들은 선언된 블록 내에서만 접근 가능하다는 것이 기본적인 유효범위에 관한 규칙이다. 그리고 이러한 유효범위는 변수의 생명 즉, 메모리에서 변수의 값이 보존되는 기간이나 변수에 저장 영역이 할당되고 해제되는 시기에 영향을 준다.

기억 클래스에는 다음과 같은 4가지 종류가 있다.

〈표 6-2〉 변수의 유효범위

기억클래스	유효범위	소멸시기	생성장소
auto(자동변수)	함수나 블록내부	함수나 블록의 끝	stack
extern(외부변수)	프로그램 전체	프로그램 종료시	메모리
static(정적변수)	함수나 블록내부	프로그램 종료시	메모리
register(레지스터변수)	함수나 블록내부	함수나 블록의 끝	CPU 레지스터

6.6.1 자동 변수(auto variable)

자동 변수는 예약어 auto를 사용하여 선언하며, 함수 또는 블록의 내부에서 선언되어 해당 함수 내에서만 유효한 지역 변수(local variable)이다. 사용 형식은 다음과 같다.

■ 형식

```
[auto]  자료형  변수1[, 변수2, ……]
```

■ 자동 변수 선언 예

```
auto   int a, b;
auto   float  pi = 3.14;
char   c;
```

■ 자동 변수의 특징

① 함수 내에 기억 클래스가 명시되지 않고 선언된 변수는 auto가 생략된 것으로 간주한다. 즉, C에서 사용하는 대부분의 변수는 auto가 생략된 자동변수이다.

② 주기억장치(memory)를 일시적으로 사용한다.

③ 자동 변수는 함수나 블록을 진입하면 기억 영역이 확보되고, 함수나 블록을 벗어나면 기억 영역은 소거된다.

④ 자동 변수의 초기화는 실행시에 이루어지며, 만약 선언된 변수를 초기화시키지 않으면 임의의 값을 갖게 된다.

⑤ 바깥쪽 블록에 선언된 변수는 그 안쪽에 있는 블록에서도 유효하다.

다음 예제는 자동변수의 생성시기와 소멸시기를 알아보는 프로그램이다.

>> [예제 6-17] C 자동 변수 예제

```
1.  #include  <stdio.h>
2.
3.  int main()
4.  {
5.      auto int a=300;
6.      {
7.          int a=500;
8.          printf("%d\n", a);
9.      }
10.     printf("%d\n", a);
11.     return 0;
12. }
```

>> [예제 6-18] C++ 자동 변수 예제

```
1.  #include <iostream.h>
2.
3.  int main()
4.  {
5.      auto int a=300;
6.      {
7.          int a=500;
8.          cout << a << endl;
9.      }
10.     cout << a << endl;
11.     return 0;
12. }
```

실행결과

설명

5행   : 변수 a가 자동변수로 선언된다.

7행   : 내부 블록에서 변수 a가 다시 자동변수로 선언된다. 6~7행의 블록내에서만 사용가능
        하다.

8행   : 6행에서 선언한 변수 a의 값이 출력된다. 내부 블록에서 선언된 변수가 우선이기 때
        문이다. 내부블록을 벗어나면 소멸된다.

10행   : 4행에서 선언한 변수 a의 값이 출력된다.

6.6.2 정적 변수(static variable)

정적 변수는 예약어 static을 사용하여 선언한다. 함수내부나 블록내부에서만 유효한 자
동 변수와는 달리, 정적변수는 한번 생성이 되면 프로그램이 종료될때까지 자료가 기억
영역에 영구적으로 확보되어 소멸되지 않는 것이 특징이다. 사용 형식은 다음과 같다.

■ 형식

```
static   자료형   변수1[, 변수2, ……]
```

■ 정적 변수 선언 예

```
static   int a, b;
static   float   pi = 3.14;
static   char   c;
```

■ 정적 변수의 특징

① 정적 변수는 처음 실행시 한 번만 초기화되고 실행 후 그 값이 계속 유지된다.

② 정적 변수는 변수가 선언된 파일 내에서만 참조가 가능하다.

③ 변수가 선언된 블록의 실행이 종료되어도 기억 장소가 유지되므로 다음에 그 블록이 다시 실행될 때에는 이전의 기억된 값을 그대로 사용할 수 있다.

④ 정적 변수의 자동 초기화 값은 0이다.

다음 예제는 정적변수의 특징을 알아보기 위한 프로그램이다.

>> [예제 6-19] C 정적 변수 예제

```
1.  #include  <stdio.h>
2.  void sub();
3.
4.  int main()
5.  {
6.      printf(" --- 정적변수 --- \n");
7.      sub();
8.      sub();
9.      sub();
10.     return 0;
11. }
12.
```

```
13.  void sub()
14.  {
15.      static int k=10;
16.      printf("k = %d\n", k);
17.      k++;
18.  }
```

》》 [예제 6-20] C++ 정적 변수 예제

```
1.  #include  <iostream.h>
2.  void sub();
3.
4.  int main()
5.  {
6.      cout << " --- 정적변수 --- \n" << endl;
7.      sub();
8.      sub();
9.      sub();
10.     return 0;
11.  }
12.
13.  void sub()
14.  {
15.      static int k=10;
16.      cout << "k = " << k << endl;
17.      k++;
18.  }
```

◎ 실행결과

```
"D:\C실습\6장\Debug\6장.exe"

 --- 정적변수 ---
k = 10
k = 11
k = 12
Press any key to continue
```

설명

7행 : sub( ) 함수를 처음으로 호출하면 정적변수 k는 이때 한번만 초기화가 실행되어 k에
10이 할당된다. 정적변수인 k는 프로그램이 종료될때까지 값을 유지한다.

8행 : 2번째로 sub( ) 함수를 호출하면 정적변수 k는 그 전에 저장되어 있던 값인 10에서 1
증가 한 값인 11이 출력된다.

9행 : 3번째로 sub( ) 함수를 호출하면 정적변수 k는 그 전에 저장되어 있던 값인 11에서 1
증가 한 값인 12가 출력된다.

15행 : 변수 k는 정적변수로 선언된다. 초기치는 처음 호출되었을때 한번만 실행되고 그 값
은 프로그램이 종료될때까지 유지된다.

실습문제

1. 다음 문장의 결과값은 무엇인가?
```
int x=3;
{
   auto int x=7;
   cout << x << endl;
}
cout << x << endl;
```

2. 변수의 기억클래스들 중에서 static으로 선언되는 정적변수의 사용범위와 생명주기는 어떻게 되
는지 설명하시오.

6.6.3 외부 변수(external variable)

외부 변수는 예약어 extern을 사용하여 선언한다. 함수 밖에서 선언되어 프로그램의 모든 부분에서 사용할 수 있는 변수이다.

즉, 유효 범위가 모든 파일에 영향을 미치는 전역 변수(global variable)로서 함수간의 외부 공유가 가능한 변수이다. 사용 형식은 다음과 같다.

■ 형식

```
extern   자료형   변수1[,  변수2,  ……]
```

■ 외부 변수 선언 예

```
extern int    a = 1;
extern float  pi = 3.14;
```

■ 외부 변수의 특징

① 프로그램의 실행이 종료될 때까지 기억 장소가 유지된다.

② 외부 변수의 초기화는 컴파일시에 한 번만 이루어지는데 초기값은 외부 변수를 정의할 때 주어져야 한다. 만약 초기값이 주어지지 않을 경우에는 0을 초기값으로 갖게된다.

③ 동일 프로그램 안에 지역 변수와 전역 변수가 중복하여 선언되어 있다면 지역 변수의 값이 우선한다.

④ 외부 변수의 선언문과 그 외부 변수를 사용하려는 함수가 서로 다른 파일에 있는 경우에는 함수 내에서 예약어 extern과 함께 외부 변수를 선언해야 한다.

다음 예제는 외부변수의 특징과 사용법을 알아보기 위한 프로그램이다.

》 [예제 6-21-1] C 외부 변수 예제

```
1.  #include  <stdio.h>
2.
3.  int a=10;
4.  int main()
5.  {
6.      extern int b;
7.      printf("결과1 : a = %d, b = %d\n", a, b);
8.      func1();
9.      printf("결과4 : a = %d, b = %d\n", a, b);
10.     return 0;
```

```
11.  }
12.  int b=20;
```

>> [예제 6-21-2] C 외부 변수 예제

```
1.  extern int b;
2.
3.  void func1()
4.  {
5.    int a=12, b++;
6.    printf("결과2 : a = %d, b = %d\n", a, b);
7.  }
```

실행결과

```
▓ "D:\C실습\6장\Debug\6장.exe"
결과1 : a = 10, b = 20
결과2 : a = 12, b = 21
결과4 : a = 10, b = 21
Press any key to continue
```

■ 파일 링크 및 실행 방법

① 6-21-1.c, 6-21-2.c 2개의 파일을 따로 저장한 후 각각 컴파일을 한다. 그리고 6-21-1.c에서 실행시킨다.

② 2개의 파일 저장시에 같은 폴더에 저장해야 한다.

설명

3, 12행 : 함수밖에서 선언하게 되면 외부변수로 컴파일러가 인식한다. extern 생략가능하다.

6행 : 아직 선언되지 않은 외부변수를 함수내에서 사용하기 위해서는 extern 예약어를 사용하여 내부에서 한 번 더 선언해야 한다. 변수 b는 11행에서 외부변수로 선언한다.

6-21-2.c, 1행 : 다른 파일(6-21-1.c)에 선언되어 있는 외부변수를 사용하기 위해서는 extern 예약어를 사용하여 해당 파일에서 한 번 더 선언해야 한다.

6-21-2.c, 5행 : 변수 a는 자동변수로 선언된다.

6-21-2.c, 6행 : 변수 a의 값은 5행에서 선언한 자동변수의 값이 출력된다. 함수내부에서 외부변수의 이름과 동일하게 선언된 자동변수가 있을 경우, 자동변수가 우선이다.

6.6.4 레지스터 변수(register variable)

레지스터 변수는 예약어 register를 사용하여 선언하는데 레지스터를 사용하면 메모리에서보다 더 빠른 처리가 가능하므로 프로그램에서 특정한 변수에 대하여 고속 처리를 하고자 할 때 사용하는 기억 클래스이다. 사용 형식은 다음과 같다.

■ 형식

```
register   자료형   변수1[, 변수2, ……]
```

■ 레지스터 변수 선언 예

```
register   int x = 1;
register   char c;
```

■ 레지스터 변수의 특징

① 일반적으로 정수나 문자형 자료에 대하여 사용한다.

② 레지스터 수의 제한에 따라 변수로 선언할 수 있는 최대 개수는 한계가 있으며, 초과된 변수는 자동 변수로 할당된다.

③ 레지스터로 선언된 변수의 주소 참조는 불가능하다.

다음 예제는 레지스터변수의 특징을 알아보기 위한 프로그램이다.

[예제 6-22] C 레지스터 변수 예제

```
1.  #include <stdio.h>
2.
3.  int main()
4.  {
5.      register  int n, sum;
6.      sum = 0;
7.
8.      for ( n=0; n<=100; n++){
9.          sum+=n;
```

```
10.      }
11.      printf("총 합계 = %d\n", sum);
12.      return 0;
13.  }
```

>> [예제 6-23] C++ 레지스터 변수 예제

```
1.  #include <iostream.h>
2.
3.  int main()
4.  {
5.      register  int n, sum;
6.      sum = 0;
7.
8.      for ( n=0; n<=100; n++){
9.         sum+=n;
10.     }
11.     cout << "총 합계 =  " << sum << endl;
12.     return 0;
13.  }
```

실행결과

```
"D:\C실습\6장\Debug\6장.exe"
총 합계 = 5050
Press any key to continue
```

실습문제

1. 변수의 기억클래스들 중에서 가장 속도가 빠른 것은 무엇인가?

2. 변수의 기억클래스들 중에서 함수의 외부에 선언되거나 외부클래스로 선언되어서 다른 파일에서
   도 사용가능하도록 하는 것은 무엇인가?

6.7 되부름 함수

함수가 직접적 또는 간접적으로 자기 자신을 호출하는 함수를 되부름 함수(recursive function)라고 한다. C/C++ 언어에서는 되부름(순환)이 허용되므로 프로그램을 보기 쉽고 간결하게 작성할 수 있으며 오류 수정 또한 용이해 진다. 되부름(순환)에는 직접 되부름과 간접 되부름이라는 두 가지 종류가 있다.

(1) 직접 되부름(direct recursion)

어떤 함수가 자기의 함수내에서 자기를 직접 호출하는 경우이다.

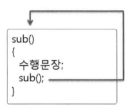

[그림 6-8] 직접 되부름 과정

(2) 간접 되부름(indirect recursion)

어떤 함수가 다른 함수를 호출하면 그 함수에서 자기 자신을 호출하거나, 혹은 다른 일련의 함수를 통하여 간접적으로 자기 자신을 호출하는 경우이다.

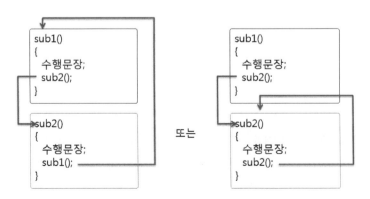

[그림 6-9] 간접 되부름 과정

■ 되부름 함수의 특징

① 되부름 함수는 되부름을 중지시키는 탈출조건을 반드시 명시해야 한다.

② 2개 이상의 함수들이 상호 순환적으로 호출할 수 있다.

③ 현재 실행되고 있는 값을 보관하기 위해 스택(stack)이라고 하는 자료 구조를 이용한다.

④ 과다한 호출 시에는 스택 오버플로(overflow)가 발생한다.

다음 예제는 factorial 계산시 되부름을 이용하여 실행한 프로그램이다.

[예제 6-24] C 되부름 함수 예제 - 팩토리얼 계산

```
1.  #include <stdio.h>
2.  void fact(int n);
3.
4.  int main()
5.  {
6.      int  a= 3, b;
7.      b = fact(a);
8.      printf("팩토리얼 = %d\n", b);
9.      return 0;
10. }
11.
12. void fact(int n)
13. {
14.     if (n <= 1)
15.            return(1);
16.     else
17.            return(n * fact(n-1));
18. }
```

[예제 6-25] C++ 되부름 함수 예제 - 팩토리얼 계산

```
1.  #include <iostream.h>
2.  void fact(int n);
3.
4.  int main()
5.  {
```

```
6.      int  a= 3, b;
7.      b = fact(a);
8.      cout << "팩토리얼 = " <<  b <<endl;
9.      return 0;
10. }
11.
12. void fact(int n)
13. {
14.     if (n <= 1)
15.         return(1);
16.     else
17.         return(n * fact(n-1));
18. }
```

실행결과

설명

7행   : fact( ) 함수를 호출하여 실행한 후 결과값을 변수 b에 할당한다.

12~18행 : fact( ) 함수가 호출되면 전달받은 매개값으로 함수의 내용을 실행한다. 만약 매개값으로 3을 전달받는다면 11행에서 1 이하가 아니니 else 다음 행을 실행한다. 3 * fact(2)가 반환된다. fact(2) 함수가 다시 호출되어 함수의 내용이 다시 실행되어 2 * fact(1)이 반환된다. fact(1) 함수가 다시 호출되고 1 이하이므로 1이 마지막으로 반환된다. 결국 앞에 반환되었던 3*2*1이 변수 b에 할당된다.

〈표 6-3〉 실행 과정

n	함수의 되부름	실 행
3	factorial(3)	3*factorial(2)
2	factorial(2)	2*factorial(1)
1	factorial(1)	1

1. 5+4+3+2+1 의 값을 출력하는 프로그램을 되부름함수를 이용하여 작성하시오.

2. 되부름 함수는 현재의 값을 저장하기 위해 어떤 메모리를 이용하는가?

6.8 inline(확장) 함수

C++ 언어에서 다루는 함수이다. 일반 함수는 함수 호출시에 함수의 몸체가 있는 곳으로 제어가 옮겨갔다가 실행이 완료되면 호출한 함수쪽으로 다시 복귀하게 된다. 반면 인라인 함수는 코드 몸체 자체를 호출한 쪽으로 복사해서 실행한다. 결국 인라인 함수를 여러 번 호출하게 되면 함수의 몸체가 여러 곳에 중복되어 존재하게 되는 것이다. 한두 줄 정도의 아주 짧은 길이의 함수에 사용하는 것이 유용하다. 일반 함수 호출시 제어의 이동을 줄여보고자 하는 의도에서 생긴 함수이다.

사용형식은 일반 함수명 앞에 inline 을 붙여서 정의한다.

■ 형식

```
inline    데이터형 함수명(매개변수명) { 수행문장; }
```

■ 사용 예

```
inline  int  sub(int x)  { return(x*x); }
```

>> [예제 6-26] C++ 인라인함수 예제 - 제곱 출력

```
1.  #include <iostream.h>
2.  inline  int  sub(int x)  { return(x*x); }
3.
4.  int main()
5.  {
```

```
6.      int a, b;
7.
8.      a = sub(10);
9.      b = sub(5);
10.
11.     cout << "10의 제곱 = " <<  a <<endl;
12.     cout << "5의 제곱 = "  <<  b <<endl;
13.     return 0;
14. }
```

다음 예제는 숫자의 제곱을 계산하는 함수를 인라인함수로 작성해서 결과를 출력하는
프로그램이다.

⊛ 실행결과

⊛ 설명

2행　　: 인라인 함수를 선언한다. 매개변수로 받은 x의 곱을 구해서 반환하는 함수이다.

8행　　: sub(10); 으로 함수 호출시 제어가 sub 함수쪽으로 옮겨가는 것이 아니라 몸체인
　　　　return(x * x) 가 복사되어 a= return(10 * 10); 의 문장이 된다. 곱의 결과인 100
　　　　이 변수 a에 저장된다.

9행　　: sub(5); 로 함수 호출시 제어가 sub 함수쪽으로 옮겨가는 것이 아니라 몸체인
　　　　return(x * x) 가 복사되어 a= return(5 * 5); 의 문장이 된다. 곱의 결과인 25가
　　　　변수 b에 저장된다.
　　　　만약 인라인 함수의 몸체가 크다거나 함수호출이 잦을 경우 전체 프로그램의 크기가
　　　　커질수 있다.

Exercise

1. 다음 중 C/C++ 언어에서 매개변수 전달을 위해 기본적으로 사용하는 기법은?

① call by value　　　　　　　② call by address

③ call by reference　　　　　④ call by name

풀이 **매개변수 전달 기법**

- call by value
- 실매개변수의 값을 형식매개변수로 전달하는 기법으로 실매개변수와 형식매개변수가 별도의 기억 장소를 유지하는 기법(Pascal, C에 사용)
- call by reference(call by address) : 실매개변수의 주소를 형식매개변수로 전달하는 기법으로 실매개변수와 형식매개변수가 주소를 공유하는 기법(FORTRAN, COBOL에 사용)
- call by name : 실매개변수의 이름을 형식매개변수로 전달하는 기법(ALGOL)

2. 포인터를 이용한 매개변수 전달 기법은?

① call by value　　　　　　　② call by array

③ call by reference　　　　　④ call by name

3. 기억 클래스의 4가지에 해당하지 않는 것은?

① auto　　　　　　　　　　　② pointer

③ static　　　　　　　　　　④ register

풀이 **기억 클래스의 종류**

- auto　　　　　　　　　　　• static
- extern　　　　　　　　　　• · register

4. '&'의 사용으로 옳은 것은?

① auto int a;　　　　　　　② register int a;
　&a;　　　　　　　　　　　　&a;
③ auto int a;　　　　　　　④ &55
　&(a+2);

5. 다음 C/C++ 언어 프로그램 함수 fact(5)로 호출하였을 때 반환되는 값은?

```
void  fact(int k)
{
    if (k<=1) return(1);
     else    return(k*fact(k-1));
 }
```

① 1   ② 24
③ 120   ④ 270

6. 다음 프로그램의 수행 결과는?

```
int  a=5;
main()
{
    int a=7;
    printf("%d", a);
    subx();
}

subx()
{
    printf("%d",a);
}
```

① 5 5   ② 5 7
③ 7 5   ④ 7 7

7. 다음 프로그램의 실행결과는 무엇인가?

```
int a=0;
main()
{
    auto int  a=5;
    printf("a = %d\n", a);
    {
        int  a=6;
        printf("a = %d\n", a);
```

```
        {
            a+=1;
            printf("a = %d\n", a);
        }
        printf("a = %d\n", a);
    }
    printf("a = %d\n", a);
}
```

8. 다음 프로그램의 실행결과는 무엇인가?

```
main()
{
    int a=5, b=10, c=-15;
    int d, e, f;
    d=sub(a);
    e=sub(b);
    f=sub(c);
    printf("%d  %d  %d\n", d, e, f);
}

sub(int x)
{
    return((x>0)? -x: x);
}
```

9. 다음 프로그램의 실행결과는 무엇인가?

```
main()
{
    int a, b;
    int val1, val2, val3, val4;
    a=40;  b=5;
    val1 = add(a, b);
    val2 = sub(a, b);
    val3 = mul(a, b);
    val4 = div(a, b);
```

```
        printf("%d + %d = %d\n", a, b, val1);
        printf("%d - %d = %d\n", a, b, val2);
        printf("%d * %d = %d\n", a, b, val3);
        printf("%d / %d = %d\n", a, b, val4);
}
/*-------------------------------------------*/
add(x, y)
int x, y;
{ int z;
    z = x + y;
    return(z);
}
/*-------------------------------------------*/
sub(x, y)
int x, y;
{ int z;
    z = x - y;
    return(z);
}
/*-------------------------------------------*/
mul(x, y)
int x, y;
{  int z;
    z = x * y;
    return(z);
}
/*-------------------------------------------*/
div(x, y)
int x, y;
{   int z;
    z = x / y;
    return(z);
}
```

CHAPTER 7

배열

1차원 배열 7.1

다차원 배열 7.2

문자 배열 7.3

7.1 1차원 배열

7.1.1 배열이란

배열(array)이란 연속적인 항목들이 동일한 크기로 순서를 갖고 나열되어 있는 데이터의 집합이라고 정의할 수 있다. 나열되어 있는 많은 양의 데이터에다 각각 별도의 변수를 선언하여 사용한다면 상당히 프로그램이 복잡해지기 때문에 이러한 데이터 전체를 간단히 취급하기 위해 배열이라는 방법을 사용한다. 그러므로 배열은 동일한 형태의 데이터를 대량으로 관리하는데 편리하다.

7.1.2 1차원 배열 선언

프로그램을 작성할 때 동일한 성질의 자료를 사용하는 경우가 많다. 1차원 배열은 데이터의 전체 이름을 나타내는 배열명과 배열명 다음에 나오는 괄호 [ ]안의 첨자를 가지는데 첨자란 배열에서의 위치를 나타내는 수를 말한다. 이러한 [ ]안의 첨자가 하나인 경우를 1차원 배열이라 하며, 사용형식은 다음과 같다.

■ 1차원 배열 형식

데이터형   배열명[첨자];   /* 첨자가 1개인 경우 1차원 배열 */

■ 사용 예

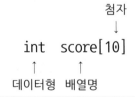

10명의 성적을 저장하기 위한 기억장소가 필요하다고 가정해 보자. 이때, 10개의 성적 데이터를 기억장소에 각각 저장하기 위해서는 10개의 변수를 필요로 하는데, 만일 아래와 같이 단순 변수 10개를 정수형으로 선언하여 사용하는 것은 변수명 구분도 어려울뿐더러 관리가 쉽지 않다는 것을 알 수 있다. 만약 1000명의 성적을 처리하여야 하는 경우에 단순 변수를 사용한다면 더욱 복잡해지는 것은 선언문만 보아도 알 수 있으며 합을 구하거나 등수를 구하는 프로그램은 너무 복잡해져서 의미없는 프로그램이 될 수밖에 없다.

■ 단순 변수 사용 예

이러한 불편함을 해결하기 위해 1차원 배열을 사용하면 똑같은 형과 개수만큼의 기억장소를 간단하게 선언할 수 있다.

■ 1차원 배열 사용 예

■ 배열의 선언 방법

① 동일한 자료형을 갖는 변수들을 데이터형, 배열명 및 첨자를 사용함으로써 통합적 또는 개별적으로 관리할 수 있다.

② 배열의 원소(첨자)는 0에서부터 시작된다. 즉, 배열의 크기가 n일 때 첨자의 범위는 0에서 n-1까지 이다.

③ 배열 첨자의 하한(lower bound)은 0이고, 상한(upper bound)은 n-1이 된다.

■ 배열의 요소에 값 할당 방법

배열선언 후 원하는 요소에 값을 할당한다. 요소가 10개인 정수형 1차원 배열 score 를 선언한 후에 첨자가 1인 요소와 첨자가 7인 요소에 각각 80과 97을 할당해보자.

```
int  score[10];
score[1] = 80;
score[7] = 97;
```

score[0]	score[1]	score[2]	......	score[7]	score[8]	score[9]
	80			97		

위의 그림과 같이 score[1] 번째 방에 80, score[7] 번째 방에 97의 값이 저장되었다.

다음 예제는 요소가 3개인 1차원 배열에 숫자들을 저장한 후 출력을 하는 프로그램이다.

[예제 7-1] C 1차원 배열(1) 예제

```
1.  #include <stdio.h>
2.
3.  int  main()
4.  {
5.      int  song[3];
6.
7.      song[0] = 10;
8.      song[1] = 20;
9.      song[2] = 30;
10.
11.     printf("%d \n", song[0]);
12.     printf("%d \n", song[1]);
13.     printf("%d \n", song[2]);
14.     return 0;
15. }
```

>> [예제 7-2] C++   1차원 배열(1) 예제

```
1.  #include <iostream.h>
2.
3.  int main()
4.  {
5.      int  song[3];
6.
7.      song[0] = 10;
8.      song[1] = 20;
9.      song[2] = 30;
10.
11.     cout << song[0] << endl;
12.     cout << song[1] << endl;
13.     cout << song[2] << endl;
14.     return 0;
15. }
```

실행결과

설명

| 5행 | : 요소가 3개인 정수형 1차원 배열 song을 선언한다. 첨자는 0번부터 시작한다. |

7~9행   : 선언한 배열에 값을 할당한다.

song[0]	song[1]	song[2]
10	20	30

11~13행 : 배열의 값들을 출력한다. 배열요소의 이름은 배열명[첨자]와 같이 사용한다.

다음 예제는 배열요소가 3개인 1차원 배열에 숫자를 저장한 후 for문을 사용하여 출력을 하는 프로그램이다. 이 예제를 통해서 배열요소의 첨자번호를 이해한다.

>> [예제 7-3] C 1차원 배열(2) 예제

```
1.  #include  <stdio.h>
2.
3.  int main()
4.  {
5.      int  i, song[3];
6.
7.      song[0] = 10;
8.      song[1] = 20;
9.      song[2] = 30;
10.
11.     for(i = 0; i <= 2; i++)
12.         printf("song[%d] = %d\n", i, song[i]);
13.     return 0;
14. }
```

>> [예제 7-4] C++ 1차원 배열(2) 예제

```
1.  #include  <iostream.h>
2.
3.  int main()
4.  {
5.      int  i, song[3];
6.
7.      song[0] = 10;
8.      song[1] = 20;
9.      song[2] = 30;
10.
11.     for(i = 0; i <= 2; i++)
12.         cout << "song[" << i << "]=" << song[i] << endl;
13.     return 0;
14. }
```

11~12행　：1차원배열 song의 첨자가 0~2 까지 이므로 변수 i를 이용해서 0~2까지 반복실행하도
록 한다
배열의 첨자는 숫자로 구성되어 있어 song[i]와 같이 변수를 이용해서 첨자를 대신
할 수 있다. i의 값이 0이면 song[0]이 되는 것이다. 따라서 배열을 이용하면 대량
의 데이터도 손쉽게 관리할 수 있다.

7.1.3 1차원 배열의 초기화

1차원 배열에 값을 할당하기 위해서 각각의 원소에 하나씩 그 값을 배정을 하였다. 또 다
른 방법으로는 배열 선언과 동시에 배열의 요소들을 한꺼번에 초기화 할 수도 있다. 자
동(auto), 정적(static) 또는 외부(extern)기억클래스인 배열은 초기화가 가능하나 레지스
터(register)인 배열은 초기화할 수 없다. 초기화하는 형식은 다음과 같다.

■ 형식 1

　데이터형　배열명[원소의 개수] = { 초기값1,초기값2,…, 초기값n};

■ 형식 2

　데이터형　배열명[ ] = { 초기값1,초기값2,…, 초기값n};

■ **사용 예 1**

```
int  kal[5] = {10, 20, 30, 40, 50};
또는
int  kal[ ] = {10, 20, 30, 40, 50};
```
같은 의미

위 예의 기억 형태는 다음과 같다.

kal[0]	kal[1]	kal[2]	kal[3]	kal[4]
10	20	30	40	50

■ **사용 예 2**

```
int  kal[7] = {10, 20, 30, 40, 50};
```

배열 요소(첨자)가 초기화 데이터 수보다 크면 나머지 요소들은 0으로 초기화된다.

위 예의 기억 형태는 다음과 같다.

kal[0]	kal[1]	kal[2]	kal[3]	kal[4]	kal[5]	kal[6]
10	20	30	40	50	0	0

■ **사용 예 3**

```
int  kal[5] = {10, 20, 30, 40, 50, 60, 70};
```

배열 요소(첨자)가 초기화한 데이터의 수보다 작으면 컴파일 에러가 발생되어 초기화가
이루어지지 않는다.

■ **사용 예 4**

```
int  kal[5] = {0};
```

배열전체에 0의 값으로 초기화 된다.

위 예의 기억 형태는 다음과 같다.

kal[0]	kal[1]	kal[2]	kal[3]	kal[4]
0	0	0	0	0

다음 예제는 배열원소가 5개인 1차원 배열에 숫자를 저장한 후 총합과 평균을 구해서 출력을 하는 프로그램이다.

≫ [예제 7-5] C 배열의 초기화(1) 예제

```c
1.  #include <stdio.h>
2.
3.  int main()
4.  {
5.      int  s, ave, tot=0;
6.      int  kal[5] = {10, 20, 30, 40, 50};
7.
8.      for(s = 0; s < 5; s++)
9.         tot += kal[s];
10.
11.     ave = tot / 5;
12.     printf("총합 = %d\n", tot);
13.     printf("평균 = %d\n", ave);
14.     return 0;
15. }
```

≫ [예제 7-6] C++ 배열의 초기화(1) 예제

```cpp
1.  #include <iostream.h>
2.
3.  int main()
4.  {
5.      int  s, ave, tot=0;
6.      int  kal[5] = {10, 20, 30, 40, 50};
7.
```

```
8.      for(s = 0; s < 5; s++)
9.          tot += kal[s];
10.
11.     ave = tot / 5;
12.     cout << "총합 = " << tot << endl;
13.     cout << "평균 = " << ave << endl;
14.     return 0;
15.  }
```

실행결과

설명

6행   : 정수형 1차원 배열 kal을 선언과 동시에 초기화를 한다. 중괄호안의 값들이 배열에
         순서대로 저장된다.

8~9행   : for문으로 배열 kal 의 값들을 tot에 누적하여 합을 구한다. 첨자가 0번부터 시작하
         니 변수 s는 0~4까지 1씩 증가한다.

다음 예제는 1차원 배열에 숫자로 초기화를 한 후에 홀수들만 합을 구해서 출력을 한다.

[예제 7-7] C 배열의 초기화(2) 예제

```
1.  #include <stdio.h>
2.
3.  int main()
4.  {
5.      int song[] = {1, 2, 3, 4, 5, 6, 7, 8, 9, 10};
6.      int t, sum=0;
7.
8.      for(t=0; t < 10; t++) {
9.          if (song[t]%2 == 1)
10.             sum+=song[t];
```

```
11.        }
12.
13.        printf("1 + 3 + 5 + 7 + 9 = %d\n", sum);
14.        return 0;
15.    }
```

≫ [예제 7-8] C++ 배열의 초기화(2) 예제

```
1.   #include <iostream.h>
2.
3.   int main()
4.   {
5.        int  song[] = {1, 2, 3, 4, 5, 6, 7, 8, 9, 10};
6.        int  t, sum=0;
7.
8.        for(t=0; t < 10; t++) {
9.           if (song[t]%2 == 1)
10.               sum+=song[t];
11.        }
12.
13.        cout << "1 + 3 + 5 + 7 + 9 = " << sum << endl;
14.        return 0;
15.    }
```

실행결과

```
"D:₩C실습₩7장₩Debug₩7장.exe"
1 + 3 + 5 + 7 + 9 = 25
Press any key to continue
```

설명

5행   : 정수형 1차원 배열 song을 선언함과 동시에 초기화를 한다. 이때는 배열요소의 개수
         생략이 가능하며 중괄호안의 값들 개수로 배열전체 개수가 결정된다.

8~11행 : if(song[t]%2 == 1)는 배열 song[t] 요소에 있는 값을 2로 나누어서 나머지가 1과
         같을 경우 sum += song[t]; 를 실행한다. 즉, 배열값들 중에서 홀수만 변수 sum에
         값을 누적하여 합을 구한다.

다음 예제는 예제 7-5와 같은 내용이다. 대신 배열의 첨자를 숫자대신 정의된 기호상수를 이용하는 것이 다르다. 배열의 크기가 변동될 경우를 예상하여 첨자를 기호 상수로 정의하게 되면 첨자 미수정에 의한 오류를 방지할 수 있다.

》 [예제 7-9] C 배열의 초기화(3) 예제

```c
1.  #include <stdio.h>
2.  #define SIZE  5
3.
4.  int main()
5.  {
6.      int  s, ave, tot=0;
7.      int  kal[SIZE] = {10, 20, 30, 40, 50};
8.
9.      for(s = 0; s < SIZE; s++) {
10.         tot += kal[s];
11.     }
12.     ave = tot / SIZE;
13.     printf("총합 = %d\n", tot);
14.     printf("평균 = %d\n", ave);
15.     return 0;
16. }
```

》 [예제 7-10] C++ 배열의 초기화(3) 예제

```cpp
1.  #include <iostream.h>
2.  #define SIZE  5
3.
4.  int main()
5.  {
6.      int  s, ave, tot=0;
7.      int  kal[SIZE] = {10, 20, 30, 40, 50};
8.
9.      for(s = 0; s < SIZE; s++) {
10.         tot += kal[s];
11.     }
12.     ave = tot / SIZE;
13.     cout << "총합 = " <<  tot << endl;
```

```
14.      cout << "평균 = " << ave << endl;
15.      return 0;
16. }
```

실행결과

```
"D:\C실습\7장\Debug\7장.exe"
1 + 3 + 5 + 7 + 9 = 25
Press any key to continue
```

설명

2행   : 상수 5의 값 대신 사용할 수 있는 매크로상수 SIZE를 정의한다.

7행   : 매크로 상수로 정의된 SIZE는 전처리기에 의해서 컴파일전에 SIZE가 있는 곳은 전부
         5로 치환된 후 사용된다.

실습문제

1. 요소의 수가 100개인 문자형 배열 alpha 를 선언하는 문장을 작성하시오.

2. 다음과 같이 선언된 배열에 첨자가 1번, 4번인 요소에 각각 10, 20의 값을 할당하는 문장을 작성
하시오.

   int grade[5];

7.2 다차원 배열

C/C++ 언어에서는 1차원 배열뿐만 아니라 2차원 이상의 다차원 배열을 사용할 수 있다.

다차원 배열(multi-dimensional array)을 배열의 배열(array of arrays)이라고도 한다.

7.2.1 2차원 배열

2차원 배열은 1차원 배열의 형태가 몇줄 더 있는 것으로 생각하면 된다. 표의 형태로 표현할 수 있다. 행(row)과 열(column)로 2차원 배열의 요소들을 표현하는 배열 구조를 말한다.

■ **형식**

데이터형 배열명[첨자1][첨자2];

* 첨자1 : 행의 크기
* 첨자2 : 열의 크기

2차원 배열의 첨자도 0행 0열부터 시작한다.

■ **2차원 배열 사용 예**

3행 4열의 정수형 2차원 배열선언과 저장형태이다.

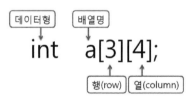

	0열	1열	2열	3열
0행	a[0][0]	a[0][1]	a[0][2]	a[0][3]
1행	a[1][0]	a[1][1]	a[1][2]	a[1][3]
2행	a[2][0]	a[2][1]	a[2][2]	a[2][3]

a[0][0]
a[0][1]
a[0][2]
a[0][3]
:
a[2][0]
a[2][1]
a[2][2]
a[2][3]

(a) 논리적 구조   (b) 물리적 구조

2차원 배열의 기억 장소의 배열 순서는 행 우선 저장 방식에 따라 a[0][0], a[0][1], a[0][2], a[1][0], a[1][1], … , a[2][2], a[2][3] 순으로 위와 같이 기억 장소에 할당된다. (a) 논리적 구조의 형태가 일반적인 2차원 배열형태이며, (b) 물리적구조는 실제 메모리에 저장되는 형태이다. 실제 메모리에 저장시에는 첫행부터 연속적으로 다음행의 순서대로 저장된다.

■ 2차원 배열요소에 값 할당 방법

1차원 배열과 동일하게 원하는 요소의 첨자를 지정하여 값을 할당하면 된다. 예를 들어 위에 선언된 2차원 배열 a의 1행 2열과 2행 3열 위치의 요소방에 각각 5, 6을 저장하려면 다음과 같이 하면 된다.

```
a[1][2] = 5;
a[2][3] = 6;
```

다음 예제는 2행 3열의 2차원 배열 선언 후 각 요소에 값을 할당하여 출력하는 프로그램이다.

>> [예제 7-11] C 2차원 배열 예제

```
1.  #include <stdio.h>
2.
3.  int main()
4.  {
5.      int  song[2][3];
6.      int  t, s;
7.
8.      song[0][0] = 10;
9.      song[0][1] = 20;
10.     song[0][2] = 30;
11.     song[1][0] = 40;
12.     song[1][1] = 50;
13.     song[1][2] = 60;
14.
15.     for (t=0; t<=1; t++)
16.         for (s=0; s<=2; s++)
```

```
17.            printf("song[%d][%d] = %d\n", t, s, song[t][s]);
18.      return 0;
19. }
```

>> [예제 7-12] C++ 2차원 배열 예제

```
1.  #include  <iostream.h>
2.
3.  int main()
4.  {
5.      int   song[2][3];
6.      int     t, s;
7.
8.      song[0][0] = 10;
9.      song[0][1] = 20;
10.     song[0][2] = 30;
11.     song[1][0] = 40;
12.     song[1][1] = 50;
13.     song[1][2] = 60;
14.
15.     for (t=0; t<=1; t++)
16.         for (s=0; s<=2; s++)
17.             cout << "song[" << t << "][" << s << "] = "
18.                 <<  song[t][s] << endl;
19.     return 0;
20.  }
```

실행결과

```
■ "D:\C실습\7장\Debug\7장.exe"
song[0][0] = 10
song[0][1] = 20
song[0][2] = 30
song[1][0] = 40
song[1][1] = 50
song[1][2] = 60
Press any key to continue
```

🔍 설명

5행　　　: 2행 3열의 정수형 2차원 배열 song을 선언한다.

8~13행　: 배열 각 요소 하나씩 지정하며 값을 할당한다. 2행 3열이므로 상한첨자가 각각 1행 2열이 된다.

song[0][0]	song[0][1]	song[0][2]
10	20	30
40	50	60
song[1][0]	song[1][1]	song[1][2]

15~18행　: 외부 for문은 행을 지정하여 변수 t의 값이 0~1까지 반복한다. 내부 for문은 열을 지정하여 변수 s의 값이 0~2까지 반복한다.

7.2.2 2차원 배열의 초기화

2차원 배열에서도 1차원 배열과 마찬가지로 중괄호{}를 사용하여 행단위로 초기화 작업을 수행할 수 있으며 사용 형식은 다음과 같다.

■ 형식 1

```
데이터형   배열명[행][열] = {
                        { 초기값1,초기값2,…, 초기값n},
                        { 초기값1,초기값2,…, 초기값n},
                                   :
                                   :
                        { 초기값1,초기값2,…, 초기값n} };
```

■ 형식 2

```
데이터형   배열명[ ][열] = { 초기값1,초기값2,…, 초기값n};
```

■ 사용 예 1

```
int  kal[2][3] = { {10,20,30}, {40,50,60} };
또는                                              }  같은 의미
int  kal[ ][3] = { {10,20,30}, {40,50,60} };
```

은 기억 장소에 다음과 같이 저장된다.

kal[0][0]	kal[0][1]	kal[0][2]
10	20	30
40	50	60
kal[1][0]	kal[1][1]	kal[1][2]

2차원 배열에서는 행에 대한 요소개수만 생략가능하다. 행의개수를 생략해도 초기화된 값에 따라 C/C++ 컴파일러가 자동으로 처리하여 주므로 문제점이 발생하지 않지만 열 의 개수는 생략할 수 없다. 만약, 행이 아닌 열의 개수를 생략하면 "Size of structure or array not known" 에러가 발생하게 된다.

■ 사용 예 2

```
int  mbc[2][3] = { {10,20}, {40,50} };
```

배열 요소(첨자)가 초기화 데이터 수보다 크면 나머지 원소들은 0으로 초기화된다. 기억 형태는 다음과 같다.

mbc[0][0]	mbc[0][1]	mbc[0][2]
10	20	0
40	50	0
mbc[1][0]	mbc[1][1]	mbc[1][2]

다음 예제는 2차원 배열에 숫자로 초기화를 한 후에 출력을 한다.

>> [예제 7-13] C 2차원 배열의 초기화(1) 예제

```
1.  #include  <stdio.h>
2.
3.  int main()
4.  {
5.      int  s, t;
6.      int sbs[2][3] = {10, 15, 20, 25, 30, 35};
7.
```

```
8.      for (s= 0; s < 2; s++) {
9.          for (t=0; t < 3; t++)
10.             printf("sbs[%d][%d] = %d\n", s, t, sbs[s][t]);
11.         }
12.     return 0;
13. }
```

⟫ [예제 7-14] C++ 2차원 배열의 초기화(1) 예제

```
1.  #include <iostream.h>
2.
3.  int main()
4.  {
5.      int s, t;
6.      int sbs[2][3] = {10, 15, 20, 25, 30, 35};
7.
8.      for (s= 0; s < 2; s++) {
9.          for (t=0; t < 3; t++)
10.             cout <<"sbs[" << s << "][" << t << "d] = "
11.                 << sbs[s][t] << endl;
12.         }
13.     return 0;
14. }
```

🔍 실행결과

```
sbs[0][0] = 10
sbs[0][1] = 15
sbs[0][2] = 20
sbs[1][0] = 25
sbs[1][1] = 30
sbs[1][2] = 35
Press any key to continue
```

🔍 설명

6행   : 중괄호없이 초기값들이 나열되어 있으므로 2차원배열에 행별로 순서대로 저장된다.

sbs[0][0]	sbs[0][1]	sbs[0][2]
10	15	20
25	30	35
sbs[1][0]	sbs[1][1]	sbs[1][2]

다음 예제는 2차원 배열에 초기화를 한 후에 원소들의 값을 출력을 한다.

>> [예제 7-15] C 2차원 배열의 초기화(2) 예제

```c
1.  #include <stdio.h>
2.
3.  int main()
4.  {
5.      int  s, t;
6.      int sbs[2][3] = {{10, 20}, {30, 40}};
7.
8.      for (s= 0; s < 2; s++) {
9.        for (t=0; t < 3; t++)
10.          printf("sbs[%d][%d] = %d \n", s, t,  sbs[s][t]);
11.      }
12.      return 0;
13.  }
```

>> [예제 7-16] C++ 2차원 배열의 초기화(2) 예제

```cpp
1.  #include <iostream.h>
2.
3.  int main()
4.  {
5.      int  s, t;
6.      int sbs[2][3] = {{10, 20}, {30, 40}};
7.
8.      for (s= 0; s < 2; s++) {
9.        for (t=0; t < 3; t++)
10.          cout << "sbs[" << s <<"][" << t <<"]="
11.              << sbs[s][t]<< endl;
12.      }
13.      return 0;
14.  }
```

실행결과

설명

6행 ： 초기값이 모두 설정되어 있지 않으므로 생략된 요소의 초기값은 0으로 저장된다.

sbs[0][0]	sbs[0][1]	sbs[0][2]
10	20	0
30	40	0
sbs[1][0]	sbs[1][1]	sbs[1][2]

실습문제

1. 5행 7열의 더블형인 2차원 배열 arr을 선언하는 문장을 작성하시오.

2. 다음과 같이 배열의 초기화가 선언되었을 경우 실제 저장되는 값들을 나열하시오.
   int student[2][4]={ {1, 2, 3}, {4}};

7.3 문자 배열

C/C++언어의 문자열(string)은 특수한 배열로써 취급하고 있는데 문자열은 ASCII문자로
이루어져 있으며 문자열 끝에 NULL 문자('\0')가 있는 1차원 배열의 형태로 저장된다.

예를 들어 "chinju"라는 문자열을 보자.

'c'	'h'	'i'	'n'	'j'	'u'	'\0'

실제 문자열 "chinju"는 마지막의 NULL 문자를 포함하여 7개의 배열요소로 구성된 문자 배열이 된다. NULL 문자는 문자열의 끝을 나타낸다.

단일문자는 단일 인용 부호 ' '를 사용하고 문자열은 이중 인용부호 " "를 사용한다.

7.3.1 문자 배열 선언

C/C++ 언어는 문자열을 선언하는 데이터형을 따로 정의하고 있지 않으므로 char형을 이용하여 선언한다. 사용 형식은 다음과 같다.

■ 형식 1 – 1차원 문자 배열

```
char   배열명[첨자];
```

■ 형식 2 – 2차원 문자 배열

```
char   배열명[첨자1][첨자2];
```

■ 1차원 문자배열 선언과 값할당 예

```
char   a[3];
a[0]='H';
a[1]='i';
a[2]='\0';
```

a[0]	a[1]	a[2]
H	i	\0

문자열의 값들을 따로 하나씩 할당할 경우에는 문자열의 끝을 알리기 위한 널문자('₩0') 를 직접 할당해 주어야 한다. a[2]='₩0'; 와 같이 작성한다.

다음 예제는 1차원 문자배열에 값을 할당한 후에 요소들의 값을 출력을 한다.

>> [예제 7-17] C 문자배열의 예제

```c
 1. #include  <stdio.h>
 2.
 3. int main()
 4. {
 5.     int   i;
 6.     char b[3];
 7.
 8.     b[0]='s';
 9.     b[1]='k';
10.     b[2]='y';
11.
12.     for(i=0;i<3;i++)
13.        printf("%c",b[i]);
14.     printf("\n");
15.     return 0;
16. }
```

>> [예제 7-18] C++ 문자배열의 예제

```cpp
 1. #include  <iostream.h>
 2.
 3. int main()
 4. {
 5.     int   i;
 6.     char b[3];
 7.
 8.     b[0]='s';
 9.     b[1]='k';
10.     b[2]='y';
11.
12.     for(i=0;i<3;i++)
13.        cout << b[i] ;
14.     cout << endl;
15.     return 0;
16. }
```

6행   : 문자형 1차원 배열 b를 선언한다.

8~10행   : 배열 요소를 하나씩 지정하여 값을 할당한다. 문자가 한개이므로 단일인용부호(')를 사용한다.

12~13행 : for문을 이용하여 요소를 하나씩 지정하여 문자를 한 개씩 출력하는 것이므로 형식 지정자는 %c를 사용한다. 만일 문자열을 출력하기 위한 형식지정자인 %s를 사용한다 면 배열의 요소를 늘려서 마지막에 널문자를 추가하여야 올바른 값이 출력된다.

7.3.2 문자 배열의 초기화

문자열은 보통 문자들을 앞의 예와 같이 하나씩 할당하는 것이 아니라 전체 열로써 할당 하는 것이 편하다. 문자배열의 선언과 동시에 값을 할당하는 여러 가지 방법들에 대한 설명이다. 사용형식은 다음과 같다.

■ 형식1 – 1차원 문자 배열

```
char  배열명[첨자] = "문자열";
char  배열명[ ] = "문자열";
```

■ 형식 2 – 2차원 문자 배열

```
char  배열명[첨자1][첨자2] = {"문자열1", … , "문자열"};
char  배열명[ ][첨자2] = {"문자열1", … , "문자열"};
```

■ 1차원 문자배열 선언 예

```
char  a[5]= "LOVE";
```

a[0]	a[1]	a[2]	a[3]	a[4]
L	O	V	E	\0

이중인용부호로 문자를 묶어서 초기화를 하면 문자열의 끝을 알리는 널문자('₩0')는 마지막 요소의 방에 자동으로 저장된다. 그러므로 문자열을 저장하는 배열은 문자열크기 +1의 크기로 배열의 크기를 선언해야 한다.

■ 2차원 문자배열 선언 예

```
char  b[ ][4]={"abc", "fg"};
```

b[0][0]	b[0][1]	b[0][2]	b[0][3]
a	b	c	\0
f	g	\0	
b[1][0]	b[1][1]	b[1][2]	b[1][3]

행의 첨자를 생략하면 초기화된 값의 개수로 행의 개수를 인식하게 된다. "abc", "fg"와 같이 이중인용부호로 묶인 문자열이 2개이므로 컴파일러는 2행으로 계산하여 메모리에 저장한다.

다음 예제는 1차원 문자배열에 값을 할당한 후에 원소들의 값을 출력을 한다.

>> [예제 7-19] C 문자 배열의 초기화(1) 예제

```
1.  #include  <stdio.h>
2.
3.  int main()
4.  {
5.      int  a;
6.      char b[6] = "chinju";
7.
8.      for(a = 0; a <= 5; a++)
9.          printf("%c", b[a]);
```

```
10.     printf("\n");
11.     return 0;
12. }
```

⟫ [예제 7-20] C++ 문자 배열의 초기화(1) 예제

```
1.  #include <iostream.h>
2.
3.  int main()
4.  {
5.      int  a;
6.      char b[7] = "chinju";
7.
8.      for(a = 0; a <= 5; a++)
9.          cout << b[a] ;
10.     cout << endl;
11.     return 0;
12. }
```

실행결과

설명

6행 : 문자배열의 크기 지정시에 C언어에서는 널문자 추가부분을 뺀 개수로 지정해도 실행이 된다. 하지만 C++ 언어에서는 정확하게 널문자가 들어갈 부분까지 더한 개수로 지정해야 한다.

8~9행 : for문으로 배열 요소의 값들을 하나씩 출력한다. 문자를 하나씩 출력하는 것이므로 출력지정자는 %c를 사용한다.

다음 예제는 1차원 문자배열에 이름을 입력하여 출력하는 프로그램이다.

>> [예제 7-21] C 문자배열의 초기화(2) 예제 - 입력

```
1.  #include  <stdio.h>
2.
3.  int main()
4.  {
5.      char irum[10];
6.
7.      printf("이름을 입력하세요 : ");
8.      scanf("%s", irum);
9.
10.     printf("당신의 이름은 : %s \n",irum);
11.     return 0;
12. }
```

>> [예제 7-22] C++ 문자배열의 초기화(2) 예제 - 입력

```
1.  #include  <iostream.h>
2.
3.  int main()
4.  {
5.      char irum[10];
6.
7.      cout << "이름을 입력하세요 : " ;
8.      cin >> irum;
9.
10.     cout << "당신의 이름은 : " << irum << endl;
11.     return 0;
12. }
```

⊚ 실행결과

🔍 **설명**

....

8행 : scanf 함수에서 입력값을 저장할 변수 지정시에는 주소를 표현하기 위해 &(주소 연산자)를 붙이는데 배열명자체가 배열 시작주소의 상수값을 가지므로 &를 붙이지 않는다.
C++ 언어에서는 &(주소 연산자) 없이 배열명만 작성하면 된다.

10행 : %s 출력형식은 포인터 변수 irum이 지시하는 주소의 값으로부터 널문자('\0')전까지의 문자열을 출력한다.
C++ 언어에서는 배열명만 작성하면 컴파일러가 알아서 널문자('\0')전까지의 문자열을 출력한다.

....

다음 예제는 2차원 문자배열의 초기화에 관한 내용으로 문자열들을 초기화 한 후에 행별로 문자열을 출력하는 방법에 대한 프로그램이다.

≫ [예제 7-23] C 문자 배열의 초기화(3) 예제

```
1.  #include  <stdio.h>
2.
3.  int main()
4.  {
5.      char psb[][5] = {"bear", "cat" };
6.      int  a;
7.
8.      for(a = 0; a <= 2; a++)
9.          printf("%s\n", psb[a]);
10.     return 0;
11. }
```

≫ [예제 7-24] C++ 문자 배열의 초기화(3) 예제

```
1.  #include  <iostream.h>
2.
3.  int main()
4.  {
5.      char psb[][5] = {"bear", "cat" };
6.      int  a;
7.
8.      for(a = 0; a <= 2; a++)
```

```
 9.          cout << psb[a] << endl;
10.  return 0;
11.  }
```

실행결과

설명

5행　: 행을 생략한채 배열을 선언하면 뒤의 초기값에 의해 컴파일러는 2행에 대한 메모리를 확보한 후에 값들을 아래와 같이 저장한다.

psb[0][0]	psb[0][1]	psb[0][2]	psb[0][3]	psb[0][4]
b	e	a	r	₩0
c	a	t	₩0	

psb[1][0]　psb[1][1]　psb[1][2]　psb[1][3]　psb[1][4]

9행　: 행별로 문자열들을 출력하기 위해서는 psb[a]와 같이 행번호만 지정해주면 된다. psb[0]은 0번째 행의 처음 시작위치를 가지고 있고, psb[1]은 1번째 행의 처음 시작위치를 가지고 있다. 형식지정자 %s에 각각 psb[0], psb[1]의 값을 할당하면 그 위치부터 널문자 전까지의 문자열들을 출력한다.

실습문제

1. 다음과 같이 선언된 배열에서 틀린 부분을 찾아서 올바르게 수정하시오.
   int student[10][ ]={ "korea", "Ameriaca"};

! Exercise

1. 다음 초기화식 중 에러가 발생하는 것은?

① char ch[5]="test";　　　　　　② char ch[2]="test";
③ char ch[7]="test";　　　　　　④ char ch[]="test";

풀이 배열의 초기화
- 배열 원소(첨자)가 초기화할 데이터 수보다 작을 경우 컴파일에러가 발생한다.
- 배열 원소(첨자)가 초기화할 데이터 수보다 크면 나머지 원소들은 '₩n'로 초기화된다.

2. 다음 배열 선언중 에러가 발생하는 것은?

① static double a[5];　　　　　　② auto int a[5];
③ extern float a[5];　　　　　　④ register char a[5];

풀이 register 기억 클래스는 배열을 선언할 수 없다.

3. 배열 a가 다음과 같이 선언되었을 때 a[2][2]의 초기값은?

```
int  a[ ][3]={{1,2,3},{4,5,6},{7,8,9}};
```

① 3　　　　　　　　　　　② 5
③ 6　　　　　　　　　　　④ 9

풀이 정수형 배열 a는 3행 3열로써 아래와 같이 초기화된다.

1	2	3
4	5	6
7	8	9

따라서 a[2][2]의 초기화 값은 9가 된다.

4. 다음 문장은 문자 배열의 선언과 초기화를 나타내고 있다. 배열요소 a[11]의 값은?

```
char a[ ]="C Language";
```

① 'b'   ② 'o'
③ 'c'   ④ '₩0'

5. 50, 20, 10, 70, 40 중에서 1차원 배열을 이용하여 최소값, 최대값 및 전체합을 구하여
    화면에 출력하는 프로그램을 작성하시오.

6. 3 * 3 배열을 선언하고 다음과 같이 배열의 내용을 채우는 프로그램을 작성하시오.

1	2	3
4	5	6
7	8	9

7. 4 * 4 배열을 선언하고 3 * 3 배열의 가로와 세로의 총계를 구하는 프로그램을 작성하
    시오.

1	2	3	6
4	5	6	15
7	8	9	24
12	15	18	45

CHAPTER 8

포인터와 문자열

포인터의 개요 8.1

포인터 선언 8.2

포인터 변수의 초기화 8.3

포인터 연산 8.4

포인터와 배열 8.5

문자열 함수 8.6

포인터에 대한 포인터 8.7

동적메모리 할당과 해제 8.8

8.1 포인터의 개요

포인터란 자료 영역의 주소를 유지하기 위해 사용하는 변수이다. 일반 변수는 값자체를 저장하는 반면 포인터 변수로 선언된 변수에는 특정 데이터가 기억된 기억 장소의 주소가 저장된다. 포인터를 사용하면 메모리에 있는 데이터를 손쉽게 접근할 수 있다. 그러나 잘못 사용하거나 남용하면 해독이 불가능한 프로그램이 될 뿐만 아니라, 수정이 대단히 어려운 프로그램이 될 수 있다. 반면에 포인터 사용법에 익숙해지면 명쾌하고 대단히 뛰어난 기능의 프로그램을 작성해 낼 수 있게 된다.

■ 일반 변수 사용 예

```
int  a, b;
a = 20;
b = a;
```

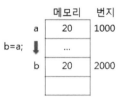

[그림 8-1] 단순변수 사용

■ 포인터 변수 사용 예

```
int  a, *b;
a = 20;
b = &a;
```

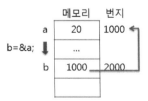

[그림 8-2] 포인터변수 사용

■ **포인터 변수를 사용하는 경우**

① 함수로부터 한 개 이상의 값을 return 할 때

② 한 함수에서 다른 함수로 보다 편리하게 배열이나 문자열을 전달하고자 할 때

③ 보다 더 쉽게 배열을 조작하고자 할 때

④ 복잡한 데이터 구조(링크 리스트, 이진트리, 한 데이터 구조가 다른 데이터 구조를 참조)를 만들고자 할 때

⑤ 메모리에 대하여 정보를 통신하고자 할 때(malloc()와 같은 함수로 자유로운 메모리 위치를 포인터를 사용하여 return)

모든 값을 접근 가능한 기억 장소에 저장할 수 있는 것은 아니다.

■ **포인터 변수를 사용할 수 없는 경우**

① 상수에 포인터해서는 안된다.

　[예] &5, &20

② 배열명에 포인터해서는 안된다. 왜냐하면, 배열명은 배열의 시작 주소를 의미하는 상수 값이기 때문이다.

　[예] int ts[100];

　　　&ts

③ 산술식에 포인터해서는 안된다.

　[예] &(s+77)

④ 레지스터 변수에 포인터해서는 안된다.

　[예] register int ch;

　　　&ch

8.2 포인터 선언

포인터 변수(pointer variable)는 포인터(번지값)을 저장하는 변수로서 *(asterisk)를 변수 앞에 붙여서 사용하는데 사용 형식은 다음과 같다.

■ 형식

데이터형   *포인터변수명;

■ 사용 예

int   *pa;
char   *pc;

■ 설명

① 변수 pa가 int형 데이터를 참조하기 위한 포인터 변수인 것을 의미한다. pa는 (int *) 형의 변수를 선언하고 있는 것으로 포인터 변수 pa의 형이 int가 아니라 pa가 지시하는 곳의 자료형이 int형이라는 의미가 된다.

② 변수 pc가 char형 데이터를 참조하기 위한 포인터 변수인 것을 의미하는 것으로 pc는 (char *)형의 변수를 선언하고 있는 것이다. 다시 말해서, pc가 지시하는 곳의 자료형이 char형이라는 의미가 된다.

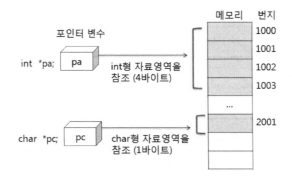

[그림 8-3] 참조 구조

포인터 변수 자체의 크기는 각각의 주소를 저장시켜 두는데 필요한 크기로 대부분 int형과 같은 크기이다. 32bit 이상의 CPU 시스템에서 포인터 변수의 크기는 4byte이다.

다음 예제는 포인터 변수 자체의 크기를 알아보기 위한 프로그램이다.

》》 [예제 8-1] C 포인터 변수 크기 출력 예제

```
1.  #include  <stdio.h>
2.
3.  int main()
4.  {
5.      int     *pa;
6.      char    *pb;
7.      float   *pc;
8.
9.      printf(" 포인터 변수 pa의 크기 = %d byte\n", sizeof(pa));
10.     printf(" 포인터 변수 pb의 크기 = %d byte\n", sizeof(pb));
11.     printf(" 포인터 변수 pc의 크기 = %d byte\n", sizeof(pc));
12.     return 0;
13. }
```

실행결과

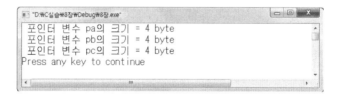

```
"D:\C실습\8장\Debug\8장.exe"
포인터 변수 pa의 크기 = 4 byte
포인터 변수 pb의 크기 = 4 byte
포인터 변수 pc의 크기 = 4 byte
Press any key to continue
```

설명

9~11행 : 자료형별로 포인터변수의 크기를 알아보기 위해 sizeof 연산자를 이용해서 출력한다. 포인터변수는 주소를 저장하는 변수이므로 선언된 자료형에 상관없이 모두 4바이트로 출력된다.

포인터에 사용되는 연산자에는 주소연산자(&)와 간접연산자(*) 2가지가 있다. 의미와 사용방법은 다음과 같다.

〈표 8-1〉 포인터 연산자

연 산 자	의　　　미
& (주소 연산자)	변수의 주소를 지정하고자 할 때 사용하는 연산자
* (간접 연산자)	변수에 저장된 주소가 지시하는 곳의 값을 나타내고자 할 때 사용하는 연산자

■ 포인터 연산자 사용 예

```
int  *pa, a=10;
pa = &a;            ----- ①
cout << *pa ;       ----- ②
```

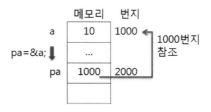

[그림 8-4] 포인터 참조

■ 설명

① &a는 변수 a의 주소를 의미하며, 포인터 변수 pa에는 변수 a의 주소가 저장된다. 변수 a의 주소가 1000번지라고 가정한다면 포인터변수에는 a의 주소값 1000이 저장된다.

② *pa는 pa가 참조하는 메모리내의 데이터 값을 의미하므로 변수 a의 내용이 출력된다. pa가 가리키고 있는 1000번지의 내용 즉, 10이 출력된다.

다음 예제는 포인터변수를 이용한 참조와 간접연산자 활용에 대한 프로그램이다.

>> [예제 8-2] C 포인터변수와 간접 연산자 활용(1) 예제

```
1.  #include <stdio.h>
2.
3.  int main()
4.  {
5.      int  a = 10, *pa;
6.      pa = &a;
```

```
 7.
 8.     printf("pa = %d\n", pa);
 9.     printf("&a = %p\n", &a);
10.     printf("*pa = %d\n", *pa);
11.     return 0;
12. }
```

》》 [예제 8-3] C++ 포인터변수와 간접 연산자 활용(1) 예제

```
 1. #include <iostream.h>
 2.
 3. int main()
 4. {
 5.     int  a = 10, *pa;
 6.     pa = &a;
 7.
 8.     cout << "pa = " << pa << endl;
 9.     cout << "&a = " << &a << endl;
10.     cout << "*pa = " << *pa << endl;
11.     return 0;
12. }
```

실행결과

설명

8행   : 포인터변수에 저장된 값을 출력하는 것이다. 변수의 a의 주소를 할당받아 저장되어
        있으므로 0x0012FF44와 같은 주소값이 출력된다. 시스템에 따라 다른 값이 출력될
        수 있다.

9행   : &a는 a의 주소를 지정하는 것이므로 8행과 같은 결과의 주소값이 출력된다.

10행 : *pa는 pa가 가리키는 곳의 내용을 말한다. pa가 가지고 있는 주소에 저장된 값이므
        로 변수 a의 값인 10이 출력된다.

다음 예제는 포인터변수와 간접 연산자를 이용하여 참조한 값을 다른 변수에 할당하여
활용하는 프로그램이다.

≫ [예제 8-4] C 포인터변수와 간접 연산자 활용(2) 예제

```
1.  #include <stdio.h>
2.
3.  int main()
4.  {
5.      int  a=15, b, *pa;
6.      pa = &a;
7.      b = *pa;
8.
9.      printf("a의 값 = %d\n", a);
10.     printf("b의 값= %d\n", b);
11.     printf("*pa의 값 = %d\n", *pa);
12.     return 0;
13. }
```

≫ [예제 8-5] C++ 포인터변수와 간접 연산자 활용(2) 예제

```
1.  #include <iostream.h>
2.
3.  int main()
4.  {
5.      int  a=15, b, *pa;
6.      pa = &a;
7.      b = *pa;
8.
9.      cout << "a의 값 = " << a << endl;
10.     cout << "b의 값 = " << b << endl;
11.     cout << "*pa의 값 = " << *pa << endl;
12.     return 0;
13. }
```

실행결과

```
"D:\C실습\8장\Debug\8장.exe"
a의 값 = 15
b의 값 = 15
*pa의 값 = 15
Press any key to continue
```

설명

7행   : pa가 가리키는 곳의 내용이므로 변수 a의 값인 15를 변수 b에 대입한다.

9행   : 변수 a의 값인 15가 출력된다.

10행   : 변수 b의 값인 15가 출력된다. 7행에서 포인터변수를 통해서 간접적으로 변수 a의
        값을 할당받았으므로 15가 출력되는 것이다.

11행   : pa가 가리키는 곳의 내용이므로 변수 a의 값인 15를 출력한다.

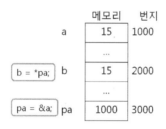

[그림 8-5] 포인터 실행

실습문제

1. 주소연산자는 어떻게 표기하는가?

2. 포인터변수 pt에 변수 x의 주소값을 할당하려고 한다. 빈 괄호안을 완성하시오.
   ```
   int x=10, *pt;
   (        );
   ```

3. 2번 문제의 내용 뒤에 다음과 같이 출력문을 작성했을 때 출력결과는 어떻게 되는가?
   ```
   printf("%d\n", *pt);
   printf("%d\n", x);
   ```

8.3 포인터 변수의 초기화

포인터 변수 초기화의 사용 형식은 다음과 같다.

■ 형식

```
데이터형   *포인터변수명 = 초기값 주소;
```

포인터 변수도 일반 변수처럼 선언과 동시에 초기값 부여가 가능하다. 이는 포인터변수
명 즉 포인터변수가 참조하는 내용의 값을 초기화하는 것이 아니라 포인터변수를 초기
화하는 즉, 포인터 변수에다 메모리의 주소를 할당하여 초기화하는 것이다.

■ 사용 예

```
int  kbs;
int  *mbc = &kbs;
*mbc = 50;
```

[그림 8-6] 포인터변수 초기화

포인터 변수 mbc에 kbs의 주소를 초기화한 후, *mbc에 100이 배정되었으므로 변수 kbs
도 숫자 100의 값을 갖게 된다. mbc가 kbs의 주소를 참조하기 때문이다.

다음 예제는 포인터변수의 선언과 동시에 주소를 초기화 하여 참조한 공간에 값을 할당
하는 프로그램이다.

>> [예제 8-6] C 포인터변수의 초기화 예제

```
1.  #include <stdio.h>
2.
3.  int main()
4.  {
5.      int kbs;
6.      int *mbc = &kbs;
7.      *mbc = 50;
8.
9.      printf("mbc = %d\n", mbc);
10.     printf("&kbs= %d\n", &kbs);
11.     printf("kbs = %d\n", kbs);
12.     printf("*mbc = %d\n", *mbc);
13.     return 0;
14. }
```

>> [예제 8-7] C++ 포인터변수의 초기화 예제

```
1.  #include <iostream.h>
2.
3.  int main()
4.  {
5.      int kbs;
6.      int *mbc = &kbs;
7.      *mbc = 50;
8.
9.      cout << "mbc = " << mbc << endl;
10.     cout << "&kbs = " << &kbs << endl;
11.     cout << "kbs = " << kbs << endl;
12.     cout << "*mbc = " << *mbc << endl;
13.     return 0;
14. }
```

실행결과

```
"D:\C실습\8장\Debug\8장.exe"
mbc = 0x0012FF44
&kbs = 0x0012FF44
kbs = 50
*mbc = 50
Press any key to continue
```

> **설명**
>
> 9행 : int *mbc = &kbs;에서 kbs의 주소값을 포인터변수 mbc에 할당하여 초기화 하였으므로 kbs의 주소값이 출력된다.
>
> 10행 : &kbs는 kbs의 주소값을 지정하는 것이므로 9행의 출력값과 동일한 주소가 출력된다.
>
> 11행 : *mbc = 50; 은 mbc가 가리키는 곳에 50을 할당하는 것이다. 포인터 변수 mbc가 가리키는 곳이 kbs의 주소이므로 kbs에 50을 저장하는 것과 같은 의미가 되어 50이 출력된다.
>
> 12행 : *mbc 는 mbc가 가리키는 곳의 내용을 말하는 것이므로 50이 출력된다.

8.4 포인터 연산

포인터변수도 연산이 가능하다. 다양한 연산을 적용할 수 있는 것은 아니고 덧셈, 뺄셈이 가능한 +, -, ++, --, += 와 같은 연산이 가능하다.

```
int  *pa;
```

〈표 8-2〉 포인터연산 사용 예

연산자	사용 예
+	pa = pa + 1;
-	pa = pa - 1;
++	++pa; pa++;
--	--pa; pa--;
+=	pa += 1;

포인터를 1 증가시킨다는 것은 주소를 1 증가시키는 것이 아니라 포인터가 지시하는 데이터 형(char : 1byte, int : 4byte, float : 4byte)의 byte수만큼 증가시키는 것이다.

예를 들어, 정수형 포인터변수 pa를 1 증가 시켜보자.

```
int  *pa, a;
pa = &a;   /* a의 주소가 1000번지라고 가정함 */
++pa;
```

여기에서, ++pa는 1000번지에 1을 증가시켜 1001번지가 되는 것이 아니라 포인터가 지시하는 데이터형(int : 4byte)의 byte수만큼 증가시켜서 1004번지가 된다. 즉, 1을 증가시킨다는 것은 자료형크기 만큼의 그 다음 번지를 의미하고, 1을 감소시킨다는 것은 그 이전 번지를 의미하는 것이다.

다음 예제는 포인터의 연산과 주소 참조한 공간을 확인하는 프로그램이다.

》》 [예제 8-8] C 포인터변수의 연산 예제

```
1.  #include <stdio.h>
2.
3.  int main()
4.  {
5.      int    *pa, a;
6.      short  *pb, b;
7.      pa = &a;
8.      pb = &b;
9.
10.     printf("-----<< int >>-----\n");
11.     printf("pa  = %d\n", pa);
12.     printf("++pa  = %d\n", ++pa);
13.     printf("pa-2  = %d\n", pa-2);
14.
15.     printf("-----<< char >>-----\n");
16.     printf("pb  = %d\n", pb);
17.     printf("--pb  = %d\n", --pb);
18.     printf("pb+3  = %d\n", pb+3);
19.     return 0;
20.  }
```

[예제 8-9] C++ 포인터변수의 연산 예제

```
1.  #include  <iostream.h>
2.
3.  int main()
4.  {
5.      int    *pa, a;
6.      short   *pb, b;
7.      pa = &a;
8.      pb = &b;
9.
10.     cout <<"-----<< int >>-----" << endl;
11.     cout <<"pa  = "    << pa    << endl;
12.     cout <<"++pa  = " << ++pa << endl;
13.     cout <<"pa-2  = "  << pa-2 << endl;
14.
15.     cout <<"-----<< char >>-----" << endl;
16.     cout <<"pb  = "    << pb    << endl;
17.     cout <<"--pb  = " << --pb << endl;
18.     cout <<"pb+3  = "  << pb+3 << endl;
19.     return 0;
20.  }
```

실행결과

[실행결과 : 예제 8-8]

[실행결과 : 예제 8-9]

🔍 설명

12행	: 포인터 변수 pa는 변수 a의 주소값을 가리키고 있으므로 ++pa는 변수 a의 주소값에 int형 크기인 4byte를 더한 것이 결과값이 된다.
13행	: pa-2는 12행에서 ++pa에 의해 변경된 주소값에서 int형 크기의 2배인 8byte를 뺀 것이 결과값이 된다.
17행	: 포인터 변수 pb는 변수 b의 주소값을 가리키고 있으므로 --pb는 변수 b의 주소값에 short형 크기인 2byte를 뺀 것이 결과값이 된다.
18행	: pb+3은 17행에서 --pb에 의해 변경된 주소값에서 short형 크기의 3배인 6byte를 더한 것이 결과값이 된다.

🔍 실습문제

1. 포인터변수도 연산이 가능한데 포인터변수에 1을 더하는 것은 실제 1이 아닌 무엇에 해당하는 값을 더해야 하는가?

2. 다음 문장들을 실행한 후 출력되는 결과값은 무엇인가? (단, x의 주소값은 1000이라고 가정한다)

```
double x= 7, *px;
px = &x;
printf("%d\n", px + 3);
```

8.5 포인터와 배열

C/C++ 언어에서 포인터와 배열은 매우 밀접한 관계를 갖고 있으며, 양자는 거의 같은 방법으로 기억 장소를 접근하게 된다. 배열의 첨자 표현을 포인터로 표현하면 좀더 효율적으로 배열을 활용할 수 있다. 따라서 C/C++ 언어에서 포인터와 배열은 같은 용도로 사용할 수 있다.

8.5.1 포인터와 1차원 배열

포인터와 배열은 서로 호환성이 있다. 배열명이 배열의 시작 주소인 상수값을 의미하므로 포인터변수처럼 사용할 수 있다. 연산도 가능하다.

예를 들어

---

    int   ts[10]={5, 6, 7 ,8, 9, 10, 11, 12, 20, 30}, *pa;

[그림 8-7] 포인터와 1차원 배열

① ts : 배열명은 배열의 시작 주소인 상수 1000을 의미한다.

② 배열명으로 연산한 주소식인 ts+n 과 &ts[n] 는 같은 의미가 된다.
　예) ts+2 == &ts[2] /* 둘다 1008번지의 주소를 의미함 */

③ *(ts+n) == ts[n] 는 ts+n 주소안의 내용과 ts[n] 요소의 내용이니 같은 의미이다.
　예) *(ts+2) == ts[2]

④ 포인터변수에 할당도 가능하다.
　pa = ts;   또는 pa = &ts[0];
　pa = ts+1; 또는 pa = &ts[1];

　포인터변수를 선언하면서 배열을 할당할 수도 있다.
　int *pb = ts; 또는 int *pb = &ts[0];

포인터와 1차원 배열의 관계는 다음과 같이 표현할 수 있다.

〈표 8-3〉 포인터와 1차원 배열의 관계

선언문	1차원 배열	포인터	가상주소
int ts[4]; int *pa= ts;	ts[0] ts[1] ts[2] ts[3]	*pa *(pa+1) *(pa+2) *(pa+3)	1000번지 1002번지 1004번지 1006번지

다음 예제는 포인터와 1차원 배열의 관계를 알아보는 프로그램이다.

>> [예제 8-10] C 포인터와 1차원 배열(1) 예제

```
1.  #include  <stdio.h>
2.
3.
4.  int main()
5.  {
6.      int  a[5] = {10, 20, 30, 40, 50};
7.      int  i, *pa;
8.      pa = a;          /*  pa = &a[0];도 가능  */
9.
10.     for(i = 0; i < 5; i++){
11.         printf("a[%d] = %d\t", i, *(a+i));
12.         printf("a[%d] = %d\n", i, *(pa+i));
13.     }
14.     return 0;
15. }
```

>> [예제 8-11] C++ 포인터와 1차원 배열(1) 예제

```
1.  #include  <iostream.h>
2.  #include  <iomanip.h>
3.
4.  int main()
5.  {
6.      int  a[5] = {10, 20, 30, 40, 50};
7.      int  i, *pa;
8.      pa = a;
9.
10.     for(i = 0; i < 5; i++){
```

```
11.        cout << "a[" << i << "]= " << *(a+i) << setw(10);
12.        cout << "a[" << i << "]= " << *(pa+i) << endl;
13.    }
14.    return 0;
15. }
```

실행결과

설명

8행   : 포인터변수 pa에 배열의 시작주소를 할당한다. 배열명 자체는 배열의 시작주소를 가
        지고 있는 상수의 의미로 사용된다.

11행 : *(a+i) 는 i값에 따라 증가되는 주소가 가리키는 곳의 내용을 의미한다. 즉, a[i]와
        같은 뜻이다.

12행 : 포인터변수 pa가 배열 a의 시작주소를 할당받았으므로 *(pa+i)는 i값에 따라 증가되
        는 주소가 가리키는 곳의 내용을 의미한다. 즉, a[i]와 같은 의미로 사용될 수 있다.

다음 예제는 포인터와 1차원 배열을 이용하여 배열 값들의 합을 구해서 출력한다.

[예제 8-12] C 포인터와 1차원 배열(2) 예제

```
1.  #include <stdio.h>
2.
3.  int main()
4.  {
5.      int  a[5] = {10, 20, 30, 40, 50};
6.      int  sum=0, *pa = a;
7.
8.      while (pa <= &a[4]) {
9.          sum += *pa;
10.         pa++;
11.     }
```

```
12.        printf("sum = %d\n", sum);
13.        return 0;
14. }
```

>> [예제 8-13] C++ 포인터와 1차원 배열(2) 예제

```
1. #include <iostream.h>
2.
3. int main()
4. {
5.     int  a[5] = {10, 20, 30, 40, 50};
6.     int  sum=0, *pa = a;
7.
8.     while (pa <= &a[4]) {
9.         sum += *pa;
10.        pa++;
11.    }
12.    cout << "sum = " << sum << endl;
13.    return 0;
14. }
```

실행결과

```
"D:\C실습\8장\Debug\8장.exe"
sum = 150
Press any key to continue
```

설명

6행   : int *pa = a; 는 배열의 시작주소를 포인터변수 pa에 초기화하는 것이다.

8행   : while(pa <= &a[4]) 는 포인터변수 pa가 배열 a의 마지막요소인 a[4]의 주소값보다 작거나 같은 동안 아래의 문장들을 반복할 것인지 판단한다.

9행   : sum += *pa; 는 sum = sum + *pa;와 같다. 의미는 포인터변수 pa가 가리키는 곳의 값을 변수 sum에 더해서 다시 변수 sum에 저장하여 값을 누적한다.

10행   : 포인터변수 pa 의 값을 1 증가 시킨다. 배열 a의 자료형이 int형이므로 포인터변수 의 pa의 값에 4byte를 더한 값이 다시 포인터변수 pa에 저장된다. 즉, 배열 a에서 현재 실행하고 있는 요소의 다음 요소를 가리키는 것이 된다.

🔍 **실습문제**

1. 배열명 자체는 어떤 의미를 가지고 있는가?

2. 다음 문장들에서 ② 번의 문장을 같은 의미의 다른 문장으로 변경할 수 있다. 문장을 작성하시오.

   int ar[3]={11, 22, 33}, *pa; ...... ①
   pa = ar;   ...... ②

3. 2번 문제에서 *(pa+1) 의 값은 무엇인가?

8.5.2 포인터와 2차원 배열

1차원 배열과 마찬가지로 2차원 배열도 포인터변수를 통하여 직접 참조할 수 있다. 예를 들어, 다음과 같은 2차원 배열을 선언했을 경우 행만 지정한 ts[0], ts[1], ts[2]는 각 행의 첫 번째 열의 시작주소를 가지게 된다.

```
int    ts[3][4];
```

	1000	1004	1008	1012	
ts[0]	ts[0][0]	ts[0][1]	ts[0][2]	ts[0][3]	ts
ts[1]	ts[1][0]	ts[1][1]	ts[1][2]	ts[1][3]	ts+1
ts[2]	ts[2][0]	ts[2][1]	ts[2][2]	ts[2][3]	ts+2

■ **첫 번째 행의 배열만 본 경우**

ts[0]	ts[0][0]	ts[0][1]	ts[0][2]	ts[0][3]	ts

- ts[0] : int형 포인터 상수(ts[0][0]의 시작 주소가 있음)

■ **두 번째 행의 배열만 본 경우**

ts[1]	ts[1][0]	ts[1][1]	ts[1][2]	ts[1][3]	ts+1

- ts[1] : int형 포인터 상수(ts[1][0]의 시작 주소가 있음)

■ 세 번째 행의 배열만 본 경우

| ts[2] | ts[2][0] | ts[2][1] | ts[2][2] | ts[2][3] | ts+2 |

- ts[2] : int형 포인터 상수(ts[2][0]의 시작 주소가 있음)

앞의 그림에서 보는 바와 같이 ts[0]은 ts[0][0]의 시작 주소를, ts[1]은 ts[1][0]의 시작 주소를, ts[2]는 ts[2][0]의 시작 주소를 각각 가지게 되는 것이다. 또한 전체배열명인 ts는 전체 배열의 첫요소를 가리키고 있으므로 ts[0]을 ts, ts[1]을 ts+1, ts[2]를 ts+2로 표현해도 같은 의미가 된다.

이러한 원리를 잘 이용하면 모든 배열을 포인터 연산으로 참조할 수 있다.

포인터와 2차원 배열의 관계는 다음과 같이 표현할 수 있다.

〈표 8-4〉 포인터와 2차원 배열의 관계

선언문	1차원 배열	포인터	가상주소
char ts[2][3]; char*pa=ts;	ts[0][0] ts[0][1] ts[0][2] ts[1][0] ts[1][1] ts[1][2]	*(ts[0]+0), *(ts+0)[0], *(*(pa+0)+0) *(ts[0]+1), *(ts+0)[1], *(*(pa+0)+1) *(ts[0]+2), *(ts+0)[2], *(*(pa+0)+2) *(ts[1]+0), *(ts+1)[0], *(*(pa+1)+0) *(ts[1]+1), *(ts+1)[1], *(*(pa+1)+1) *(ts[1]+2), *(ts+1)[2], *(*(pa+1)+2)	1001번지 1002번지 1003번지 1004번지 1005번지 1006번지

다음 예제는 2차원 배열에서 두 번째 행에 있는 배열요소 (a[1][0], a[1][1], a[1][2])의 데이터를 출력하는 프로그램이다.

》》 [예제 8-14] C 포인터와 2차원 배열(1) 예제

```
1.  #include <stdio.h>
2.
3.  int main()
4.  {
5.      int  a[2][3] = {10, 15, 20, 25, 30, 35};
6.      int  s, *pa;
7.      pa = a[1];
8.
```

```
 9.      for(s = 0; s < 3; s++)
10.          printf("a[1][%d] = %d\n", s, *(pa+s));
11.      return 0;
12.  }
```

>> [예제 8-15] C++ 포인터와 2차원 배열(1) 예제

```
 1.  #include <iostream.h>
 2.
 3.  int main()
 4.  {
 5.      int  a[2][3] = {10, 15, 20, 25, 30, 35};
 6.      int  s, *pa;
 7.      pa = a[1];
 8.
 9.      for(s = 0; s < 3; s++)
10.          cout << "a[1][" << s << "] = " << *(pa+s) << endl;
11.      return 0;
12.  }
```

🌀 실행결과

🔍 설명

7행   : 2차원 배열의 2번째 행 첫번째 요소의 시작주소를 가리키고 있는 a[1]을 포인터변수 pa에 전달한다.

10행 : *(pa+s) 는 포인터변수 pa와 변수 s를 더한 주소가 가리키는 곳의 내용을 의미한다. s가 0일땐 *(pa+0), s가 1일땐 *(pa+1), s가 2일땐 *(pa+2)를 말하며 각각 2차원 배열 a의 2번째 행인 25, 30, 35와 같다.

다음 예제는 2차원 배열과 포인터를 활용하여 배열내 값들의 합을 구해서 출력하는 프로그램이다.

>> [예제 8-16] C 포인터와 2차원 배열(2) 예제

```
1.  #include  <stdio.h>
2.
3.  int main()
4.  {
5.      int  a[2][5] = {10, 15, 20, 25, 30, 35};
6.      int  s, sum=0, *pa;
7.      pa = a;
8.
9.      for(s=0; s < 6; s++)
10.         sum += *(pa+s);
11.
12.     printf("sum = %d\n", sum);
13.     return 0;
14. }
```

>> [예제 8-17] C++ 포인터와 2차원 배열(2) 예제

```
1.  #include  <iostream.h>
2.
3.  int main()
4.  {
5.      int  a[2][5] = {10, 15, 20, 25, 30, 35};
6.      int  s, sum=0, *pa;
7.      pa = a[0];
8.
9.      for(s=0; s < 6; s++)
10.         sum += *(pa+s);
11.
12.     cout << "sum = " << sum << endl;
13.     return 0;
14. }
```

실행결과

```
"D:\C실습\8장\Debug\8장.exe"
sum = 135
Press any key to continue
```

설명

7행   : C 언어에서는 다차원 배열의 배열명을 배열의 시작주소로 할당할 수 있다. 배열명
          자체인 a 대신에 a[0] 또는 &a[0][0]으로도 표현 가능하다.
          C++ 언어에서는 다차원 배열의 배열명을 배열의 시작주소로 할당할 수 없다. 대신
          첫 번째행을 가리키는 a[0]을 사용할 수 있다. C++에서는 다차원 배열의 배열명은
          배열의 시작주소를 가지는 상수이긴 하지만 참조크기가 배열전체 크기로 인식하기
          때문이다.

8.5.3 포인터와 문자열

포인터 변수에 문자열을 사용하는 형식은 다음과 같다.

■ 형식

데이터형   *배열명 = "문자열"

■ 사용 예

char   *ch = "Hello";

ch는 포인터 변수로 선언되었으며, 포인터 변수 ch에는 문자열 "Hello"가 저장되는 것이
아니라 문자 배열의 시작 주소가 배정된다. 기억 장소의 형태를 살펴보면 다음과 같다.
즉, 포인터변수 ch에는 'H' 문자가 저장되어 있는 주소값인 1000번지가 저장된다.

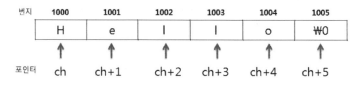

[그림 8-8] 문자열 포인터 배열

다음 예제는 포인터변수에 문자열을 직접 초기화한 후 포인터변수를 이용하여 문자들을
하나씩 출력하는 프로그램이다.

>> [예제 8-18] C 포인터 변수 및 문자열(1) 예제

```c
1. #include  <stdio.h>
2.
3. int main()
4. {
5.     char *ch = "Hello";
6.     int s;
7.
8.     for(s=0; s<=5; s++)
9.         printf("*(ch+%d) = %c\n", s, *(ch+s));
10.     return 0;
11. }
```

>> [예제 8-19] C++ 포인터 변수 및 문자열(1) 예제

```cpp
1. #include  <iostream.h>
2.
3. int main()
4. {
5.     char *ch = "Hello";
6.     int s;
7.
8.     for(s=0; s<=5; s++)
9.         cout << "*(ch+" << s << ")= " << *(ch+s) << endl;
10.     return 0;
11. }
```

실행결과

```
"D:\C실습\8장\Debug\8장.exe"
*(ch+0)= H
*(ch+1)= e
*(ch+2)= l
*(ch+3)= l
*(ch+4)= o
*(ch+5)=
Press any key to continue
```

설명

5행   : 문자형 포인터변수 ch를 선언하며 "Hello" 문자열을 초기화 한다. 문자열에 할당된
      메모리의 시작주소가 포인터변수 ch에 저장된다.

9행   : *(ch+s)는 포인터변수 ch와 변수 s를 더한 주소가 가리키는 곳의 내용을 의미한다.
      s가 4라면 *(ch+4)가 가리키는 곳의 내용인 'o'가 된다.

다음 예제는 위와 같이 포인터와 문자열에 관한 예제이며 출력을 달리 하는 내용이다.

[예제 8-20] C 포인터 변수 및 문자열(2) 예제

```c
1. #include <stdio.h>
2.
3. int main()
4. {
5.     char *ch = "Hello";
6.
7.     printf("문자열 = %s\n", ch);
8.     return 0;
9. }
```

[예제 8-21] C++ 포인터 변수 및 문자열(2) 예제

```cpp
1. #include <iostream.h>
2.
3. int main()
4. {
5.     char *ch = "Hello";
6.
7.     cout << "문자열 = " << ch << endl;
8.     return 0;
9. }
```

실행결과

7행   : 출력형식문자를 %s로 하면 포인터변수 ch가 가리키는 곳부터 널문자가 나타나기 전
           까지 출력한다.
           C++ 에서는 출력스트림연산자(<<) 뒤에 포인터변수명만 작성하면 포인터변수 ch가
           가리키는 곳부터 널문자가 나타나기 전까지 출력한다.

8.5.4 포인터 배열

포인터 변수 대신에 포인터 배열을 이용하여 문자 배열을 참조할 수 있다. 여러 개의 문
자열을 다차원 배열형태로 참조할 수 있으며 형식은 다음과 같다.

■ 형식

```
데이터형   *배열명[첨자];
```

■ 사용 예

```
char *ch[5];
```

요소의 개수가 5인 포인터 배열로, 5가지 char형의 데이터를 참조할 수 있는 포인터 변수
의 배열이 된다. 즉, 다음 배열의 기억장소에서 보는 바와 같이 배열의 각 요소들은 문자
형 포인터변수이며, 저장되는 값들은 문자형 자료가 저장되는 메모리의 시작주소이다.

ch[0]	ch[1]	ch[2]	ch[3]	ch[4]

포인터 변수의 배열을 초기화하는 형식은 다음과 같다.

■ 형식

```
데이터형   *배열명[첨자] = {
      "문자열1",
      "문자열2",
      "문자열3",
          :
};
```

■ 사용 예

```
char *ch[3] = { "SKY", "PUSAN", "HI" };
```
---

ch[0] →	S	K	Y	₩0		
ch[1] →	P	U	S	A	N	₩0
ch[2] →	H	I	₩0			

[그림 8–9] 포인터변수 배열의 기억장소 구성

각 포인터배열의 요소(ch[0], ch[1], ch[2])는 해당 문자열의 시작 주소를 기억한다.

문자열의 길이가 일정하지 않은 경우에 사용시 메모리낭비없이 구현 가능하다. 다음은 포인터배열에 저장되는 메모리구조이다.

ch[0]	ch[1]	ch[2]
"sky" 시작주소	"pusan" 시작주소	"HI" 시작주소

다음 예제는 포인터 변수 배열에 문자열들을 초기화하여 각 문자열들과 그 문자열들의 첫 번째 문자만 출력하는 프로그램이다.

>> [예제 8-22] C 포인터 배열(1) 예제

```
1.  #include <stdio.h>
2.
3.  int main()
4.  {
5.      char *gra[3] = { "1학년", "2학년", "3학년" };
6.      int s;
7.
8.      for(s=0; s<3; s++)
9.      {
10.       printf("gra[%d] = %s, 첫 번째문자=%c\n", s, gra[s], * gra[s]);
11.      }
12.      return 0;
13.  }
```

>>> [예제 8-23] C++ 포인터 배열(1) 예제

```
1.  #include <iostream.h>
2.
3.  int main()
4.  {
5.      char *gra[3] = { "1학년", "2학년", "3학년" };
6.      int s;
7.
8.      for(s=0; s<3; s++) {
9.          cout << "gra[" << s << "]= " << gra[s] ;
10.         cout << ", 첫 번째문자= " <<  *gra[s] << endl;
11.     }
12.     return 0;
13. }
```

실행결과

설명

5행   : 문자형 포인터배열 gra를 선언한다. 동시에 문자열을 중괄호로 묶어서 포인터배열에 초기화 한다. 문자열들이 할당받은 메모리의 시작주소가 포인터배열에 할당된다.

8~11행 : 포인터 배열에서 gra[0], gra[1], gra[2]는 초기화된 해당 문자열들의 시작 주소를 기억한다. 따라서 *gra[0]은 0번째 행의 시작 주소가 가리키는 곳의 첫 번째 문자인 1을 의미한다. *gra[s]는 s가 0이면 *gra[0], s가 1이면 *gra[1], s가 2이면 *gra[2]를 말하며 각 행의 첫 번째 문자인 1, 2, 3을 각각 뜻하는 것이다.

다음 예제는 포인터 배열을 이용하여 학생들 이름을 저장, 또 다른 배열에 성적을 저장한 후 학생별로 출력한다.

>> [예제 8-24] C 포인터 배열(2) 예제

```c
1.  #include <stdio.h>
2.
3.  int main()
4.  {
5.      char *irum[] = { "홍길동", "김유", "제갈공명" };
6.      int sj[3]={97, 86, 100};
7.      int s;
8.
9.      for(s=0; s<3; s++){
10.         printf("%s 의 성적은 %d \n", irum[s], sj[s]);
11.     }
12.     return 0;
13. }
```

>> [예제 8-25] C++ 포인터 배열(2) 예제

```cpp
1.  #include <iostream.h>
2.
3.  int main()
4.  {
5.      char *irum[] = { "홍길동", "김유", "제갈공명" };
6.      int sj[3]={97, 86, 100};
7.      int s;
8.
9.      for(s=0; s<3; s++){
10.         cout << irum[s] << "의 성적은 " << sj[s] << endl;
11.     }
12.     return 0;
13. }
```

◎ 실행결과

🔍 설명

5행	: char *irum[ ] = { "홍길동", "김유", "제갈공명" };와 같이 배열요소의 생략이 가능하다. 중괄호 안의 초기값에 따라 전체 행의 개수가 결정된다. 이중인용부호로 묶인 초기값이 3개이므로 3행의 포인터배열이 되는 것이다.
6행	: 정수형 1차원 배열 sj를 선언함과 동시에 초기화를 한다. 성적의 값들을 배열에 초기화 한다.
9~11행	: 포인터배열 irum, 배열 sj의 값들을 출력한다. 출력지정자는 irum은 문자형이므로 %s, sj는 정수형이므로 %d를 각각 사용한다. C++에서는 출력스트림 연산자(<<) 뒤에 배열명만 작성하면 자료형에 상관없이 알아서 출력한다.

🔧 실습문제

1. 길이가 각각 다른 여러 개의 문자열들을 저장하고자 할때 유용한 형태는 무엇인가?

2. 다음 문장들을 실행한 후의 결과값을 작성하시오.
   int *sawon[3]={"홍길동", "기획", "대리"};
   printf("%s\n", sawon[2]);

3. 2번 문제에서 출력문장을 C++ 언어형태의 문장으로 수정하시오.

8.6 문자열 함수

C/C++ 언어에서는 문자열을 처리하기 위한 함수들이 라이브러리(library)로 제공된다. 이러한 문자열 함수들은 〈string.h〉라는 헤더파일에 내장되어 있다. 그러므로 문자열 함수들을 사용하기 위해서는 #include 〈string.h〉를 미리 선언해 주어야 한다. 자주 사용되는 문자열 함수를 요약하면 다음과 같다.

〈표 8-5〉 문자열 함수

함수	기능
strcpy(st1,st2)	문자열 st2를 st1으로 복사한다.
strcat(st1,st2)	문자열 st2를 st1과 연결한다.

함수	기능
strcmp(st1,st2)	문자열 st1과 st2를 비교한다.
strlen(st)	문자열 st의 길이를 구한다.
strlwr(st)	문자열 st의 대문자를 소문자로 바꾼다.
strupr(st)	문자열 st의 소문자를 대문자로 바꾼다.

8.6.1 strcpy() : 문자열 복사

strcpy()는 문자열을 복사하는 함수이며 사용 형식은 다음과 같다.

■ 형식

```
char  *st1, *st2;
char  *strcpy(st1, st2);
```

st2가 지시하는 문자열을 st1이 지시하는 장소로 널(null)까지 복사한다. 이때, st1의 길이는 복사되는 문자열 st2보다 같거나 커야 한다. 만약 st1의 길이가 st2보다 작으면 문자열이 잘려서 원하는 결과를 얻지 못하게 된다. 그리고 st1의 길이가 st2보다 길면 st1에 복사 된 후의 나머지는 공백으로 채워진다.

다음 예제는 strcpy()를 이용해서 배열요소와 같은 길이의 문자열을 복사한 후 출력한다.

>> [예제 8-26] C strcpy()함수(1) 예제

```
1.  #include <stdio.h>
2.  #include <string.h>
3.
4.  int main()
5.  {
6.      char  st1[5];
7.      char  *st2 = "진주";
8.
9.      strcpy(st1, st2);
10.
```

```
11.        printf("st2 = %s\n", st2);
12.        printf("st1 = %s\n", st1);
13.        return 0;
14.  }
```

[예제 8-27] C++ strcpy()함수(1) 예제

```
1.  #include  <iostream.h>
2.  #include <string.h>
3.
4.  int main()
5.  {
6.        char  st1[5];
7.        char  *st2 = "진주";
8.
9.        strcpy(st1, st2);
10.
11.        cout << "st2 = " <<  st2 << endl;
12.        cout << "st1 = " <<  st1 << endl;
13.        return 0;
14.  }
```

실행결과

설명

9행   : st2에 초기화된 "진주" 문자열의 시작주소를 st1에 할당하여 복사한다.

다음 예제는 strcpy()를 이용해서 배열요소보다 작은 길이의 문자열을 복사한 후 출력한다.

[예제 8-28] C strcpy()함수(2) 예제

```c
1.  #include  <stdio.h>
2.  #include <string.h>
3.
4.  int main()
5.  {
6.      char  st1[10];
7.      char  *st2 = "진주";
8.
9.      strcpy(st1, st2);
10.
11.     printf("st2 = %s\n", st2);
12.     printf("st1 = %s\n", st1);
13.     return 0;
14. }
```

[예제 8-29] C strcpy()함수(2) 예제

```c
1.  #include  <iostream.h>
2.  #include <string.h>
3.
4.  int main()
5.  {
6.      char  st1[10];
7.      char  *st2 = "진주";
8.
9.      strcpy(st1,st2);
10.
11.     cout << "st2 = " <<  st2 << endl;
12.     cout << "st1 = " <<  st1 << endl;
13.     return 0;
14. }
```

실행결과

```
"D:\C실습\8장\Debug\8장.exe"
st2 = 진주
st1 = 진주
Press any key to continue
```

설명

9행	: 한글은 한글자당 2바이트이므로 널문자까지 총 5바이트가 st1 배열에 왼쪽부터 복사되고 나머지는 공백으로 채워진다.

다음 예제는 strcpy()를 이용해서 배열요소보다 긴 길이의 문자열을 복사한 후 출력한다.

》 [예제 8-30]　C　strcpy()함수(3) 예제

```
1.  #include  <stdio.h>
2.  #include <string.h>
3.
4.  int main()
5.  {
6.      char  st1[3];
7.      char  *st2 = "HELLO";
8.
9.      strcpy(st1, st2);
10.
11.     printf("st2 = %s\n", st2);
12.     printf("st1 = %s\n", st1);
13.     return 0;
14. }
```

》 [예제 8-31]　C　strcpy()함수(3) 예제

```
1.  #include  <iostream.h>
2.  #include <string.h>
3.
4.  int main()
5.  {
6.      char  st1[3];
7.      char  *st2 = "HELLO";
8.
9.      strcpy(st1, st2);
10.
11.     cout << "st2 = " <<  st2 << endl;
12.     cout << "st1 = " <<  st1 << endl;
13.     return 0;
14. }
```

[실행결과1]

```
"D:\C실습\8장\Debug\8장.exe"
st2 = HELLO
st1 = HELLO
Press any key to continue
```

[실행결과2]

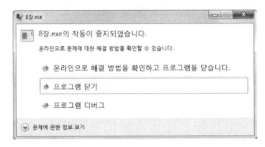

11~12행   : 실행결과1처럼 결과창이 뜨긴 하지만 실행결과2와 같이 오류창이 나타난다.

8.6.2 strcat() : 문자열 연결

strcat()는 두 문자열들을 연결하는 함수이며 사용 형식은 다음과 같다.

■ 형식

```
char  *st1, *st2;
char  *strcat(st1, st2);
```

st2가 지시하는 문자열을 st1이 지시하는 문자열의 끝('\0')에 추가 연결한 다음 문자열 st1에 저장한다. 이때, st1이 지시하는 기억 장소는 연결된 두 문자열을 저장할 수 있는 충분한 크기이어야 한다.

다음 예제는 strcat()를 이용해서 문자열 2개를 결합하는 프로그램이다.

>> [예제 8-32] C strcat()함수 예제

```c
1.  #include <stdio.h>
2.  #include <string.h>
3.
4.  int main()
5.  {
6.      char  st1[20]="안녕", *st2;
7.      st2 = " 하세요";
8.
9.      strcat(st1, st2);
10.
11.     printf("st1에 연결된 두 문자열 = %s\n", st1);
12.     return 0;
13. }
```

>> [예제 8-33] C++ strcat()함수 예제

```cpp
1.  #include <iostream.h>
2.  #include <string.h>
3.
4.  int main()
5.  {
6.      char  st1[20]="안녕", *st2;
7.      st2 = " 하세요";
8.
9.      strcat(st1, st2);
10.
11.     cout << "st1에 연결된 두 문자열 = " << st1 << endl;
12.     return 0;
13. }
```

실행결과

```
"D:\C실습\8장\Debug\8장.exe"

st1에 연결된 두 문자열 = 안녕 하세요
Press any key to continue
```

7행   : 문자형 포인터 변수에 문자열을 초기화 한다. 문자열이 할당받은 메모리의 시작주소
          가 포인터변수에 대입된다.

9행   : st2가 지시하는 문자열을 st1에 연결한다.

8.6.3 strcmp() : 문자열 비교

strcmp()는 두 문자열들을 비교하는 함수이며 사용 형식은 다음과 같다.

■ 형식

```
char  *st1, *st2;
char  *strcmp(st1, st2);
```

st1이 지시하는 문자열과 st2가 지시하는 문자열을 왼쪽부터 차례대로 한 문자씩 비교하여 두 문자열의 전체가 동일하면 0, st1이 st2보다 크면 양수, st1이 st2보다 작으면 음수를 반환한다.

예를 들어 문자열 "aabb"와 "aacb"를 비교했을때 다음 문장의 결과값은 -1이다. 왼쪽부터 비교하여 3번째 문자인 'b'가 'c'보다 작기 때문이다.

```
strcmp("aabb", "aacb");
```

다음 예제는 strcmp()를 이용해서 문자열 2개를 비교한 결과값을 출력한다.

>> [예제 8-34] C strcmp()함수 (1) 예제

```
1.  #include <stdio.h>
2.  #include <string.h>
3.
4.  int main()
5.  {
6.      int   a, b, c;
```

```
7.      char  *st1, *st2, *st3;
8.
9.      st1 = "song";
10.     st2 = "tae";
11.     st3 = "taa";
12.
13.     a = strcmp(st1, st2);
14.     b = strcmp(st2, st3);
15.     c = strcmp(st1, "song");
16.
17.     printf("st1과 st2의 결과는 = %d\n", a);
18.     printf("st2와 st3의 결과는 = %d\n", b);
19.     printf("st1과 st1의 결과는 = %d\n", c);
20.     return 0;
21. }
```

[예제 8-35] C++ strcmp()함수 (1) 예제

```
1.  #include <iostream.h>
2.  #include <string.h>
3.
4.  int main()
5.  {
6.      int   a, b, c;
7.      char  *st1, *st2, *st3;
8.
9.      st1 = "song";
10.     st2 = "tae";
11.     st3 = "taa";
12.
13.     a = strcmp(st1, st2);
14.     b = strcmp(st2, st3);
15.     c = strcmp(st1, "song");
16.
17.     cout << "st1과 st2의 결과는 = " << a << endl;
18.     cout << "st2와 st3의 결과는 = " << b << endl;
19.     cout << "st1과 st1의 결과는 = " << b << endl;
20.     return 0;
21. }
```

```
■ "D:₩C실습₩8장₩Debug₩8장.exe"
st1과 st2의 결과는 = -1
st2와 st3의 결과는 = 1
st1과 st1의 결과는 = 0
Press any key to continue
```

설명

13행	: 포인터변수 st1이 가리키고 있는 "song" 문자열이 st2가 가리키고 있는 "tae" 문자열들을 왼쪽부터 비교한다. 첫 번째 문자인 's'가 't'보다 작으므로 결과값인 음수, 즉 -1이 변수 a에 저장된다.
14행	: 포인터변수 st2가 가리키고 있는 "tae" 문자열이 st3가 가리키고 있는 "taa" 문자열들을 왼쪽부터 비교한다. 세 번째 문자인 'e'가 'a'보다 크므로 결과값인 양수, 즉 1이 변수 b에 저장된다.
15행	: 포인터변수 st1이 가리키고 있는 "song"과 상수 문자열 "song"을 비교한다. 전체 문자열이 같으므로 결과값인 0이 변수 c에 저장된다.

다음 예제는 strcmp()를 이용해서 문자열 2개가 같은지 비교하여 그 결과를 출력한다.

》》 [예제 8-36] C strcmp()함수 (2) 예제

```c
1.  #include <stdio.h>
2.  #include <string.h>
3.
4.  int main()
5.  {
6.      int   a;
7.      char  *st1, *st2;
8.      st1 = "song";
9.      st2 = "taeseob";
10.
11.     a = strcmp(st1, st2);
12.
13.     if(a == 0)
14.         printf("st1과 st2의 문자열이 같다\n");
15.     else
16.         printf("st1과 st2의 문자열이 같지 않다\n");
```

```
17.     return 0;
18. }
```

>> [예제 8-37] C++ strcmp()함수 (2) 예제

```
1.  #include <iostream.h>
2.  #include <string.h>
3.
4.  int main()
5.  {
6.      int   a;
7.      char  *st1, *st2;
8.      st1 = "song";
9.      st2 = "taeseob";
10.
11.     a = strcmp(st1, st2);
12.
13.     if(a == 0)
14.         cout << "st1과 st2의 문자열이 같다" << endl;
15.     else
16.         cout << "st1과 st2의 문자열이 같지 않다" << endl;
17.     return 0;
18. }
```

실행결과

설명

11행   : st1이 가리키고 있는 문자열 "song"과 st2가 가리키고 있는 "taeseob"에서 각각 첫
          번째 문자인 's'가 't'보다 작다. 결국 음수인 -1이 변수 a에 저장된다.

> 🔍 **실습문제**

1. s2의 문자열을 배열 s1에 복사하려고 한다. 문장을 작성하시오.
   char s1[5], *s2="rose" ;

2. 다음 문장의 결과는 무엇인가?
   char str[50]="Get on";
   char *ch=" your feet";
   strcat(str, ch);

3. 다음 문장의 결과는 무엇인가?
   strcmp("mmx", "mnx");

8.6.4 strlen() : 문자열 길이

strlen()는 문자열의 길이를 계산하는 함수이며 사용 형식은 다음과 같다.

■ **형식**

```
char  *st;
char  *strlen(st);
```

st가 지시하는 문자열의 길이를 구해서 그 숫자를 반환하는 함수이다. 영문은 한 문자당 길이가 1이고, 한글은 한 문자당 길이가 2바이트로 계산된다. 문자열 끝에 있는 널문자('\0')은 길이에 포함시키지 않는다.

다음 예제는 strlen()를 이용해서 문자열의 길이를 구해서 출력한다.

>> [예제 8-38] C strlen()함수 예제

```
1.  #include <stdio.h>
2.  #include <string.h>
3.
4.  int main()
5.  {
6.      int a;
```

```
7.    char  *st1;
8.    st1 = "song";
9.
10.    a = strlen(st1);
11.
12.    printf("문자열 st1의 길이는 = %d\n", a);
13.    return 0;
14. }
```

>> [예제 8-39] C++ strlen()함수 예제

```
1. #include  <iostream.h>
2. #include <string.h>
3.
4. int main()
5. {
6.    int a;
7.    char *st1;
8.    st1 = "song";
9.
10.    a = strlen(st1);
11.
12.    cout << "문자열 st1의 길이는 = " <<  a << endl;
13.    return 0;
14. }
```

🔊 실행결과

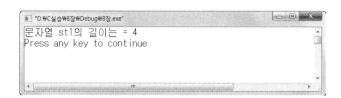

```
"D:\C실습\8장\Debug\8장.exe"

문자열 st1의 길이는 = 4
Press any key to continue
```

🔍 설명

10행   : 문자열 "song"의 길이인 4를 변수 a에 저장한다.

8.6.5 strlwr() 함수와 strupr() 함수

strlwr()와 strupr() 함수는 대문자를 소문자로, 소문자를 대문자로 변경하는 함수들이다.
사용 형식은 다음과 같다.

■ 형식

```
char  *st;
char  *strlwr(st);     <-----    st를 소문자로 변환
char  *strupr(st);     <-----    st를 대문자로 변환
```

strlwr()는 괄호안의 문자열을 대문자에서 소문자로 변환하는 함수이다.

strupr()는 괄호안의 문자열을 소문자에서 대문자로 변환하는 함수이다.

다음 예제는 strlwr()와 strupr()를 이용해서 문자열을 소문자 또는 대문자로 변환하는 프
로그램이다.

>> [예제 8-40] C strlwr()와 strupr()함수 예제

```
 1.  #include  <stdio.h>
 2.  #include <string.h>
 3.
 4.  int main()
 5.  {
 6.      char  st1[7]="KOREA", st2[7]="france";
 7.      char  *a, *b;
 8.
 9.      a = strlwr(st1);
10.      b = strupr(st2);
11.
12.      printf("문자열 a = %s\n", a);
13.      printf("문자열 b = %s\n", b);
14.      return 0;
15.  }
```

[예제 8-41] C++　strlwr()와 strupr()함수　예제

```
1.  #include  <iostream.h>
2.  #include <string.h>
3.
4.  int main()
5.  {
6.      char  st1[7]="KOREA", st2[7]="france";
7.      char  *a, *b;
8.
9.      a = strlwr(st1);
10.     b = strupr(st2);
11.
12.     cout << "문자열 a = " << a << endl;
13.     cout << "문자열 b = " << a << endl;
14.     return 0;
15. }
```

실행결과

```
"D:\C실습\8장\Debug\8장.exe"
문자열 a = korea
문자열 b = FRANCE
Press any key to continue
```

실습문제

1. 다음 문장들을 실행한 후의 결과값은 무엇인가?
   char *s1= "korea";
   strlen(s1);

8.7 포인터에 대한 포인터

포인터에 대한 포인터란 포인터 변수에 다시 포인터를 지정한 것을 말하며 이중포인터라고도 한다. 사용형식은 다음과 같다.

■ 형식

데이터형   **포인터변수;

■ 사용 예

```
int **pp;
int *p;
int s=50;

p  = &s;    //변수 s의 주소값을 포인터변수 p에 할당함.
pp = &p;   //포인터변수 p의 주소값을 포인터에 대한 포인터변수 pp에 할당함.
```

s의 주소값이 1000번지, p의 주소값이 2000번지라고 가정한다면 위의 문장에 의해서 포인터변수 p는 s의 주소값인 1000번지를 가지게 된다. 포인터에 대한 포인터변수인 pp는 포인터변수 p의 주소값인 2000번지를 가지게 된다.

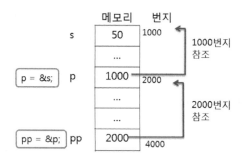

[그림 8-10] 포인터에 대한 포인터변수의 기억장소 구성

[그림 8-9]와 같이 포인터에 대한 포인터변수는 이중으로 가리키게 되므로 포인터변수가 가리키고 있는 또 다른 포인터변수가 가리키고 있는 변수의 값을 간접 참조할 수 있다.

즉,

```
printf("%d\n", *pp);
```

는 이중 포인터변수가 가리키고 있는 곳의 내용이므로 포인터변수 p가 가지고 있는 값 1000번지가 출력된다.

```
printf("%d\n", **pp);
```

**pp는 2번을 거쳐서 가리키는 곳의 내용을 말하는 것이 되므로 결국은 포인터변수 p가 가리키고 있는 내용이 되는 것이다. 즉, 변수 s의 내용인 50이 출력된다.

다음 예제는 이중포인터와 포인터의 관계를 이해하기 위한 프로그램이다.

≫ [예제 8-42] C 포인터에 대한 포인터(1) 예제

```
 1.  #include  <stdio.h>
 2.
 3.  int main()
 4.  {
 5.      int  s, *p, **pp;
 6.      s  = 50;
 7.      p  = &s;
 8.      pp = &p;
 9.
10.      /* 주소할당관계 출력 */
11.      printf("&s = %p\n", &s);
12.      printf("p = %p\n", p);
13.      printf("&p = %p\n", &p);
14.      printf("pp = %p\n", pp);
15.
16.      /* 간접연산자로 포인터변수, 이중포인터변수가
17.       가리키고 있는 주소의 내용 출력   */
18.      printf("s = %d\n", s);
19.      printf("*p = %d\n", *p);
20.      printf("*pp = %p\n", *pp);
21.      printf("*pp = %d\n", **pp);
```

```
22.    return 0;
23. }
```

[예제 8-43] C++ 포인터에 대한 포인터(1) 예제

```
1.  #include <iostream.h>
2.
3.  int main()
4.  {
5.      int  s, *p, **pp;
6.      s = 50;
7.      p = &s;
8.      pp = &p;
9.
10.     /* 주소할당관계 출력 */
11.     cout << "&s = " << &s << endl;
12.     cout << "p = " << p  << endl;
13.     cout << "&p = " << &p << endl;
14.     cout << "pp = " << pp  << endl;
15.
16.     /* 간접연산자로 포인터변수, 이중포인터변수가
17.      가리키고 있는 주소의 내용 출력     */
18.     cout << "s = "  << s  << endl;
19.     cout << "*p = " << *p << endl;
20.     cout << "*pp = " << *pp << endl;
21.     cout << "*pp = " << **pp << endl;
22.    return 0;
23. }
```

실행결과

```
"D:\C실습\c_test2\Debug\c_test2.exe"
&s = 0012FF44
p = 0012FF44
&p = 0012FF40
pp = 0012FF40
s = 50
*p = 50
*pp = 0012FF44
*pp = 50
Press any key to continue
```

설명

11행	: 변수 s의 주소값이 출력된다. 형식지정문자 %p는 주소값을 16진수형태로 출력한다.
12행	: 변수의 s의 주소를 포인터변수 p가 할당받았으므로 18행 결과와 같은 주소값이 출력된다.
13행	: 포인터변수가 자리한 메모리의 주소값이 출력된다.
14행	: 이중포인터변수인 pp는 포인터변수 p의 주소를 할당받았으므로 13행 결과와 같은 주소값이 출력된다.
19행	: 포인터변수가 가리키는 곳의 값을 출력한다. 즉, 변수 s의 값인 50이 출력된다.
20행	: *pp는 이중포인터변수 pp가 가리키고 있는 주소의 내용을 의미하므로 포인터변수 p가 가지고 있는 값이 출력된다. 즉, 변수 s의 주소값이 출력된다.
21행	: **pp 는 pp가 가리키고 있는 주소의 내용이 가리키는 곳의 값이 된다. pp -> p -> s 를 순서대로 가리키고 있으므로 결국은 s의 값이 되어서 50이 출력된다.

다음 예제는 이중 포인터와 배열과의 관계를 프로그래밍 한 것이다.

[예제 8-44] C 포인터에 대한 포인터(2) 예제

```
1.  #include <stdio.h>
2.
3.  int main()
4.  {
5.      char *a[ ] = {"taxi", "van", "sedan"};
6.      char  **pp = a;
7.
8.      printf("*pp  = %p\n", *pp);
9.      printf("a[0] = %p\n", a[0]);
10.     printf("&a[0][0] = %p\n", &a[0][0]);
11.
12.     printf("%s\n", *pp);
13.     printf("%s\n", a[0]);
14.
15.     printf("%s\n", *(a+1));
16.     printf("%c\n", *a[0]);
17.     return 0;
18. }
```

≫ [예제 8-45] C++ 포인터에 대한 포인터(2) 예제

```
1.  #include <iostream.h>
2.
3.  int main()
4.  {
5.      char *a[ ] = {"taxi", "van", "sedan"};
6.      char **pp = a;
7.
8.      cout << "*pp = " << (unsigned)*pp << endl;
9.      cout << "a[0] = " << (unsigned)a[0] << endl;
10.     cout << "&a[0][0] = " << (unsigned)&a[0][0]<< endl;
11.
12.     cout << *pp << endl;
13.     cout << a[0] << endl;
14.
15.     cout << *(a+1) << endl;
16.     cout << *a[0] << endl;
17.     return 0;
18. }
```

실행결과

설명

8행 : 이중포인터변수 pp가 참조하고 있는 주소의 내용이 되므로 배열명 a 또는 a[0] 가
보유하고 있는 주소가 된다. [그림 8-10]을 참조하면 *pp 는 문자 t가 저장되어 있
는 1000번지를 가리키는 것이 된다.
C++언어에서는 주소값을 출력하기 위해서 *pp 의 값을 (unsigned)형으로 강제 변환
시켰다. 변환하지 않을 경우 *pp가 가리키는 곳의 내용도 주소이므로 그 곳부터 시
작하는 문자열이 출력된다.

9행 : a[0]의 내용이니 역시 0행 0열의 기억공간 주소를 말한다. [그림 8-10]을 참조하면 1000번지가 된다.

10행 : &a[0][0] 는 0행 0열의 주소값을 의미한다. 그림 [8-10]을 참조하면 1000번지가 된다.

11행 : *pp 는 이중포인터변수 pp가 참조하고 있는 배열명 a 또는 a[0] 가 보유하고 있는 주소가 된다. %s에 의해서 a 또는 a[0] 가 참조하고 있는 주소부터 시작해서 널문자 전까지의 문자열 "taxi"가 출력된다.

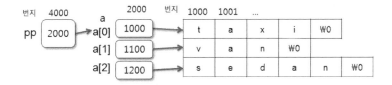

[그림 8-11] 중첩 포인터와 배열의 기억장소 구성

🔍 실습문제

1. 다음 문장을 실행한 후의 결과값은 무엇인가?
   ```
   double d = 7.1, *pd, **ppd;
   pd = &d;
   ppd = &pd;
   printf("%d\n", **ppd);
   ```

2. 다음 문장을 실행한 후의 결과값은 무엇인가?
   ```
   char *member[]={"song", "kim", "park"};
   char **pm = member;
   printf("%s\n", *(pm+2));
   ```

8.8 동적메모리 할당과 해제

일반적인 메모리할당은 컴파일시에 이루어진다. 반면 실행중간에 필요한 메모리를 할당하고 사용이 끝난 메모리는 다시 해제할 수 있다. 이것을 동적 메모리 할당과 해제라고 하며 메모리의 Heap 영역에 자료를 저장한다. 메모리를 낭비없이 좀 더 효율적으로 사용하기 위한 개념이다.

C에서는 malloc() 함수를 통해서 구현하며, C++ 에서는 new와 delete 연산자를 사용해서 각각 동적 메모리할당과 해제를 구현한다. 이 절에서는 C로 구현하는 동적할당/해제를 먼저 설명한 후 다음 절에서 C++로 구현하는 동적할당/해제를 설명한다

8.8.1 malloc() 함수를 이용한 동적 할당

기억장소의 동적할당을 위한 함수는 다음과 같다.

(1) malloc( )

원하는 크기만큼의 메모리를 할당하며 이 함수를 사용하기 위해서는 프로그램 선두에 〈stdlib.h〉 헤더파일을 추가해야 한다. 사용형식은 다음과 같다.

■ 형식

```
void *malloc(할당하고자 하는 바이트 수);
```

괄호 안에 작성한 바이트 크기만큼의 메모리를 확보한 후 메모리의 시작 주소가 반환된다.

프로그램과 스택사이에 존재하는 heap이라 불리는 영역으로부터 이러한 기억장소를 할당하는데 heap은 크기가 한정되어 있으므로 할당함수를 사용할 때 이미 heap의 용량을 모두 사용한 경우와 같이 할당이 실패될 수도 있다. 이와 같이 기억장소가 할당될 수 없을 때는 함수의 결과로 null이 반환된다.

따라서 안정된 프로그램의 실행을 원한다면 함수의 호출이 성공했는지 또는 실패했는지를 확인할 수 있도록 다음과 같은 방법을 사용하도록 한다.

```
p=(자료형 *)malloc(크기);
if(!p){                         /* 유효한 포인트인지 검사 */
    printf("\n 할당 실패");
    exit(1);                    /* 실패했을 경우는 프로그램의 실행 종료 */
}
```

(2) free( )

메모리를 해제하는 함수이며 사용 형식은 아래와 같다.

■ 형식

```
void free(void *포인터변수);
```

malloc() 함수에 의해 동적할당된 메모리의 시작주소에 대한 포인터를 매개변수로 가지며, 이 주소에 해당하는 메모리가 해제된다.

다음 예제는 80자 이내의 문자 입력이 가능한 메모리를 동적할당하고 이 메모리에 임의의 문자열을 입력받은 후, 출력하도록 프로그래밍 한 것이다.

> **[예제 8-46] C malloc 함수를 이용한 동적할당/해제 (1) 예제**

```
 1.  #include <stdio.h>
 2.  #include <stdlib.h>
 3.
 4.  int main(void)
 5.  {
 6.      char *text;
 7.      text=(char *)malloc(80);
 8.
 9.      if(!text){
10.         printf("\n메모리 할당 실패 ");
11.         exit(1);
12.      }
13.      printf("문자열을 입력하시오 : ");
14.      gets(text);
15.      printf("입력받은 문자열 : \n");
16.      puts(text);
17.
18.      printf("\n...메모리 할당을 해제합니다.");
19.      free(text);
20.      return 0;
21.  }
```

실행결과

설명

7행	: 80바이트의 메모리를 동적으로 할당해서 시작주소를 문자형 포인터변수 text에 할당한다. 문자를 저장할 메모리이므로 char * 포인터로 선언한다.
9~12행	: 메모리가 확보되지 않으면 null이 반환된다. 메모리 확보 실패시 "\n메모리 할당 실패 " 문자열을 출력하고 exit(1)에 의해서 프로그램을 종료한다.
14행	: gets 함수로 문자열을 포인터변수 text에 입력받는다.
16행	: puts 함수로 text에 저장되어 있는 문자열을 출력한다.
19행	: free 함수로 포인터변수에 할당된 메모리를 해제한다.

다음 예제는 동적으로 할당받은 기억장소의 크기를 확인해 보는 것이다. 정수형으로 메모리를 할당받아서 그 메모리에 값을 할당한 후 출력하는 프로그램이다.

[예제 8-47] C malloc 함수를 이용한 동적할당/해제 (2) 예제

```c
1.  #include <stdio.h>
2.  #include <stdlib.h>
3.
4.  int main(void)
5.  {
6.      int *al;
7.      al=(int *)malloc(40);
8.
9.      al[0] = 1;
10.     al[9] = 2;
11.
12.     printf("al[0]=%d , al[9]=%d\n", al[0], al[9]);
13.     free(a1);
```

```
14.    return 0;
15. }
```

```
"D:\C실습\C_TEST2\8장\Debug\8장.exe"
al[0]=1 , al[9]=2
Press any key to continue
```

설명

7행 : int형으로 40바이트의 메모리를 할당받았으므로 4바이트씩 10개의 메모리를 할당받은 것과 같다. 배열처럼 사용이 가능하므로 첨자가 0번부터 시작하여 9번 방이 마지막 인덱스가 된다.

9행 : al[0] = 1; 은 1번째 방에 값 1을 할당한다.

10행 : al[9] = 2; 은 10번째 방에 값 2를 할당한다.

8.8.2 new, delete 연산자를 이용한 동적할당과 해제

(1) new 연산자

C++에서는 new 연산자를 통해서 메모리의 동적할당을 구현하고, 동적메모리 해제는 delete 연산자를 통해서 구현된다. 사용 형식은 다음과 같다.

■ 형식

```
데이터형  *포인터변수 = new  데이터형;   /*  동적할당  */
```

■ 동적할당 예

```
int *p = new int;
또는
int *p;
p = new int;
```

int형 크기만큼의 메모리를 확보하고 그 주소를 포인터를 통해 참조한다. 만일 확보할 메모리가 없는 경우 new 연산자에 의해 null을 반환한다.

■ **동적할당 선언과 동시에 초기화 예**

```
float *fp = new float(5.1);
또는
float *fp;
fp = new int(5.1);
```

float형 크기만큼의 메모리를 확보한 후, 그 장소에 숫자 5.1을 초기화한다.

(2) delete 연산자

C++에서는 delete 연산자를 통해서 동적할당된 메모리를 해제한다. 사용 형식은 다음과 같다.

■ **형식**

```
delete 포인터변수;                          /*  메모리 해제  */
```

new 연산자에 의해 할당된 메모리의 시작주소에 대한 포인터를 매개변수로 가지며, 할당된 메모리를 해제한다.

■ **동적 메모리 해제 예**

```
delete p;
delete fp;
```

동적할당된 메모리는 프로그램이 종료되어도 해제되지 않으므로 사용하지 않는 메모리는 반드시 해제해야 한다.

다음 예제는 일반 변수의 동적메모리할당과 해제를 하는 방법에 대한 프로그램이다.

>> **[예제 8-48]** C++ 변수의 동적메모리할당과 해제 예제

```
1.  #include <iostream.h>
2.
3.  int main()
4.  {
5.      int *p = new int;
6.      *p = 10;
7.
8.      float *fp = new fp(5.1f);
9.
10.     cout << "p = " << p << "*p = " << *p << endl;
11.     cout << "fp = " << fp << "*fp = " << *fp << endl;
12.
13.     delete p, fp;
14.     return 0;
15. }
```

실행결과

```
p = 0x002E1E40, *p = 10
fp = 0x002E1E10, *fp = 5.1
Press any key to continue
```

설명

5행   : int형으로 할당 받은 메모리의 주소를 포인터변수 p가 할당받는다.

6행   : 동적으로 할당받은 메모리에 상수 10을 저장한다.

8행   : float형으로 할당하는 메모리에 실수 5.1의 값을 메모리 할당과 동시에 초기화한다.

13행   : new 연산자에 의해 동적으로 할당받은 메모리들을 해제한다.

8.8.3 new, delete 연산자를 이용한 배열의 동적할당과 해제

배열의 동적할당선언과 해제의 사용 형식은 다음과 같다.

■ 형식

```
데이터형  *포인터변수 = new  데이터형[요소수];      /*  동적할당  */
delete  [ ]포인터변수;                          /*  메모리 해제  */
```

예를 들어

(1) 배열의 동적할당 선언

```
int *pa = new int[3];
또는
int *pa;
pa = new int[3];
```

int형 크기의 요소수만큼의 메모리를 확보하고 그 주소를 포인터를 통해 참조한다.

(2) 배열의 메모리 해제

```
delete  [ ]pa;
```

포인터변수 앞에 대괄호 [ ]를 붙여서 할당된 배열의 메모리를 해제한다.

다음 예제는 동적메모리의 할당과 해제를 배열을 통해서 구현하는 프로그램이다. 동적으로 할당받은 배열에 숫자들을 입력하여 저장한 후 출력한다.

[예제 8-49] C++ 배열의 동적메모리할당과 해제 예제

```cpp
1.  #include <iostream.h>
2.
3.  int main()
4.  {
5.      int *pa = new int[3];
6.      int  i=0, sum=0;
7.
8.      while(i <=2)
9.      {   cout << "숫자 입력 : ";
10.         cin >> pa[i];
11.         sum += pa[i];
12.         i++;
13.     }
14.
15.     cout << "합 = " << sum << endl;
16.     delete []pa;
17.     return 0;
18. }
```

실행결과

```
■ "D:\C실습\8장\Debug\8장.exe"
숫자 입력 : 5 [Enter]
숫자 입력 : 6 [Enter]
숫자 입력 : 7 [Enter]
합 = 18
Press any key to continue
```

설명

5행   : int형으로 3개의 요소에 해당하는 메모리를 동적으로 할당한다. 즉, 12바이트의 메모리 시작주소를 포인터변수 pa가 가리키게 되는 것이다.

16행   : 동적으로 할당받은 배열 메모리를 해제한다.

Exercise

1. 다음 중에서 주소연산자는?

① &   ② @
③ *   ④ %

2. 다음과 같이 선언했을 때 의미가 다른 것은?

```
static int a[5];
int *pt=a;
```

① *a+1   ② a[1]
③ *(a+1)   ④ *++pt

3. 다음 보기에서 *po+3과 *(po+3)의 값으로 옳은 것은?

```
int *po;
static int a[5]={10,20,30,40,50};
po= a;
```

① 13과 23   ② 23과 40
③ 13과 40   ④ 40과 13

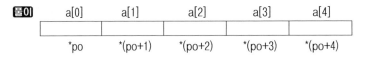

4. 다음의 함수는 어떤 기능을 수행하는 함수인가?

```
char *strcpy(s, t)
char s[],t[];
{
    int k=0;
    while((s[k]=t[k] != '\0')
    k++;
}
```

① s와 t가 같은지를 조사한다.

② 문자열 t를 s에 복사한다.

③ 문자열 s와 t에 같은 문자가 몇 개인가를 계산한다.

④ 문자열 s와 t의 길이를 계산한다.

5. 다음은 C 언어에서 2개의 data의 값을 교환하여 저장하는 프로그램이다. [ ]에 알맞은 문장은?

```
void  swap(x, y)
int  *x, *y;
{
    int temp;
    temp = *x;
    *x = *y;
    [      ];
}
```

① *x = temp;   *y = temp;

③ *y = *x;   ④ *x = temp;

6. 아래의 프로그램의 실행결과는 무엇인가?

```
char *music[ ] = {"ballad", "rock", "jazz","classic"};
char  **pp = music;
cout <<    *(pp+1) << endl;
cout <<    *music[0] << endl;
```

① ballad, rock   ② rock, b

③ rock, ballad   ④ jazz, classic

7. 문자열 배열 ch에 있는 부분 문자열 "ter"만을 출력하기 위한 프로그램이다. 출력문의 [ ]에 들어갈 내용은?

```
main()
{
    char  ch[ ]="computer";
    char *a = ch;
    printf(" %s\n", [    ]);
}
```

① ch[5]+3

② a+5

③ a+4

④ a+3

8. 다음 프로그램의 실행결과는 무엇인가?

```
int a[3][3] = { 1,2,3,4,5,6,7,8,9 };
int b[ ][3] = {{7,8}, {9,10,11}};
void main(void)
{
    printf(" %d\n", a[1][1]);
    printf(" %d\n", *(a[2]+2));
    printf(" %d\n", *((*(a+0))+2));
    printf(" %d\n", (*(b+1))[2]);
}
```

9. 다음 프로그램의 실행결과는 무엇인가?

```
main()
{
    static  char s[] = "Computer";
    char  *po;
    po = s;
    for(po=s; po<s+8; po++)
        printf("%s\n", po);
    printf("\n");
}
```

10. 다음 프로그램의 실행결과는 무엇인가?

```
main()
{
    static  int a[][3]={{1,2,3},{4,5,6},{7,8,9},{10,11,12}};
    int  k, *po;
    po = a[2];
    for(k=0; k<3; k++)
        printf("a[2][%d] = %d\n", k, *(po+k));
}
```

11. 다음은 C 언어에서 동적 메모리할당과 해제에 관한 프로그램이다. 문자형으로 메모리를 20바이트 할당하여 사용완료시 메모리를 해제하려고 한다. 프로그램을 완성하시오.

```
main()
{
    char *ar;
    ar=(          ①          );

    ar[0] = 'H';
    ar[4] = 'i';

    printf("ar[0]=%c , ar[4]=%c\n", ar[0], ar[4]);
              ②
}
```

12. 다음 프로그램은 C++ 언어에서 동적 메모리할당과 해제에 관한 프로그램이다. 요소
    가 5개인 정수형 배열로 메모리를 확보하여 그 주소값을 포인터 변수 pa에 할당하려
    고 한다. 사용완료후에는 메모리를 해제한다. 확보한 메모리에 숫자를 입력받아 그
    합을 출력하는 프로그램을 완성하시오.

```
main()
{
    int *pa = [    ①    ];
    int  i=0, sum=0;

    while(i < 5)
    {   cout << "숫자 입력 : ";
        cin >> pa[i];
        [      ②      ]
        i++;
    }
    cout << "합 = " << sum << endl;
    [      ③      ]
}
```

CHAPTER 9

구조체와 공용체

구조체의 개념 9.1

구조체의 형식 9.2

구조체 변수 9.3

구조체 배열 9.4

구조체 포인터 9.5

구조체의 응용 9.6

공용체 9.7

비트 필드 9.8

9.1 구조체의 개념

많은 양의 데이터를 처리할 때 동일한 type의 데이터들은 배열과 같은 기억장소의 묶음 단위를 이용하여 효과적으로 처리할 수 있다.

하지만 type이 서로 다른 데이터들은 또 다른 변수나 배열들로 일일이 지정하여 프로그 램내에서 언급해야 하므로 간단하고 효과적인 프로그램을 작성하기가 그리 쉬운 것만은 아니다. 이와 같이 type이 서로 다른 여러 개의 데이터들을 하나의 단위로 다룰 수 있게 해주는 개념이 구조체이다.

9.2   구조체의 형식

구조체는 서로 다른 type형의 데이터들을 하나로 묶어서 새로운 데이터형을 만드는 것 이다. sturct라는 키워드로 구조체를 선언한다. 사용형식은 다음과 같다.

■ 형식

```
struct tag명 {                    /* tag명 : 구조체 형틀을 정의하는 명칭 */
        구조체의 원소들;
        또는 구성원;
        }[변수리스트];
struct tag명 [구조체변수],[구조체 배열],[구조체 포인터],…
```

예를들어, 고객번호, 고객명, 고객포인트의 3가지 데이터를 처리하는 고객관리가 있다고 가정해 보자. 구조체를 이용하여 하나의 단위처럼 사용할 수 있다.

고객번호	고객명	고객포인트
int	char [10]	int

(1) 구조체와 구조체 변수를 각각 선언하는 방법

```
struct score {                        ← 태그 : score
        int cusNum;                   ← 멤버 : cusNum,
        char irum[10];                        irum[10]
        int point;                            point
};
   ...
struct  score  kim, park;             ← 구조체 변수 : kim, park
```

구조체 멤버인 cusNum, irum[10], point 3가지를 score라는 태그를 가진 하나의 새로운 자료형으로 선언하였다. 이것도 하나의 자료형과 같은 역할을 하므로 사용시에는 일반 변수처럼 선언해서 사용해야 한다.

struct score kim, park; 와 같이 struct 키워드를 앞에 붙이는 것만 다르고 나머진 일반 변수선언과 동일하다. kim, park는 cusNum, irum[10], point 3가지의 멤버를 각각 가지는 구조체 변수로 사용할 수 있다. 다음은 구조체변수 kim의 구조를 설명한 것이며 구조체선언시의 형태와 같다. park도 동일한 구조를 가진다.

kim

cusNum	irum[10]	point

(2) 구조체와 구조체 변수를 동시에 선언하는 방법

```
struct score {
        int cusNum;
        char irum[10];
        int point;
}kim, park;                           ← 구조체 변수 : kim, park
```

구조체를 선언함과 동시에 구조체 변수를 선언할때는 닫는 중괄호뒤에 변수명을 나열하여 사용한다.

(3) 태그를 생략하고 구조체와 구조체 변수를 동시에 선언하는 방법

```
struct {
        int cusNum;
        char irum[10];
        int point;
}kim;                                   ← 구조체 변수 : kim
 ...
struct {
        int cusNum;
        char irum[10];
        int point;
}park;                                  ← 구조체 변수 : park
```

자료형의 이름, 즉 태그명을 사용하지 않고 구조체를 정의하면 이후에 동일 자료형의 다른 변수를 정의할 때는 예약어 struct를 사용하여 멤버들을 일일이 다시 정의해야 한다. 앞의 두 형식처럼 태그를 사용하는 것이 좋다.

■ 기억장소 배치도

cusNum			irum[10]										point		

〈구조체 변수 kim〉

4 + 10 + 4 = 총 18byte 크기의 기억장소가 하나의 단위로 된다.

9.3 구조체 변수

9.3.1 구조체의 원소에 대한 접근

구조체를 구성하는 원소(멤버)들에 접근하기 위해서는 직접멤버연산자인 (.)을 사용한다. 구조체이름과 멤버이름 사이에 넣어서 사용한다.

■ 형식

구조체이름. 멤버이름

■ 사용 예

```
kim.point = 80;
strcpy(kim.irum, "김유신");
```

다음 예제는 구조체로 고객포인트 관리에 대한 내용을 구성한 후 데이터를 입력받아서 형식에 맞게 출력한다.

》》 [예제 9-1] C 구조체 변수 예제

```
1.  #include <stdio.h>
2.
3.  struct man{
4.      int cusNum;
5.      char irum[10];
6.      int point;
7.      };
8.
9.  int main()
10. {
11.     struct man  kim;
12.     printf("\n고객번호=");  scanf("%d", &kim.cusNum);
13.     printf("\n성명=");        scanf("%s", kim.irum);
14.     printf("\n포인트=");     scanf("%d", &kim.point);
15.
16.     printf("\n  *** 고객 포인트 내역 ***\n");
17.     printf("\n------------------------------");
18.     printf("\n고객번호\t성명\t포인트");
19.     printf("\n------------------------------");
20.     printf("\n%d\t\t%s\t%d", kim.cusNum, kim.irum, kim.point);
21.     printf("\n------------------------------\n");
22.     return 0;
23. }
```

[예제 9-2] C++ 구조체 변수 예제

```cpp
1.  #include <iostream.h>
2.  #include <iomanip.h>
3.    struct man{
4.      int cusNum;
5.      char irum[10];
6.      int point;
7.  };
8.
9.   int main()
10.  {
11.      struct man  kim;
12.      cout << "고객번호=" ;      cin >> kim.cusNum ;
13.      cout << "\n성명=" ;       cin >> kim.irum;
14.      cout << "\n포인트=" ;     cin >> kim.point;
15.
16.      cout << endl << setw(10) << "  *** 고객 포인트 내역 ***"
17.           << endl;
18.      cout << "----------------------------"
19.           << endl;
20.      cout << "고객번호" << setw(8) << "성명" << setw(10)
21.           << "포인트\n";
22.      cout << "----------------------------"
23.           << endl;
24.      cout << kim.cusNum << setw(15) << kim.irum
25.                         << setw(8) << kim.point << endl;
26.      cout << "----------------------------"
27.           << endl;
28.      return 0;
29.  }
```

실행결과

3~7행   : 구조체 man을 선언하며 3개의 cusNum, irum[10], point를 멤버로 정의한다.

11행   : 구조체 man의 변수 kim을 선언한다. 구조체변수 kim은 구조체 man의 구조와 동일하게 3개의 멤버를 자동으로 가지게 된다.

12행   : 구조체 변수 kim의 cusNum 멤버에 데이터를 입력한다. 멤버에 접근시에는 kim.cusNum과 같이 사용한다.

예제 9-1, 13행 : 구조체 변수 kim의 irum 멤버에 데이터를 입력한다. 배열명자체는 배열의 시작 주소를 가지므로 scanf 함수내에서 irum 앞에 & 없이 사용한다. scanf("%s", kim.irum);

예제 9-1, 20행 : 구조체 멤버에 입력된 값들을 출력한다.

예제 9-2, 12~14행 : 구조체 멤버에 값들을 입력한다. C언어에서처럼 형식을 따로 지정하지 않으므로 입력할 멤버만 지정하면 된다.

예제 9-2, 24~25행 : 출력시 자리수를 맞추기 위해 setw 함수를 사용한다. 괄호안에 띄우고자 하는 길이를 지정하여 자리수를 맞춘다.

9.3.2 구조체 변수의 초기화

구조체 변수 선언과 동시에 데이터를 초기화 할 수도 있다. 사용형식은 다음과 같다.

■ 형식

```
struct 태그명 구조체명 = { 데이터1, 데이터2, .. };
```

■ 사용 예

```
struct score {
    int cusNum;
    char irum[10];
    int point;
}kim;
    ...
struct score kim={1, "김유신", 988};
```

예와 같이 구조체변수를 선언과 동시에 중괄호를 사용하여 값들을 나열하여 초기화하였다. 1은 kim.cusNum에, "김유신"은 kim.irum에 988은 kim.point의 멤버들에 각각 저장된다.

다음 예제는 앞의 예제에서 데이터를 입력하는 것과 달리 구조체의 변수 선언과 동시에 값을 초기화해서 사용하는 방법이다. C++ 만 예로 들었다.

≫ [예제 9-3] C++ 구조체 변수 초기화 예제

```
 1.  #include <iostream.h>
 2.  #include <iomanip.h>
 3.
 4.  struct man{
 5.      int cusNum;
 6.      char irum[10];
 7.      int point;
 8.      };
 9.
10.  int main()
11.  {
12.      struct man   kim={1, "김영훈", 99};
13.      cout << "고객번호=" ;      cin >> kim.cusNum ;
14.      cout << "\n성명=" ;       cin >> kim.irum;
15.      cout << "\n포인트=" ;     cin >> kim.point;
16.
17.      cout << endl << setw(10) << "  *** 고객 포인트 내역 ***"
18.          << endl;
19.      cout << "---------------------------"
20.          << endl;
21.      cout << "고객번호" << setw(8) << "성명" << setw(10)
22.          << "포인트\n";
23.      cout << "---------------------------"
24.          << endl;
25.      cout << kim.cusNum << setw(15) << kim.irum
26.                      << setw(8) << kim.point << endl;
27.      cout << "---------------------------"
28.          << endl;
29.      return 0;
30.  }
```

실행결과

```
■ "D:\C실습\c_test\Debug\c_test.exe"

*** 고객 포인트 내역 ***
------------------------------------
고객번호    성명    포인트
------------------------------------
1        김영훈     99
------------------------------------
```

설명

4~8행	: 정수형 cusNum, 문자형배열 irum[10], 정수형 point의 3개 멤버를 가지는 구조체 man을 선언한다.
12행	: 구조체 man의 변수 kim을 선언하면서 중괄호안에 값들을 나열해서 멤버들을 초기화한다. 순서대로 멤버에 할당된다.
25~26행	: 구조체에 초기화된 값들을 출력한다.

9.3.3 구조체 변수의 대입

구조체도 배열을 이용할 때처럼 일괄적 대입이나 치환이 가능하다.

예를 들어서 고객관리에 필요한 항목들을 일반 변수로 선언했다면 아래와 같이 일일이 하나씩 대입해야 한다. 하지만 구조체를 사용한다면 3개의 항목을 한꺼번에 대입이 가능하다.

```c
int cusNum, cusNum2;
char irum[10], irum2[10];
int point, point2;

/* 변수값 대입 */

cusNum2 = cusNum;
strcpy(irum2, irum);
point2 = point;
```

위에서 선언한 구조체를 사용하면 다음과 같이 구조체 변수 kim 멤버들 전체를 구조체 변수 park에 일괄적 대입이 가능하다.

---

park = kim;

---

park				kim		
cusNum	irum[10]	point		cusNum	irum[10]	point
1	김영훈	99	⬅	1	김영훈	99

위 요소들은 개별적인 취급도 가능하지만 4 + 10 + 4 = 총 18byte를 하나의 단위로 취급하므로 다른 변수 또는 배열로의 대입이 간단해진다.

다음 예제는 구조체 대입 방법을 이용해서 3명의 고객들 중에서 최대 포인트 점수를 가진 고객을 출력하는 프로그램이다.

[예제 9-4] C 구조체 대입 예제

```
1.  #include <stdio.h>
2.
3.  struct score{
4.      int cusNum;
5.      char irum[10];
6.      int point;
7.      };
8.
9.  int main()
10. {
11.     struct score kim  = {1, "김영훈", 99};
12.     struct score park = {2, "박수만", 150};
13.     struct score choi = {3, "최영", 570};
14.
15.     if(kim.point < park.point) kim = park;
16.     if(kim.point < choi.point) kim = choi;
17.
18.     printf("\n\t\t*** 최고 고객 포인트 ***\n");
19.     printf("\n---------------------------");
20.     printf("\n고객번호\t성명\t포인트");
21.     printf("\n---------------------------");
```

```
22.        printf("\n%d\t\t%s\t%d", kim.cusNum, kim.irum, kim.point);
23.        printf("\n-------------------------------\n");
24.        return 0;
25.  }
```

≫ [예제 9-5] C++ 구조체 대입 예제

```
 1.  #include <iostream.h>
 2.
 3.  struct score{
 4.      int cusNum;
 5.      char irum[10];
 6.      int point;
 7.      };
 8.
 9.  int main()
10.  {
11.      struct score kim  = {1, "김영훈", 99};
12.      struct score park = {2, "박수만", 150};
13.      struct score choi = {3, "최영", 570};
14.
15.      if(kim.point < park.point) kim = park;
16.      if(kim.point < choi.point) kim = choi;
17.
18.      cout << endl << setw(10) << "*** 최고 고객 포인트 ***"
19.          << endl;
20.      cout << "-------------------------------"
21.          << endl;
22.      cout << "고객번호" << setw(8) << "성명" << setw(10)
23.          << "포인트\n";
24.      cout << "-------------------------------"
25.          << endl;
26.      cout << kim.cusNum << setw(15) << kim.irum
27.                         << setw(8) << kim.point << endl;
28.      cout << "-------------------------------"
29.          << endl;
30.      return 0;
31.  }
```

실행결과

설명

11~13행	: 구조체 man의 변수 kim, park, choi를 선언하면서 멤버들의 값들을 동시에 초기화한다.
15행	: kim.point의 값이 park.point의 값보다 작으면 구조체변수 park 전체의 내용을 kim에 대입한다.
16행	: 가장 큰 값을 찾기 위해 나머지 구조체 변수 choi.point와 비교한다. 역시 kim.point의 값이 choi.point의 값보다 작으면 구조체변수 park 전체의 내용을 kim에 대입한다. 최종적으로 가장 큰 값이 구조체 변수 kim에 값이 대입되는 것이다.

9.4 구조체 배열

9.4.1 구조체 배열의 선언

구조체도 일반배열과 동일하게 배열로 선언해서 사용할 수 있다. 사용형식은 다음과 같다.

■ 형식

```
struct tag명 {
    멤버1;
    멤버2;
    };
    ...
struct tag명  배열명[첨자];
```

■ **사용 예제**

고객이 100명이라고 한다면 단일 구조체변수를 선언해서 사용하는 것보다 배열로 선언해서 사용한 것이 편리하다. 다음은 구조체 score를 요소가 100개인 구조체배열 vip를 선언한 것이다.

```
struct score{
    int cusNum;
    char irum[10];
    int point;
};
   ...
struct score vip[100];
```

구조체배열 vip는 일반배열과 형태는 동일하다. 첨자는 vip[0]번부터 시작하여 마지막 첨자는 vip[99]번이 된다. 다만 배열요소방 하나의 크기는 구조체 score의 크기를 따른다. 구조체 score의 크기가 멤버 3개의 크기를 합친 14바이트이므로 이 크기와 같다. 즉, 배열 전체의 크기는 14 * 100의 1400 바이트가 된다.

■ **기억장소 배치도**

⟨vip[100] 구조체 배열⟩

9.4.2 구조체 배열의 멤버에 대한 접근

■ 형식

구조체이름[첨자].멤버이름

■ 사용 예

```
vip[0].point = 990;
```

구조체 배열 vip 0번째 요소의 point 멤버에 990을 할당한다.

다음 예제는 구조체 배열을 이용해서 3명의 이름과 몸무게를 입력받은 후 평균을 출력한다.

>> [예제 9-6] C 구조체 배열 예제

```
1.  #include <stdio.h>
2.
3.  struct weight{
4.      char irum[10];
5.      float w;
6.  };
7.
8.  int main()
9.  {
10.     struct weight man[3];
11.     int i;
12.     float wp=0.0;
13.
14.     for(i=0; i<3; ++i) {
15.         printf("\n %d번째 이름과 체중은?", i+1);
16.         scanf("%s %f",man[i].irum, &man[i].w);
17.         wp += man[i].w;
18.     }
19.     wp/=3;
20.
21.     printf("\n 평균 체중 = %5.1f",wp);
```

```
22.    return 0;
23. }
```

[예제 9-7] C++ 구조체 배열 예제

```cpp
1. #include <iostream.h>
2. #include <iomanip.h>
3. struct weight{
4.     char irum[10];
5.     float w;
6. };
7.
8. int main()
9. {
10.    struct weight man[3];
11.    int i;
12.    float wp=0.0;
13.
14.    for(i=0; i<3; ++i) {
15.        cout << endl << i+1 << "번째 이름과 체중은? " ;
16.        cin >> man[i].irum >> man[i].w ;
17.        wp += man[i].w;
18.    }
19.    wp/=3;
20.
21.    cout << "\n 평균 체중 = " << setprecision(3) << wp << endl;
22.    return 0;
23. }
```

실행결과

```
"D:\C실습\9장\Debug\9장.exe"

1번째 이름과 체중은? 김 67  [Enter]

2번째 이름과 체중은? 박 50  [Enter]

3번째 이름과 체중은? 최 70  [Enter]

평균 체중 = 62.3
```

10행	: 구조체 weight의 배열 man[3]을 선언한다.
12행	: wp는 몸무게의 누적합을 구하기 위한 변수이다. 0으로 초기화를 한다.
16행	: 구조체배열의 멤버인 irum과 w에 각각 데이터를 입력받는다. 배열멤버는 man[i].irum, man[i].w와 같이 표현한다.
17행	: 몸무게를 입력받을때 마다 합을 구하기 위해 변수 wp에 누적을 한다.
19행	: 몸무게 누적합의 평균을 구한다.
예제 9-7, 21행	: 몸무게 평균 출력시 setprecision(3) 함수로 자리수를 소수점 한자리로 맞춘다. setprecision(3) 함수 사용시에는 iomanip.h 헤더파일을 프로그램 선두에 추가해야 한다.

9.4.3 구조체 배열의 초기화

구조체 배열의 초기화도 일반 배열의 초기화 방법과 동일하다. 구조체 배열의 선언과 동시에 아래의 내용처럼 구조체 멤버의 값들을 중괄호로 각각 묶은 후, 전체적으로 다시 중괄호로 묶어서 초기화를 설정한다.

```
struct weight {
    char irum[10];
    float w;
};

struct weight man[3]={
    {"홍길동", 72},
    {"김유신", 80},
    {"김경호", 60}
};
```

9.4.4 구조체 배열의 대입

구조체 배열도 구조체 변수와 마찬가지로 일괄적인 대입이 가능하다. 사용 예는 다음과 같다.

```
man[i] = man[j];
```

예를 들어

```
man[0] = man[1];
```

는 구조체 배열 man[1]의 전체 내용이 man[0] 요소에 대입되어서 man[0] 요소의 내용이
변경된다.

다음 예제는 구조체 배열을 이용해서 3명의 이름과 몸무게를 입력받은 후 몸무게가 많은
순서대로 재배열해서 출력한다.

》》 [예제 9-8] C 구조체 배열 대입을 이용한 크기비교

```
 1.  #include <stdio.h>
 2.
 3.  struct weight{
 4.      char irum[10];
 5.      float w;
 6.  };
 7.
 8.  int main()
 9.  {
10.      struct weight man[3]= {{"홍길동", 56.7},
11.                             {"심순애", 40.0},
12.                             {"차돌이", 80.7}};
13.      struct weight temp;
14.      int i, j;
15.
16.      for(i=0; i<2; ++i) {
```

```
17.        for(j=(i+1); j<3; ++j){
18.            if(man[i].w < man[j].w){
19.                temp  =man[i];
20.                man[i]=man[j];
21.                man[j]=temp;
22.                }
23.            }
24.        }
25.    printf("\n \t이름 \t체중");
26.    for(i=0; i<3; ++i)
27.        printf("\n \t%s \t%5.1f", man[i].irum, man[i].w);
28.    return 0;
29.  }
```

[예제 9-9] C++ 구조체 배열 대입을 이용한 크기비교

```
1.  #include <iostream.h>
2.  #include <iomanip.h>
3.  struct weight{
4.      char irum[10];
5.      float w;
6.  };
7.
8.  int main()
9.  {
10.     struct weight man[3]= {{"홍길동", 56.7},
11.                            {"심순애", 40.0},
12.                            {"차돌이", 80.7}};
13.     struct weight temp;
14.     int i, j;
15.
16.     for(i=0; i<2; ++i) {
17.        for(j=(i+1); j<3; ++j){
18.           if(man[i].w < man[j].w){
19.                temp  =man[i];
20.                man[i]=man[j];
21.                man[j]=temp;
22.                }
```

```
23.        }
24.     }
25.    cout << "이름 \t체중" << endl;
26.    for(i=0; i<3; ++i)
27.        cout << man[i].irum << setw(7) << man[i].w << endl;
28.    return 0;
29. }
```

실행결과

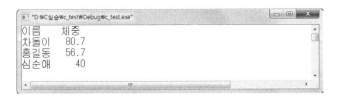

설명

10~12행 : 구조체 weight의 배열 man을 선언함과 동시에 멤버들의 값을 초기화 한다.

19~21행 : 구조체배열 man의 w멤버 값들을 서로 비교한다. man[i].w의 값이 man[j].w의 값보다
작으면 man[i]와 man[j]의 전체 값들을 서로 치환한다.

26~27행 : 몸무게(man[i].w)가 많은 순서대로 정렬된 구조체배열 man의 값들을 출력한다.

실습문제

1. 다음의 구조체를 요소수가 10개인 배열 std를 선언하는 문장을 작성하시오.

```
struct hak{
    int x;
    char ch;
    };
```

9.5 구조체 포인터

구조체도 포인터변수로 참조가 가능하다. 포인터를 통한 구조체의 사용이 구조체 변수나 구조체 배열의 사용에 비해 보다 일반적인 방법이다. 구조체의 크기가 클 경우 구조체 전체를 다른 함수로 전달해야 할 때 그 크기만큼의 버퍼를 계속 확보해야 하는 등의 오버헤드가 발생한다. 구조체 자체를 전달하는 것보다는 포인터를 전달하는 것이 용량이나 실행속도면에서 효율적인 방법이 될 수 있다.

9.5.1 선언

구조체 포인터도 일반 포인터변수 선언방법과 동일하다. 변수명 앞에 *를 붙여서 포인터변수를 구분한다.

```
struct weight{
    char irum[10];
    float w;
    };
struct weight *man, boy;
```

man은 구조체 포인터변수로 선언되어 구조체 weight 형태의 메모리를 참조할 수 있다. 다음과 같이 구조체변수 boy의 주소값을 할당받아 참조할 수 있다.

```
man = &boy;
```

9.5.2 포인터를 이용한 멤버의 접근

구조체 변수의 멤버에 접근할 때는 직접 접근멤버연산자(.)를 이용해야 하고 구조체 포인터를 사용하여 구조체의 멤버에 접근할 때는 간접 접근멤버연산자(-))를 이용한다.

■ 형식

구조체포인터명 -> 멤버명

예를들어 구조체 포인터변수인 man을 통해 irum 멤버와 w 멤버를 각각 다음과 같이 접근가능하다.

man → irum;

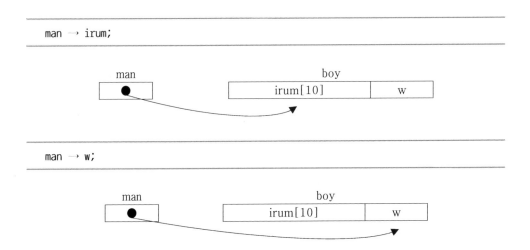

man → w;

다음 예제는 구조체 포인터로 멤버에 간접 접근해서 값을 할당하고 출력하는 프로그램이다.

》》 [예제 9-10] C 구조체 포인터 예제

```
1.  #include <stdio.h>
2.  #include <string.h>
3.
4.  struct person {
5.      char irum[10];
6.      long birth;
7.  } *man, boy;
8.
9.  int main()
10. {
11.     man=&boy;
12.     strcpy(boy.irum,"홍길동");
```

```
13.        man->birth=881005;
14.
15.        printf("이름=%s", man->irum);
16.        printf("생년월일=%ld, boy.birth);
17.        return 0;
18.  }
```

[예제 9-11] C++ 구조체 포인터 예제

```
1.  #include <iostream.h>
2.  #include <string.h>
3.  #include <iomanip.h>
4.  struct person {
5.        char irum[10];
6.        long birth;
7.  } *man, boy;
8.
9.  int main()
10. {
11.       man=&boy;
12.       strcpy(boy.irum, "홍길동");
13.       man->birth=881005;
14.
15.       cout << "이름=  "    << man->irum << endl;
16.       cout << "생년월일= " << boy.birth    << endl;
17.       return 0;
18. }
```

실행결과

```
"D:\C실습\c_test\Debug\c_test.exe"
이름=   홍길동
생년월일= 881005
```

🔊 설명

4~7행	: 구조체 person의 변수 boy와 포인터변수 man을 선언한다.
11행	: 변수 boy의 주소를 포인터변수 man에 할당한다.
12행	: "홍길동" 문자열을 구조체변수 boy의 멤버 irum에 복사한다.
13행	: 포인터변수 man을 통해 멤버 birth에 881005를 간접적으로 할당한다.
15행	: 포인터변수 man을 통해 멤버 irum에 간접참조하여 값을 출력한다. man이 참조하는 boy의 멤버 irum에 저장되어 있는 "홍길동"이 출력된다.
16행	: 변수 boy의 멤버 birth의 값인 881005를 출력한다.

간접 접근멤버연산자(-〉) 대신 포인터연산자(*)를 사용할 수도 있다. 연산자들의 우선순위에 따라서 전혀 다른 의미가 될 수 있으므로 다음 예를 통해 차이점을 살펴보자.

① man-〉w = 90

② (*man).w = 90

③ *man.w = 90

①과 ②는 똑같은 의미이다. 하지만 ③의 예에서 .(직접 멤버연산자)가 *(포인터연산자)보다 우선순위가 높기 때문에 *(man.w)=90이라는 의미가 되어 전혀 다른 뜻이 된다. ②에서처럼 반드시 괄호를 사용하여야 한다.

포인터연산도 간접 접근멤버연산자(-〉) 대신 포인터연산자(*)를 사용하여 참조할수 있다. 역시 연산순서에 따른 의미가 달라진다.

① (++man)-〉w = 90

② (*man++).w = 90

③ ++man-〉w = 90

①과 ②는 똑같은 의미이다. 하지만 ③의 예에서 -〉(간접 접근멤버연산자)가 증감연산자보다 우선 순위가 높기 때문에 ++(man-〉w)=90이라는 의미가 된다. ①에서처럼 반드시 괄호를 사용해야 한다.

9.6 구조체의 응용

9.6.1 구조체의 매개변수 전달

함수의 매개변수로 구조체를 전달할 수 있다. 구조체를 매개변수로 전달하게 되면 자료형이 서로 다른 일련의 데이터를 묶어서 한꺼번에 전달할 수 있다. 사용형식은 다음과 같다.

■ **형식**

```
void 함수명(struct   구조체태그   구조체매개변수명);
```

■ **사용 예**

```
void hap(struct score hkd);
```

hap을 호출할 때 구조체 score 의 전체 내용을 매개변수로 전달한다.

다음 예제는 구조체에 입력된 두 과목의 성적을 매개변수로 전달하여 합을 구하는 프로그램이다.

>> [예제 9-12] C 구조체 변수의 매개변수 전달(Call by value) 예제

```
1.  #include <stdio.h>
2.  struct score {
3.      int kor, eng;
4.      };
5.
6.
7.  int main(){
8.      struct score jumsu={80,90};
9.      int sum;
10.     sum=hap(jumsu);
11.     printf("합=%d\n",sum);
12.     return 0;
13. }
14.
```

```
15.  int hap(struct score hkd)
16.  {
17.      return(hkd.eng+hkd.kor);
18.  }
```

>> **[예제 9-13] C++ 구조체 변수의 매개변수 전달(Call by value) 예제**

```
1.  #include  <iostream.h>
2.  struct score {
3.      int kor,eng;
4.      };
5.  int hap(struct score hkd);
6.
7.  int main(){
8.      struct score jumsu={80,90};
9.      int sum;
10.     sum=hap(jumsu);
11.     cout << "합= " <<sum << endl;
12.     return 0;
13. }
14.
15. int hap(struct score hkd)
16. {
17.     return(hkd.eng+hkd.kor);
18. }
```

실행결과

```
"D:\C실습\c_test\Debug\c_test.exe"
합= 170
Press any key to continue
```

설명

5행   : C++ 언어에서는 함수의 원형을 반드시 선언해야 한다.

8행   : 구조체변수 jumsu를 선언하면서 값들을 초기화 한다.

10행   : 구조체변수 jumsu를 매개변수로 전달하면서 hap 함수를 호출한다. 함수실행후의 결과값은 반환받아서 변수 sum에 할당한다.

15행   : 구조체 score를 매개변수로 하는 hap 함수의 머리부분이다.

17행   : 매개값으로 받은 구조체 score의 멤버인 eng, kor 값들의 합을 구해서 반환한다.

앞의 예에서 처럼 일반 구조체변수를 함수의 매개변수로 하는 경우 구조체의 크기가 클 수록 큰 용량의 스택을 필요로 하여 메모리의 낭비를 초래하게 된다. 반면 구조체 포인터를 사용하여 매개변수를 전달하면 크기 및 형(type)에 관계없이 주소값 저장을 위해 단 4바이트 크기의 메모리만 필요로 하게 된다.

실제로 일반 구조체 변수와 구조체 포인터변수를 매개변수로 한 함수들을 각각 실행했을 때의 결과는 같다. 하지만 실행 파일의 용량을 비교해 보면 포인터를 사용한 프로그램의 용량이 더 작다는 것을 알 수 있다.

다음 예제는 앞의 예제와 동일하다. 단지 매개변수를 구조체의 포인터를 사용하여 전달하는 프로그램이다.

》》 [예제 9-14] C 구조체 포인터변수로 매개변수 전달 예제

```
1.  #include <stdio.h>
2.  struct score {
3.      int kor,eng;
4.      };
5.
6.
7.  int main(){
8.      struct score jumsu={80,90};
9.      int sum;
10.     sum=hap(&jumsu);
11.     printf("합=%d\n",sum);
12.     return 0;
13. }
14.
15. int hap(struct score *hkd)
16. {
17.     return(hkd->eng + hkd->kor);
18. }
```

》》 [예제 9-15] C++ 구조체 포인터변수로 매개변수 전달 예제

```
1.  #include <iostream.h>
2.  struct score {
3.      int kor,eng;
4.      };
5.  int hap(struct score *hkd);
6.
7.  int main(){
8.      struct score jumsu={80,90};
9.      int sum;
10.     sum=hap(&jumsu);
11.     cout << "합= " <<sum << endl;
12.     return 0;
13. }
14.
15. int hap(struct score *hkd)
16. {
17.     return(hkd->eng+hkd->kor);
18. }
```

실행결과

```
합= 170
Press any key to continue
```

설명

10행 : hap 함수를 호출하면서 구조체 변수 jumsu의 주소값을 매개값으로 전달한다.

15행 : 구조체 score의 주소값을 매개값으로 받기 위해 형식매개변수 hkd를 포인터변수로 선언하였다.

17행 : 포인터변수 hkd로 멤버들을 간접참조하여 eng, kor의 값들의 합을 구한 후, 그 값을 호출한 쪽으로 반환한다.

🔍 실습문제

1. 다음 왼쪽의 구조체를 오른쪽 hakPrn 함수의 매개변수로 사용하려고 한다. 오른쪽 함수작성시
   빈 괄호 ①의 부분을 완성하시오.

   ```
   struct hak{ int x,                    void hakPrn(      ①         )
            char ch[5];                  {
          };                                   ...
   struct hak= {1, "sky"};               }
   ```

2. 1번의 문제에서 매개변수를 구조체 포인터변수로 사용하려면 빈 괄호 ① 의 부분을 어떻게 해야
   하는지 문장을 작성하시오.

9.6.2 중첩한 구조체

하나의 구조체내에 멤버로 또 다른 구조체를 포함할 수도 있다. 예를 들어 구조체
PERSON의 멤버로 성명과 또 다른 구조체 BIRTH를 포함하고 있다. 구조체 BIRTH는 멤
버로 년, 월, 일을 포함하고 있다.

개인신상(PERSON)			
성명(irum)	생년월일(BIRTH)		
	년(year)	월(month)	일(day)

■ 형식

```
struct  tag명 {
    멤버1;
    멤버2;
    ...
    struct  tag명 변수명;
};
```

▪ 사용 예

```
struct birth{    int year, month, day;    };
struct person{
    char irum[10];
    struct birth dy;
}man1;
```

▪ 중첩 구조체 멤버 접근

```
man1.dy.year  = 2013;
man1.dy.month = 07;
man1.dy.day   = 05;
```

중첩된 구조체 dy의 멤버 접근시에 위와 같이 포함된 순서대로 작성한다.

다음 예제는 구조체 birth를 멤버로 포함하는 또다른 구조체 person에 데이터를 입출력하는 프로그램이다.

>> [예제 9-16] C 중첩한 구조체 예제

```
1.  #include <stdio.h>
2.
3.  struct birth {
4.      int year, month, day;
5.  };
6.  struct person{
7.      char irum[10];
8.      struct birth dy;
9.  };
10.
11. int main()
12. {
13.     struct person man1={"홍길동",{1990, 9,1}};
14.     struct person man2={"김유신",{1980,11,5}};
15.     printf("%s은  ", man1.irum);
16.     printf("%d년 %2d월 %2d일 생입니다.\n",
17.         man1.dy.year, man1.dy.month, man1.dy.day );
```

```
18.    printf("%s는  ", man2.irum);
19.    printf("%d년 %2d월 %2d일 생입니다.\n",
20.        man2.dy.year, man2.dy.month, man2.dy.day );
21.    return 0;
22.  }
```

[예제 9-17] C++ 중첩한 구조체 예제

```
1.  #include <iostream.h>
2.  #include <iomanip.h>
3.  struct birth {
4.      int year, month, day;
5.  };
6.  struct person{
7.      char irum[10];
8.      struct birth dy;
9.  };
10.
11. int main()
12. {
13.     struct person man1={"홍길동",{1990,9, 1}};
14.     struct person man2={"김유신",{1980,11,5}};
15.     cout << man1.irum   <<"은  ";
16.     cout << man1.dy.year <<"년 " << setw(2) << man1.dy.month
17.         << "월 " << setw(2) << man1.dy.day << "일 생입니다"
18.         << endl;
19.     cout << man2.irum   <<"은  ";
20.     cout << man2.dy.year <<"년 " << setw(2) <<man2.dy.month
21.         << "월 "   << setw(2) << man2.dy.day << "일 생입니다"
22.         << endl;
23. return 0;
24. }
```

실행결과

```
"D:\C실습\c_test\Debug\c_test.exe"
홍길동은   1990년   9월   1일 생입니다
김유신은   1980년  11월  25일 생입니다
Press any key to continue
```

🔍 설명

3~5행	: year, month, day 멤버로 구성된 구조체 birth를 선언한다.
6~9행	: irum과 구조체 birth를 멤버로 구성된 중첩 구조체 person을 선언한다.
13~14행	: 구조체 person을 man1, man2 변수로 선언하면서 값들을 초기화한다. 구조체 person 의 멤버가 총 4개이므로 {"홍길동",{1990,9, 1}}와 같은 형태로 값을 초기화한다.
16~17행	: 구조체 person의 멤버인 dy의 내부 멤버에 접근시에 man1.dy.year과 같이 순서대로 작성한다.

🖐 실습문제

1. 다음 중첩 구조체 v1의 멤버 cn에 100을 할당하려고 한다. 문장을 작성하시오.

```
struct cust { int cn;
            char ir[10]; };
struct video { int code,
            char ch[5];
            struct cust ct;
        }v1;
```

9.6.3 자기참조형 구조체

중첩구조체의 한 형태인데 자기 자신의 구조체를 구조체내의 멤버로 포함할 수도 있다. 이러한 형태를 자기참조형 구조체라고 한다.

실제로는 자신의 구조체 자체를 자신의 멤버로 포함할 수는 없다. 대신 자신을 가리키는 구조체 포인터는 포함할 수 있다.

이와 같은 형태는 자료구조중 연결 리스트 구조에 적용할 수 있다. 연결 리스트는 포인터를 이용하여 다음 데이터를 참조하는 구조이므로 자기참조형 구조체를 이용하여 쉽게 구현할 수 있다. 포인터를 이용하여 데이터의 삽입이나 삭제가 이루지므로 구현이 쉽고, 순차적인 검색을 수행할 수 있는 구조이다.

다음과 같은 연결리스트를 생성하는 프로그램을 작성해보자. 학번이 저장되어 있으며 각 학번들은 다음 학번을 참조하는 연결리스트이며 마지막 학번의 포인트는 NULL을 가진다.

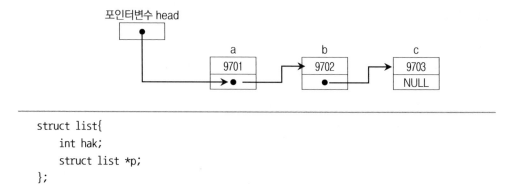

```
struct list{
    int hak;
    struct list *p;
};
```

위의 연결리스트 구조는 구조체 list를 통해서 구현할 수 있다.

구조체 list는 학번과 자기자신의 구조체 포인터변수를 멤버로 가진다. 이때, 포인터 변수에 연결하고자 하는 구조체 list 변수의 주소를 대입하면 연결구조를 완성시킬 수 있다. 다음 예제를 통해서 위의 리스트 구조를 구현해보자.

[예제 9-18] C 자기참조형 구조체 예제

```
1.  #include <stdio.h>
2.  struct list{
3.      int hak;
4.      struct list *p;
5.  };
6.
7.  int main(void)
8.  {
9.      struct list *head;
10.     struct list a,b,c;
11.
12.     a.hak=9701;
13.     b.hak=9702;
14.     c.hak=9703;
15.
16.     head=&a;
17.     a.p =&b;
18.     b.p =&c;
19.     c.p =NULL;
20.
```

```
21.        for(head=&a; head!=NULL; head=head->p)
22.            printf("\n%d",head->hak);
23.        return 0;
24. }
```

>> [예제 9-19] C++ 자기참조형 포인터 예제

```
1.  #include <iostream.h>
2.  struct list{
3.      int hak;
4.      struct list *p;
5.  };
6.
7.  int main()
8.  {
9.      struct list *head;
10.     struct list a,b,c;
11.
12.     a.hak=9701;
13.     b.hak=9702;
14.     c.hak=9703;
15.
16.     head=&a;
17.     a.p=&b;
18.     b.p=&c;
19.     c.p=NULL;
20.
21.     for(head=&a; head!=NULL; head=head->p)
22.         cout << head->hak << endl;
23.     return 0;
24. }
```

◎ 실행결과

🔍 설명

2~5행	: 자기자신의 포인터변수를 포함하는 구조체 list를 선언한다.
9행	: 구조체 list의 헤드 역할을 할 head 포인터를 선언한다. 이 포인터는 첫 list 구조체를 가리키는 역할을 한다.
16행	: 헤드포인터가 구조체 list 변수 a의 주소값을 할당받아서 첫 구조체를 가리키도록 한다.
17행	: 구조체 list인 a의 자기참조 구조체인 포인터 변수 p에 구조체 list인 b의 주소값을 할당하였다. 즉, a가 b를 가리키도록 한 것이다. 이러한 방법으로 연결리스트구조를 구현할 수 있다.
18행	: 구조체 list인 c의 자기참조 구조체인 포인터 변수 p에 NULL을 할당하여 끝을 표현한다.
21~22행	: 포인터변수 p의 위치를 옮기면서 구조체 list의 값들을 출력한다.

🔍 실습문제

1. 자기자신의 구조체 포인터변수를 멤버로 포함하는 중첩구조체를 무엇이라고 하는가?

2. 다음 구조체를 이용해서 연결리스트 구조를 표현하려고 한다. 비어있는 부분을 완성하시오.
```
struct sawonList {
    char irum[10],
    (              )
};
```

9.7 공용체

동일형이 아닌 서로 다른 데이터형의 변수들이 메모리의 물리적 위치를 공유하도록 선언할 때 사용한다. 공용체는 구조체와 문법이 같지만 공용체 원소 중 가장 큰 기억공간을 차지하는 type의 원소 길이만큼을 기억공간으로 확보해 놓고 다른 원소들이 이 길이의 기억장소 내에서 메모리를 공유하는 구조이다.

9.7.1 공용체 선언

■ 형식

```
union 태그명 {
    데이터형 멤버1;
    데이터형 멤버2;
    ...
} 변수명;
```

■ 사용 예

```
union un{  char u_n;
           int   u_ht;
           double u_wt;
} n;
```

다음은 예로 든 공용체 un의 메모리구조이다. 멤버들중 가장 큰 멤버 u_wt의 크기인 8 바이트를 다른 멤버들이 같이 공유한다.

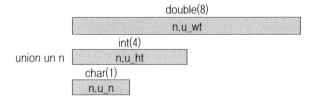

다음 예제는 공용체의 크기를 비교하는 프로그램이다.

>> [예제 9-20] C 공용체 크기비교 예제

```
1.  #include <stdio.h>
2.
3.  union un{  char u_n;
4.     int   u_ht;
5.     double u_wt;
6.  } n;
7.
8.  int main()
```

```
 9.  {
10.      printf("\n공용체 크기=%d", sizeof(union un));
11.      return 0;
12.  }
```

[예제 9-21] C++ 공용체 크기비교 예제

```
 1.  #include <iostream.h>
 2.
 3.  union un{   char u_n;
 4.       int   u_ht;
 5.       double u_wt;
 6.  } n;
 7.
 8.  int main()
 9.  {
10.      cout<< "공용체 크기= " << sizeof(union un) <<endl;
11.      return 0;
12.  }
```

실행결과

설명

3~6행   : 공용체 un의 변수 n을 선언한다.

10행   : 공용체 un의 크기를 출력한다. 멤버중 가장 큰 double의 크기인 8byte 가 출력된다.

9.7.2 공용체의 초기화

구조체의 초기화와 형식은 동일하지만 배정되는 값은 하나이다. 선언과 동시에 초기화 시에 크기가 제일 큰 자료형을 기준으로 하나의 값만 초기화 한다. 그 값에 맞추어서 나머지는 자동 배정된다.

다음 예제는 공용체의 초기화에 대한 프로그램이다.

>> [예제 9-22] C 공용체 초기화 예제

```
16.  #include <stdio.h>
17.
18.  union  score {  short s;
19.                  char c;
20.                  int i;
21.  };
22.  union score hkd={65534};
23.
24.  int main()
25.  {
26.     printf("%c\n", hkd.c);
27.     printf("%d\n", hkd.s);
28.     printf("%d\n", hkd.i);
29.     return 0;
30.  }
```

>> [예제 9-23] C++ 공용체 초기화 예제

```
1.  #include  <iostream.h>
2.
3.  union  score {  short s;
4.                  char c;
5.                  int i;
6.  };
7.  union score hkd={65534};
8.
9.  int main()
10. {
11.     cout << hkd.c << endl;
12.     cout << hkd.s << endl;
13.     cout << hkd.i << endl;
14.     return 0;
15. }
```

7행 : 공용체 score의 변수 hkd를 선언하면서 65534의 값을 초기화 한다.

11~13행 : 공용체 score의 멤버들을 하나씩 출력한다. 공용체 멤버들중에서 int형이 제일 크므로 65534는 int형의 크기 4바이트에 맞추어서 할당된다. 나머지 char, short는 왼쪽부터 int형에 할당된 값을 기초로 각각의 크기만큼 계산되어 값들을 출력한다.

🔎 **실습문제**

1. 다음 공용체 un의 전체 크기는 얼마인가?

```
union  un { char c;
           float f;
};
```

9.8 비트 필드

비트 필드란 각 멤버의 데이터형이 Bit 단위인 구조체를 말한다. 시스템 프로그램에서 비트별 액세스가 필요한 경우에 많이 사용한다. 사용형식은 다음과 같다.

■ **형식**

```
struct tag명 {
    데이터형 원소명1 :비트크기1;
    데이터형 원소명2 :비트크기2;
            :            :
    데이터형 원소명n :비트크기n;
};
```

① 필드의 배열은 사용하지 못한다.

② 필드의 포인터는 존재하지 않는다.

다음 예제는 8비트 길이의 mun이라는 구조체를 생성한 다음 적당한 초기값을 부여하여 결과를 16진수로 출력하는 프로그램이다.

>> [예제 9-24] C 비트 필드 예제

```
1.  #include <stdio.h>
2.  struct {
3.      unsigned bit0: 1;
4.      unsigned bit1: 2;
5.      unsigned bit2: 3;
6.  }mun;
7.
8.  int main()
9.  {
10.     printf("mun= %x\n",mun.bit1);
11.     mun.bit1=3;
12.     printf("mun= %x\n",mun.bit1);
13.     mun.bit1=4;
14.     printf("mun= %x\n",mun.bit1);
15.     return 0;
16. }
```

>> [예제 9-25] C++ 비트 필드 예제

```
1.  #include <iostream.h>
2.  struct {
3.      unsigned bit0: 1;
4.      unsigned bit1: 2;
5.      unsigned bit2: 3;
6.  }mun;
7.
8.  int main(void)
9.  {
10.     cout << "mun= " << m.bit1 << endl;
11.     mun.bit1=3;
```

```
12.      cout << "mun= " << m.bit1 << endl;
13.      mun.bit1=4;
14.      cout << "mun= " << m.bit1 << endl;
15.      return 0;
16.  }
```

실행결과

설명

2~6행	: 1비트, 2비트, 3비트의 크기를 각각 가지는 멤버 3개로 구성된 비트 필드 구조체 mun을 선언한다.
10행	: 비트 필드 구조체 선언 후 초기화없이 출력한다. 따로 초기화를 하지 않을 경우 0으로 초기화가 된다.
11행	: 멤버 bit1에 3을 초기화 한다.
12행	: 초기화한 3의 값이 출력된다.
13행	: 멤버 bit1에 4를 초기화 한다.
14행	: 초기화한 4의 값은 2비트에 다 저장되지 않으므로 0이 출력된다.

실습문제

1. 비트필드 구조체에 초기화를 하지 않았을 경우에 기본적으로 초기화 되는 값은 무엇인가?

1. 구조체를 이용하여 다음의 실행결과를 출력하는 프로그램을 완성하시오.

> 🏵 실행결과

```
이름 : 홍길동
국어 : 90
수학 : 100
영어 : 80
```

```
#include <stdio.h>
struct student
{
    char name[20] ;
    int kor ;
    int mat ;
    int eng ;
}     ①     ;

void main( void )
{
    memset( st,NULL,sizeof( st )) ;
    memcpy( st.name,"홍길동",6 ) ;
    st.kor = 90 ;
    st.mat = 100 ;
    st.eng = 80 ;
    printf( "이름 : %s\n",        ②        ) ;
    printf( "국어 : %d\n",        ③        ) ;
    printf( "수학 : %d\n",        ④        ) ;
    printf( "영어 : %d\n",        ⑤        ) ;
}
```

2. 구조체 포인터 변수를 이용하여 다음의 실행결과를 출력하는 프로그램을 완성하시오.

실행결과

```
이름 : 홍길동
국어 : 90
수학 : 100
영어 : 80
```

```c
#include <stdio.h>
struct student{
              char name[20] ;
              int kor ;
              int mat ;
              int eng ;
            };
void main( void )
{
   struct student st ;
   struct student *score = & st ;

   memset( score,NULL,sizeof( st )) ;
   memcpy( [      ①      ],"홍길동", 6 ) ;
   [      ②      ] = 90;
   ( *score ).mat = 100;
   [      ③      ] = 80;

   cprintf( "이름 : %s\r\n",[      ④      ] ) ;
   cprintf( "국어 : %d\r\n",[      ⑤      ] ) ;
   cprintf( "수학 : %d\r\n",[      ⑥      ] ) ;
   cprintf( "영어 : %d\r\n",[      ⑦      ] ) ;
}
```

3. 다음과 같은 매개변수 전달방식에 따라 다음의 실행결과를 출력하는 프로그램을 완
    성하시오.

실행결과

```
홍길동 70 80 90 ┈→ 값에 의한 전달 방식
홍길동 70 80 90 ┈→ 주소에 의한 전달 방식
```

```c
#include <stdio.h>
struct student
{
  char name[20] ;
  int kor ;
  int mat ;
  int eng ;
} ;
void v_para(struct student score);
void l_para(struct student *score);

void main()
{
  struct student st={ "홍길동",70,80,90 } ;
  v_para(st) ;
  l_para(&st) ;
}
void v_para( struct student score)
{
  printf( "%s %d %d %d\n",[                    ]);
}

void l_para( struct student [          ])
{
  printf( "%s %d %d %d\n",[                    ]);
}
```

4. 중첩된 구조체를 이용하여 다음의 결과를 출력하는 프로그램을 완성하시오.

> **실행결과**
>
> 이름 : 홍길동
> 국어 : 88
> 수학 : 99
> 영어 : 77
> 총계 : 292

```
#include <stdio.h>
struct sungjuk{
    int kor ;
    int mat ;
            int eng ;
            };
struct student{
            char irum[20] ;
            struct  sungjuk score ;
            int tot ;
            } ;
struct student st ;
void main( )
{
  memset( st, NULL, sizeof(st));
  memcpy( st.irum, "홍길동",6 ) ;
  [        ①        ] = 88 ;
  [        ②        ] = 99 ;
  [        ③        ] = 77 ;
  st.tot = [             ④             ] ;
  cprintf( "이름 : %s\r\n",[     ⑤     ] ) ;
  cprintf( "국어 : %d\r\n",[     ⑥     ] ) ;
  cprintf( "수학 : %d\r\n",[     ⑦     ] ) ;
  cprintf( "영어 : %d\r\n",[     ⑧     ] ) ;
  cprintf( "합계 : %d\r\n",[     ⑨     ] ) ;
}
```

5. 중첩된 구조체를 이용하였을 때의 결과를 예상하시오.

```c
struct test1
{
  char * a ;
  char b[8] ;
} xx = { "Chun","Hwi" } ;

struct test2
{
  char ch[8] ;
  struct test1 cy ;
} yy = { "mbc","m-tv","s-tv" } ;

void main( void )
{
  printf( "1\t%c\n", xx.b[0] ) ;
  printf( "2\t%c\n", yy.cy.b[0] ) ;
  printf( "3\t%s\n", yy.cy.a ) ;
  printf( "4\t%s\n", yy.cy.b ) ;
}
```

6. 다음은 자기참조형 구조체를 이용하여 학생의 성적을 리스트 구조화하여 입출력하는
   프로그램이다. 완성하시오.

```c
#include <stdio.h>
#include <malloc.h>
typedef struct person{
    char irum[20];
    int kor ;
    int mat ;
    int eng ;
    int total ;
    struct person *list ;
    } LIST ;

void main( )
{
char str[20];
LIST *head, *p ;
```

```
clrscr() ;
head = NULL ;
while(1){
    p = ( LIST *) malloc ( sizeof( LIST )) ;
    memset( p, NULL, sizeof( LIST )) ;
    memset( str, NULL, 20 ) ;
    printf("\n Irum=?");
    scanf( "%s", str ) ;
    if ( !strcmp( str, "END" )) break ;
    printf("\n Kor, Mat, Eng=?");
    scanf( "%d %d %d\n", &p->kor, &p->mat, &p->eng ) ;
    p->total = p->kor + p->mat + p->eng ;
    memcpy( p->irum, str, 20 ) ;
    p->list = head ;
    ┌─────────①─────────┐ ;
    }
┌────────②────────┐ ;
while ( p->list != NULL ){
    printf( "%s %d %d %d %d\n",
    p->irum, p->kor, p->mat, p->eng, p->total );
    ┌────────③────────┐ ;
    }
}
```

7. 다음의 구조체를 이용한 비트 필드 처리 프로그램의 실행결과를 예상하시오.

```
main()
{
 struct bit {
            unsigned a1: 1;
            unsigned a2: 1;
            unsigned a3: 1;
            unsigned a4: 1;
            unsigned a5: 1;
            unsigned a6: 1;
            unsigned a7: 1;
            unsigned a8: 1;
          } b;
            b.a1 = 0;
            b.a2 = 1;
            b.a3 = 0;
```

```
            b.a4 = 0;
            b.a5 = 0;
            b.a6 = 0;
            b.a7 = 1;
            b.a8 = 1;

            printf("%x\n", b);
        }
```

8. 다음 구조형 변수의 할당문으로 맞는 것은?

```
struct hkd{
    int   a;
    unsigned  b;
    };
struct hkd arr[100], var, *poi;
```

① arr.a=10;　　　　　　② arr[0].a=10;
　var.b=20;　　　　　　　var.b=20;
　poi.a=30;　　　　　　　poi->a=30;
③ arr.a=10;　　　　　　④ arr.a[0]=10;
　var->a.20;　　　　　　　var->a.20;
　poi.a=30;　　　　　　　poi->a=30;

9. 다음과 같이 공용체를 이용한 프로그램의 실행 결과를 예상하시오.

```
#include <stdio.h>
main()
{
    union com{
    char a;
    int b;
    }jj, *kk;
jj.a='Q';
jj.b=65;
kk=&jj;
putchar(jj.a);
```

```
    putchar(jj.b);
    putchar((*kk).a);
    putchar(kk->b);
    }
```

10. 다음 프로그램의 실행 결과를 예상하시오.

```
main()
{
    struct st{
        int a;
        char *irum;
        };
    struct st manx={22, "Kil Dong"};
    struct st many={33, "Sun AE"};
    many=manx;
        if((manx.a==many.a)&&(manx.irum==many.irum))
        printf("\n%s %d", many.irum, many.a);
        else printf("manx & many is missmatch");
}
```

객체와 클래스

클래스(Class) 10.1

객체(Object) 10.2

함수 오버로딩(Overloading) 10.3

생성자와 소멸자 10.4

10.1 클래스(Class)

C++ 언어의 특징인 객체지향 프로그래밍의 특징에 대해서 알아본다. 객체지향 프로그래밍은 절차지향과 달리 작성한 순서에 따라서 실행되지 않고 사건이라고 하는 이벤트에 따라 비절차적으로 실행된다. 또한 절차지향 언어는 함수중심이지만 객체지향언어는 객체 중심이다. 객체는 어떠한 결과를 도출하기 위한 데이터와 그 데이터를 활용하여 결과를 내기 위한 행위에 해당하는 메서드들을 함께 가지고 있는 형태로 되어 있다. 이 객체의 원형을 클래스라고 한다. 우선 객체지향의 특징을 정리하고 이어서 클래스와 객체에 대해서 알아보기로 하자.

10.1.1 객체지향의 특징

객체지향의 대표적인 3가지 특징에서 대해서 알아본다.

(1) 캡슐화(Encapsulation)

외부에서 접근할 데이터와 메서드를 구분해서 관리하는 것을 말한다. 절차적 언어에서는 모든 함수의 내용을 외부에서 접근할 수 있으므로 데이터 손상의 우려가 있다. 이러한 내용을 방지하기 위해서 나온 개념이 캡슐화이다. 외부에서 접근이 가능한 멤버와 불가능한 멤버를 구분하여 공개되어 있는 멤버로만 접근이 가능하도록 추상화시키는 것이다. 이렇게 함으로써 멤버들을 보호할 수 있다.

(2) 다형성(Polymorphism)

동일한 이름의 함수명으로 매개값의 자료형이나 개수에 따라서 다르게 실행되도록 할 수 있다. 또한 기존의 연산자를 다르게 중복 정의하여 다른 결과를 낼 수 있도록 할 수도 있다. 전자를 함수 오버로딩(overloading) 이라 하고 후자를 연산자 오버로딩이라 한다. 이러한 오버로딩 기능을 이용해서 같은 함수명이나 연산자로 다른 동작을 수행할 수 있도록 하는 것을 다형성이라고 한다.

(3) 상속성(Inheritance)

특정 부분의 코드를 다른 코드에서 고스란히 받아서 사용할 수 있는데 이것을 상속이라고 한다. 객체의 원형인 클래스 설계시 다른 클래스와 중복되는 부분이 있는 경우에 그 코드를 상속받아서 그대로 사용하고 나머지 부분만 따로 추가해서 사용할 수 있다. 이러한 상속의 특징으로 코드의 재사용성을 구현할 수 있으며 개발 시간을 단축시킬 수 있다.

10.1.2 클래스의 선언

클래스(Class)는 원하는 수행을 이끌어 내기 위한 원형을 작성하는 것이며 데이터와 이 데이터를 이용하여 결과를 수행하는 멤버함수 즉, 메서드들로 이루어져 있다. C 언어에서 구현했던 구조체와 유사하지만 전혀 다른 의미이다. 구조체는 단순히 자료형이 다른 데이터들을 모아서 하나의 단위로 사용한다. 반면 클래스는 자료형이 다른 데이터들과 그 데이터들을 이용하여 동작을 수행하도록 하는 함수들로 이루어져서 하나의 단위가 되는 것이다. 클래스의 내부 구성요소들인 데이터와 함수들을 각각 멤버변수, 멤버함수라 칭한다.

■ 형식

```
class  클래스명
  {
      접근지정자  :                      멤버변수 선언
          자료형  멤버변수;

      접근지정자  :                      멤버함수 원형선언
          자료형  멤버함수( );
  };
```

```
자료형 클래스명::멤버함수( )
  {
      자료형  변수명;                    멤버함수 구현
      수행문장;
  }
```

■ 사용 예

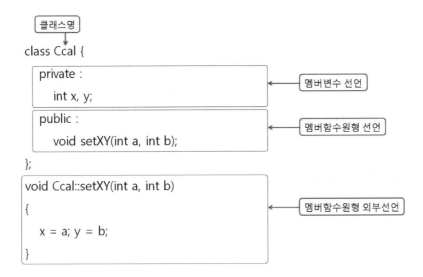

■ 접근지정자

클래스내의 멤버들 선언 시에 외부에서의 멤버 접근 가능여부를 결정하는 것이 접근지
정자이다. 다음과 같이 3가지 종류가 있다.

〈표 10-1〉 접근지정자 종류

접근지정자	클래스 내부	클래스 외부	의미
private	○	X	선언된 클래스 내에서만 사용가능하다. 접근지정자 생략시 private이 디폴트로 적용된다.
public	○	○	선언된 클래스내부 뿐만 아니라 다른 클래스에서도 접근가능하다.
protected	○	X	선언된 클래스내부와 이 클래스를 파생한 클래스에서만 접근가능하다. 그 외의 클래스에서는 private과 동일하게 적용된다.

10.1.3 멤버함수 구현 방법

클래스에 선언되어 있는 멤버함수를 구현하는 방법은 2가지이다. 클래스 내부에서 하는
방법과 클래스 외부에서 하는 방법이 있다.

(1) 클래스 외부에서 구현 방법

클래스 외부에서 정의하는 방법은 클래스 내에서는 멤버함수의 원형만 선언한 후에 몸체를 클래스 외부에서 구현하는 것이다. 클래스 외부에서 구현하는 것이므로 멤버함수가 선언된 클래스를 함수명 앞에 명시해야 한다. 범위연산자(::)를 사용하여 소속 클래스명을 표시한다.

■ 형식

```
자료형 클래스명::멤버함수( )
{
    자료형   변수명;
    수행문장;
}
```

::(범위연산자) ⇒ 멤버변수나 멤버함수가 인식되고 통용되는 범위를 말한다.

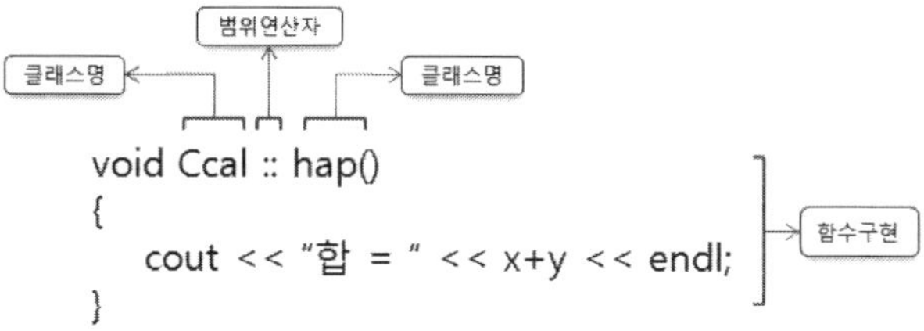

[그림 10-1] 클래스 외부에서 멤버함수 구현

다음 예제는 두 수의 합을 구하는 클래스선언 프로그램이다.

≫ [예제 10-1] 클래스 선언 예제 - 합 구함

```
1. #include <iostream.h>
2.
3. class  Ccal {
4. private :
5.     int x, y;
6. public :
7.     void setXY(int a, int b);
```

```
 8.      void hap();
 9. };
10.
11. void Ccal::setXY(int a, int b)
12. {
13.      x = a; y = b;
14. }
15. void Ccal::hap()
16. {
17.      cout << "합= " << x+y << endl;
18. }
```

설명

컴파일에서 에러가 없었다면 실행시에는 반드시 에러가 난다. 클래스는 객체의 설계도와 같은 역할을 하기 때문에 클래스만으로는 실행이 되지 않는다. 또한 메인함수가 존재하지 않기 때문에 에러가 나는 것이다.

4행	: 멤버변수의 범위지정자를 private으로 선언한다. 클래스 내부에서만 x, y에 접근할 수 있다.
5행	: 멤버변수 x, y를 int형으로 선언한다.
6행	: 멤버함수의 범위 지정자를 public으로 선언한다. 클래스 내부, 외부 모두 함수에 접근가능하다.
7~8행	: 멤버함수들의 함수원형을 선언한다.
11~14행	: 멤버함수 setXY의 몸체를 클래스외부에서 구현한다. 클래스 내부에서 private으로 선언한 멤버변수 x, y는 외부에서 접근할 수 없다. 대신 public으로 선언된 멤버함수 setXY를 통해서만 클래스 외부에서 x, y에 값을 초기화 할 수 있도록 한다.
15~18행	: 멤버함수 hap의 몸체를 클래스외부에서 구현한다. 두 수의 합을 구해서 출력한다.

(2) 클래스 내부에서 구현 방법

멤버함수를 클래스 내부에서 정의하는 방법은 2가지이다. 첫 번째는 클래스내부에서 멤버함수를 구현하는 것이고, 두 번째는 inline 함수를 사용하는 것이다.

inline 함수로 멤버함수를 구현할 때는 외적으로는 멤버함수의 외부에서 선언하는 것과 동일하게 보인다. 하지만 컴파일 시에 멤버함수의 코드부분이 클래스내부에 포함되므로 결과적으로는 클래스내부에서 구현하는 것과 동일하다고 볼 수 있다. 반면 inline 함수를 사용하지 않은 경우에는 컴파일 시에 코드가 복사되는 것이 아니라 제어만 멤버함수 쪽으로 이동하여 수행한다. 두 방법의 사용형식은 다음과 같다.

■ 형식 1 – 내부에서 구현

```
class   클래스명
{
   접근지정자   :
       자료형   멤버변수;

   접근지정자 :
       자료형 멤버함수( )
       {
           자료형   변수명;
           수행문장;
       }
};
```

■ 형식 2 – inline

```
inline  자료형 클래스명::멤버함수( )
{
    자료형   변수명;
    수행문장;
}
```

inline 함수는 멤버함수의 외부구현처럼 클래스외부에 몸체를 작성하고 다만 앞에 inline 을 붙여서 완성한다. 외부에서 작성하지만 실행시에는 멤버함수 몸체 전체가 호출되는 부분에 복사되어 결국에는 내부에서 구현되는 것과 동일한 의미가 된다.

다음 예제는 [예제 10-1]과 동일하다. 단, 멤버함수를 내부와 inline 함수를 사용해서 클래스를 선언한 것이다.

>> [예제 10-2] 클래스 멤버함수의 inline 선언 예제

```
1.  #include <iostream.h>
2.
3.  class  Ccal {
4.      private :
5.      int x, y;
6.  public :
7.      void setXY(int a, int b) {
8.          x = a; y = b;
9.      }
10.     void hap() {
11.         cout << "합= " << x+y << endl;
12.     }
13.     inline void cha();
14. };
15.
16. inline void Ccal::cha()
17. {
18.     cout << "차= " << x-y << endl;
19. }
```

🔍 설명

7~9행	: 멤버함수 setXY 를 클래스 내부에서 구현한다. 클래스 외부에서 접근할 수 없는 멤버변수 x, y에 값을 초기화 할때 사용한다.
10~12행	: 멤버함수 hap을 클래스 내부에서 구현한다. 멤버변수 x, y의 합을 구해서 출력한다.
13행	: inline 멤버함수의 원형선언이다.
16~19행	: 멤버함수 cha를 클래스 외부에서 inline으로 구현한다. 멤버변수 x, y의 차를 구해서 출력한다.

10.2 객체(Object)

클래스는 틀, 모형과 같은 의미의 사용자정의 자료형이므로 독자적으로 실행될 수 없다. 클래스의 실체인 객체(Object)를 통해서만 실행가능하다. 실체를 만들기 위한 틀이 클래스에 해당하고 그 틀에 재료들을 넣어서 실제 사용할 수 있는 실체를 만드는 것이 객체

이다. 예를 들어서 자동차라는 내용이 있다면, 실제 자동차가 만들어지기 전의 모형은 클래스에 해당되고, 이 모형에 맞추어 색상, 기어유형, 선루프유무 등등을 갖춘 자동차라는 실체가 만들어지면 이것이 객체에 해당된다. 즉, 객체는 클래스를 실체화(Instance)화 한 것이다. 자동차를 모형에 맞게 수없이 만들어 낼 수 있는 것처럼 객체도 원하는 만큼 생성하여 사용할 수 있다.

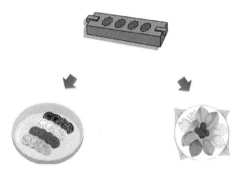

[그림 10-2] 클래스와 객체

(1) 객체 선언

일반 변수선언 방법과 동일하다. 클래스명 뒤에 선언할 객체명들을 나열하면 된다.

■ 형식

```
클래스명  객체명1, 객체명2,... 객체명n;
```

■ 사용 예

```
Ccal  jung1, jung2;
```

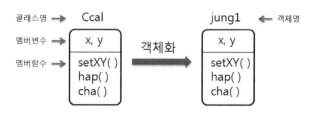

[그림 10-3] 클래스와 객체의관계

(2) 객체의 멤버에 접근

객체는 클래스의 실체이므로 클래스의 멤버변수와 멤버함수들과 동일한 멤버들을 가지게 된다. 이 멤버들에 접근하는 방법은 구조체에서 멤버들을 접근하는 방법과 동일하다. 직접 멤버 접근연산자(.)와 간접 멤버 접근연산자(-))를 사용하여 멤버변수와 멤버함수에 접근한다.

■ 형식

```
객체명.멤버변수;
객체명.멤버함수( );
```

■ 사용 예

```
jung1.x = 10;
jung1.hap( );
```

다음 예제는 [예제 10-2]에서 선언한 클래스의 객체를 생성하여 멤버들에 접근하는 방법에 대한 프로그램이다.

>> **[예제 10-3] 객체 선언과 멤버접근 예제 - 합, 차 구함**

```
1.  #include <iostream.h>
2.  class  Ccal{
3.  private :
4.      int x, y;
5.  public :
6.      void setXY(int a, int b){ x = a; y = b; }
7.      void hap() {
8.          cout << "합= " << x+y << endl;
9.      }
10.     inline void cha();
11. };
12.
13. inline  void Ccal::cha()
14. {
```

```
15.      cout << "차= " << x-y << endl;
16.  }
17.
18.  int main( )
19.  {
20.      Ccal  jung1, jung2;
21.      jung1.setXY(10, 20);
22.      jung1.hap( );
23.      jung1.cha( );
24.      return 0;
25.  }
```

실행결과

설명

20행	: 클래스 Ccal의 객체 jung1, jung2를 선언한다.
21행	: 객체 jung1의 setXY 멤버함수를 호출하여 멤버변수 x, y에 각각 10, 20을 초기화 한다.
22행	: 객체 jung1의 hap 멤버함수를 호출하여 합을 구해서 출력한다.
23행	: 객체 jung1의 cha 멤버함수를 호출하여 차를 구해서 출력한다.

다음 예제는 입력한 두 수의 최대값, 최소값을 찾아서 각각 출력하는 프로그램이다. 값의 초기화, 최대값, 최소값을 구하는 부분을 멤버함수로 구현한다.

[예제 10-4] 두 수의 최대, 최소값 구하는 객체

```
1.  #include <iostream.h>
2.  class  CmaxMin{
3.  private :
4.      int x, y;
5.  public :
6.      void setXY(){
```

```
7.          cout << "두 수를 입력하시오 : " ;
8.          cin >> x >> y ;
9.      }
10.     void max();
11.     void min();
12. };
13.
14. void CmaxMin::max()
15. {
16.     if(x >= y)
17.         cout << "max= " << x << endl;
18.     else
19.         cout << "max= " << y << endl;
20. }
21.
22. void CmaxMin::min()
23. {
24.     if(x <= y)
25.         cout << "min= " << x << endl;
26.     else
27.         cout << "min= " << y << endl;
28. }
29.
30. int main( )
31. {
32.     CmaxMin  obj;
33.     obj.setXY;
34.     obj.max( );
35.     obj.min( );
36.     return 0;
37. }
```

실행결과

```
C:\Windows\system32\cmd.exe
두 수를 입력하시오 : 9 5
max= 9
min= 5
계속하려면 아무 키나 누르십시오 . . .
```

설명

2~12행	: 클래스 CmaxMin을 작성한다.
3~4행	: 멤버변수 x, y를 private으로 선언한다.
5~11행	: 멤버함수들을 public으로 선언한다.
6~9행	: 멤버함수 setXY( )를 클래스내부에서 구현한다. 멤버 x, y에 숫자를 입력받는 내용을 작성한다.
10~11행	: 멤버함수 min(), max()의 원형을 선언한다.
14~20행	: 멤버변수 x, y를 비교하여 최대값을 출력하는 내용을 클래스 외부에서 구현한다.
22~28행	: 멤버변수 x, y를 비교하여 최소값을 출력하는 내용을 클래스 외부에서 구현한다.
32행	: 클래스 CmaxMin의 객체 obj를 선언한다.
33행	: 객체 obj의 멤버함수 setXY를 통해서 멤버변수 x, y에 직접 데이터를 입력하여 값을 초기화 한다.
34행	: 객체 obj의 max 멤버함수를 호출하여 최대값을 구해서 출력한다.
35행	: 객체 obj의 min 멤버함수를 호출하여 최소값을 구해서 출력한다.

10.2.1 상수 멤버

상수 멤버를 정의하는 방법은 #define 문으로 매크로 상수를 정의하는 방법과 const 키워드를 이용하는 방법이 있다. 일반변수와 함수에 모두 적용해서 사용할 수 있다.

(1) const 상수

일반변수 선언시에 const 키워드를 앞에 붙이면 변수를 상수처럼 사용할 수 있다. 단, 선언시에 반드시 초기값을 할당해야 한다. 한번 할당된 초기값은 프로그램 중간에 값을 변경할 수 없다.

■ 형식

```
const 자료형  변수명  = 초기값;
```

■ 사용 예

```
const  int  FALSE = 0;
```

(2) const 멤버함수

멤버함수 정의시에 const 키워드와 같이 사용하면 이 멤버함수를 상수 멤버함수라고 한다. 이러한 상수 멤버함수는 멤버함수내에서 데이터멤버의 내용 변경을 막고, 단지 데이터멤버 내용의 조회만 가능하도록 하는 역할이다. const 키워드는 멤버함수명의 뒤에 붙인다.

■ 형식

```
자료형   멤버함수명( ) const
{
     수행 내용;
}
```

■ 사용 예

```
void  view( )   const
{
     수행 내용;
}
```

다음 예제는 상수 멤버함수 사용하여 회원들 아이디와 패스워드의 조회는 가능하지만 수정은 방지하는 프로그램이다.

≫ [예제 10-5] 상수 멤버함수를 통한 데이터출력 예제

```
1.  #include  <iostream.h>
2.  class  Cmem{
3.  private :
4.      char *id;
5.      int  pw;
6.  public :
7.      void setMem(char *mid, int pwd){ id = mid; pw = pwd; }
8.      void view()  const;
9.  };
10.
11. void Cmem::view() const
12. {
13.      cout << "회원 아이디 = " << id << endl;
```

```
14.        cout << "패스워드 = "     << pw << endl;
15.  }
16.
17.  int main( )
18.  {
19.      Cmem    m1;
20.      m1.setMem("korea", 1122);
21.      m1.view( );
22.  return 0;
23.  }
```

실행결과

설명

3~5행	: 멤버변수 id, pw를 private으로 선언한다.
6~8행	: 멤버함수들을 public으로 함수의 원형을 선언한다.
7행	: 멤버변수 id, pw를 초기화 하는 내용을 클래스내부에서 구현한다.
8행	: 멤버함수 view를 const 키워드를 붙여서 상수 멤버함수로 선언한다.
11~15행	: 멤버함수 view의 몸체를 클래스 외부에서 구현한다. 멤버변수 id, pw를 출력한다. 함수머리부분 뒤에 const 키워드를 붙여서 조회는 가능하지만 수정을 불가능하게 설정한다. 즉, 상수 멤버함수의 내부에서 멤버변수의 값을 변경하려고 하면 에러가 난다.
19행	: 클래스 Cmem의 객체 m1을 선언한다.
20행	: 객체 m1의 setMem 함수를 호출하여 멤버변수의 값들을 초기화 한다.
21행	: 멤버변수의 값들을 출력한다.

10.3 함수 오버로딩(Overloading)

객체지향 프로그래밍의 특징들 중에서 다형성을 구현하는 방법 중의 하나이다. 함수 오버로딩은 동일한 함수명으로 다른 동작을 수행하는 함수를 여러 번 정의해서 사용할 수 있는 기능을 말한다. 이때 매개변수의 자료형과 개수를 달리해야만 함수를 구분할 수 있다.

```
void hap( );
void hap(int x, int y, int z);
void hap(float x, float y);
```

두 수의 합, 세 수의 합, 자료형이 다른 수들의 합을 같은 함수명으로 구현할 수 있도록 한다. 만일 이런 기능이 없다면 각기 다른 함수명으로 작성을 해야 한다. 결국 사용자는 두수의 합을 구할 때의 함수와 세 수의 합을 구할때의 함수명을 각기 사용해야 하는 불편을 감수해야 한다. 하지만 값들의 종류나 개수가 달라도 합계를 구하고자 할때는 hap( ) 이라는 동일한 함수명으로 호출할수 있도록 하는 기능이 함수오버로딩이다.

10.3.1 함수중복정의

다음 예제는 동일한 함수명으로 자료형이 다른 여러 가지 값들을 달리 출력하는 함수를 작성한 프로그램이다. 여기서는 클래스없이 함수들의 중복만 예로 들어서 설명한다.

>> [예제 10-6] 함수오버로딩 이용한 출력 예제

```
1.  #include  <iostream.h>
2.
3.  void  view(char *str)
4.  {
5.        cout << "str = " << str << endl;
6.  }
7.  void  view(int x)
8.  {
9.        cout << "x = " << x << endl;
```

```
10.  }
11.  void  view(int x, int y)
12.  {
13.       cout << "x = " << x << endl;
14.       cout << "y = " << y << endl;
15.  }
16.
17.  int main( )
18.  {
19.       view(5);
20.       view("함수중복예제");
21.       view(5, 6);
22.       return 0;
23.  }
```

실행결과

```
"D:\C실습\c_test2\Debug\c_test2.exe"
x = 5
str = 함수중복예제
x = 5
y = 6
Press any key to continue
```

설명

3~6행	: 매개변수가 1개인 함수 view를 구현한다. 매개값으로 받은 문자열을 출력한다.
7~10행	: 매개변수가 1개인 함수 view를 구현한다. 매개값으로 받은 숫자를 출력한다.
11~15행	: 매개변수가 2개인 함수 view를 구현한다. 매개값으로 받은 숫자 2개를 출력한다.
19행	: 숫자 5를 매개값으로 view를 호출한다. 3개의 view 함수들중에서 매개변수가 1개이고 int형으로 구현되어 있는 함수를 호출하여 값을 출력한다. 나머지도 매개값의 데이터형, 개수에 따라서 달리 호출되어 실행된다.

다음 예제는 동일한 함수명으로 여러 가지 값들의 합을 출력하는 함수를 재정의해서 작성한 프로그램이다. 여기서는 클래스의 멤버함수를 통해서 구현한다.

>> **[예제 10-7] 함수오버로딩을 이용한 값들의 합 출력 예제**

```cpp
1.  #include <iostream.h>
2.  class  Ctot{
3.  private :
4.      int x, y, z;
5.  public :
6.      void hap(int a, int b) {
7.          x=a; y=b;
8.          cout << "두수의 합 = " << x+y << endl;
9.      }
10.     void hap(int a, int b, int c) {
11.         x=a; y=b; z=c;
12.         cout << "세수의 합 = " << x+y+z << endl;
13.     }
14.     void hap(double a, double b) {
15.         cout << "실수의 합 = " << a + b << endl;
16.     }
17. };
18.
19. int main( )
20. {
21.     Ctot   nn;
22.     nn.hap(5, 6);
23.     nn.hap(5, 6, 7);
24.     nn.hap(2.5, 3.1);
25.     return 0;
26. }
```

(A) **실행결과**

```
"D:₩C실습₩c_test2₩Debug₩c_test2.exe"
두수의 합 = 11
세수의 합 = 18
실수의 합 = 5.6
Press any key to continue
```

설명

5~16행	: 멤버함수들을 public으로 선언한다.
6~9행	: 매개변수가 int형으로 2개인 함수 hap을 구현한다. 매개값으로 받은 숫자 2개의 합을 출력한다.
10~13행	: 매개변수가 int형으로 3개인 함수 hap을 구현한다. 매개값으로 받은 숫자 3개의 합을 출력한다.
14~16행	: 매개변수가 float형으로 2개인 함수 hap을 구현한다. 매개값으로 받은 숫자 2개의 합을 출력한다.
21행	: 클래스 Ctot의 객체 nn을 선언한다.
22~24행	: 매개값의 데이터형, 개수에 따라서 멤버함수 hap이 달리 호출되어 실행된다.

실습문제

1. 함수중복시 구분을 어떻게 하는지 설명하시오.

2. 최대값을 구할 때 max(3, 7, 2)와 같이 호출했다면 다음 함수들 중에서 어떤 함수가 실행되는가?

① void max(int a, int b) {

      ...

  }

② void max(int a, int b, int c) {

      ...

  }

③ void max(float a, float b, float c) {

      ...

  }

10.3.2 함수의 디폴트 매개변수

일반적으로는 함수를 호출할 때 정의된 매개변수의 개수를 정확하게 일치시켜야 한다. 하지만 전달되지 않은 매개변수를 대신할 수 있도록 기본값을 설정할 수 있다. 이것을 디폴트 매개변수라고 한다.

```
void  hap(int x=0, int y=0, int z=0)
{
    cout << "합계 = " << x+y+z << endl;
}
```

위의 예처럼 함수정의시에 형식매개변수에 초기값을 할당하면 된다.

이처럼 디폴트 매개변수는 대응되는 형식매개변수와 실매개변수를 정확하게 일치시키지 않아도 나머지 부분은 설정되어 있는 기본값으로 자동 적용된다.

다음 예제는 함수의 디폴트 매개변수를 이용해서 값들의 합계를 출력하는 프로그램이다.

>> [예제 10-8] 함수의 디폴트 매개변수 예제

```
1.  #include <iostream.h>
2.
3.  void hap(int x=0, int y=0, int z=0)
4.  {
5.      cout << "합계 = " << x+y+z << endl;
6.  }
7.
8.  int main( )
9.  {
10.     hap(5, 6, 7);
11.     hap(5, 6);
12.     hap(5);
13.     return 0;
14. }
```

◉ 실행결과

```
"D:\C실습\c_test2\Debug\c_test2.exe"
합계 = 18
합계 = 11
합계 = 5
Press any key to continue
```

설명

3~6행 : 함수 hap의 형식매개변수 x, y, z에 각각 0을 디폴트 값으로 초기화하여 선언한다. 세 수의 합을 출력한다.

10행 : 5, 6, 7을 매개값으로 전달해서 세 수의 합을 출력한다.

11행 : 5와 6은 각각 형식매개변수 x와 y에 할당되고, 생략된 z는 디폴트값으로 대체된다. 즉 z에는 기본값인 0이 할당되어서 5+6+0의 값이 출력된다.

12행 : 5는 형식매개변수 x에 할당되고, 나머지 생략된 y, z는 디폴트값으로 대체된다. 즉 z에는 기본값인 0이 할당되어서 5+0+0의 값이 출력된다.

10.4 생성자와 소멸자

10.4.1 생성자란

일반적으로 함수가 실행되기 위해서는 반드시 다른 함수에 의해서 호출이 되어야만 수행이 가능하다. 반면 객체가 생성되는 시점에 컴파일러에 의해서 자동으로 호출되어 실행되는 함수가 있다. 이 함수를 생성자 함수라고 한다. 생성자는 멤버변수에 값을 초기화 하는데 주로 사용된다.

■ 형식

```
클래스명 ( );
```

■ 생성자의 특징

① 생성자의 이름은 클래스명과 동일하다.

② 생성자는 반환형이 없지만 void형을 붙이지 않는다.

③ 생성자는 객체 선언시에 자동 호출되므로 직접 호출하지 않는다.

④ 생성자는 중복 정의가 가능하다.

■ 디폴트 생성자

생성자를 명시적으로 정의하지 않으면 C++ 컴파일러는 매개변수가 없는 생성자를 자동으로 만드는데, 이것을 디폴트 생성자(Default Contructor)라고 한다. 이 생성자는 아무일도 하지 않고, 멤버변수에 쓰레기값이 초기값으로 할당이 된다. 객체 생성시에 원하는 값으로 초기화를 해야 할 경우에는 반드시 매개변수가 없는 디폴트생성자를 명시적으로 정의해야 한다. 매개변수가 있는 생성자를 작성할 때도 디폴트 생성자를 따로 명시하지 않으면 에러가 난다.

다음 예제는 매개변수가 없는 생성자를 작성하여 학생의 이름과 성적에 해당되는 멤버변수에 값을 초기화 하는 프로그램이다.

>> **[예제 10-9]** 매개변수가 없는 생성자 작성 예제

```
1.  #include <iostream.h>
2.  #include <string.h>
3.
4.  class  Cscore{
5.  private :
6.      char irum[10];
7.      int  jumsu;
8.  public :
9.      Cscore( ) {
10.         strcpy(irum, "홍길동");
11.         jumsu=98;
12.     }
13.     void view( ) {
14.         cout << irum << "의 성적은 " << jumsu << endl;
15.     }
16. };
17.
18. int main( )
19. {
20.     Cscore  hong;
21.     hong.view( );
22.     return 0;
23. }
```

실행결과

설명

9~12행 : 클래스 Cscore의 디폴트 생성자를 선언한다. 매개변수가 없는 생성자를 디폴트 생성
          자라고 한다. "홍길동", 98을 멤버변수 irum, jumsu에 각각 초기화 한다.

20행   : 클래스 Cscore의 객체 hong을 생성한다. 이때 디폴트 생성자가 자동 호출되어 멤버
         변수에 값들이 초기화된다.

21행   : 멤버함수 view를 호출하여 실행한다. 디폴트 생성자에 의해 초기화 되었던 값들이
         출력된다.

다음 예제는 매개변수가 있는 생성자를 작성한다. 학생의 이름과 성적에 해당되는 값을
객체 생성시에 매개값으로 받아서 멤버변수에 값을 초기화 하는 프로그램이다.

[예제 10-10] 매개변수가 있는 생성자 작성 예제

```
1.  #include <iostream.h>
2.  #include <string.h>
3.
4.  class  Cscore{
5.  private :
6.      char irum[10];
7.      int  jumsu;
8.  public :
9.      Cscore(char *ir, int jm) {
10.         strcpy(irum, ir);
11.         jumsu=jm;
12.     }
13.     void view( ) {
```

```
14.          cout << irum << "의 성적은 " << jumsu << endl;
15.      }
16.  };
17.
18.  int main( )
19.  {
20.      Cscore  stu1("주원", 100), stu2("오스카", 85);
21.      stu1.view( );
22.      stu2.view( );
23.      return 0;
24.  }
```

🔸 **실행결과**

🔍 **설명**

9~12행   : 클래스 Cscore의 생성자를 선언한다. 매개값으로 받은 ir은 irum에, jm은 jumsu에
          각각 할당하여 초기화 한다.

20행   : 클래스 Cscore의 객체 stu1과 stu2를 생성한다. 이때 각 객체들의 생성자가 자동 호
          출된다. 전달한 매개값들이 각 객체의 멤버들인 irum, jumsu에 각각 할당되어 초기
          화된다.

21~22행 : 객체 stu1, stu2의 멤버함수 view를 호출하여 실행한다. 생성자에 의해 초기화 되었
          던 값들이 출력된다.

10.4.2 생성자 오버로딩

생성자도 함수 오버로딩을 구현할 수 있다. 함수 오버로딩과 동일하게 매개변수의 자료
형과 개수를 달리하여 같은 이름의 생성자들중에서 어떤 생성자를 호출할 지 결정한다.

■ 형식

클래스명 ( );
클래스명 (데이터형 변수명);
클래스명 (데이터형 변수명1, 데이터형 변수명2);

■ 사용 예

Cscore( ) {   ...   }
Cscore(char *ir, int jm) {   ...   }

클래스 Cscore의 매개변수가 없는 디폴트 생성자, 매개변수가 2개인 생성자를 클래스내에 구현하면 매개변수 개수, 형에 따라서 달리 자동 호출되어 실행된다.

다음 예제는 생성자 오버로딩을 이용하여 객체의 초기값을 다양하게 부여할 수 있도록 작성한 프로그램이다.

[예제 10-11] 생성자 오버로딩 예제

```
1.   #include  <iostream.h>
2.   #include  <string.h>
3.
4.   class  Cscore{
5.   private :
6.       char irum[10];
7.       int  jumsu;
8.   public :
9.       Cscore( ) {
10.          strcpy(irum, "아무개");
11.          jumsu=0;
12.      }
13.      Cscore(char *ir, int jm) {
14.          strcpy(irum, ir);
15.          jumsu=jm;
16.      }
17.      void  view( ) {
18.        cout << irum << "의 성적은 " << jumsu << endl;
```

```
19.     }
20. };
21.
22. int main( )
23. {
24.     Cscore  stu1("주원", 100), stu3;
25.     stu1.view( );
26.     stu3.view( );
27.     return 0;
28. }
```

실행결과

```
 "D:\C실습\c_test2\Debug\c_test2.exe"
주원의 성적은 100
아무개의 성적은 0
Press any key to continue
```

설명

9~12행 : 클래스 Cscore의 생성자를 선언한다. 매개값으로 받은 ir은 irum에, jm은 jumsu에 각각 할당하여 초기화 한다.

24행 : 클래스 Cscore의 객체 stu1과 stu3를 생성한다. 이때 각 객체들의 생성자가 자동 호출된다. 객체 stu1은 매개변수가 있는 생성자가 호출되어 멤버변수 irum, jumsu 각각에 "주원", 100이 할당된다.
객체 stu3은 매개값없이 객체만 생성하였으므로 매개변수가 없는 디폴트 생성자가 호출되어 멤버변수 irum, jumsu 각각에 "아무개", 0이 할당된다.

25~26행 : 객체 stu1, stu3의 멤버함수 view를 호출하여 실행한다. 생성자에 의해 초기화 되었던 값들이 출력된다.

만일 [예제 10-11]에서 9~12행을 생략한다면, 즉 매개변수가 없는 디폴트 생성자를 정의하지 않고 객체 stu3만 생성하였다면 아래 그림과 같은 에러가 발생한다. 원래 매개변수가 없는 디폴트 생성자는 C++ 컴파일러에 의해서 정의되지 않아도 자동생성후 호출한다. 단, 매개변수가 있는 생성자가 정의된 경우에는 컴파일러가 디폴트 생성자를 자동 제공하지 않기 때문에 [그림 10-4]와 같은 에러가 발생한다. 그러므로 이러한 경우에는 매개변수가 없는 디폴트 생성자를 [예제 10-11]과 같이 재정의해주는 것이 에러를 방지할 수 있다.

```
void main( )
{ Cscore  stu1("주원", 100), stu3;            /*      */
  stu1.view( );
  stu3.view( );
}
```

```
D:\C실습\c_test2\c10-10.cpp(18) : error C2512: 'Cscore' : no appropriate default constructor available
Error executing cl.exe.
```

```
c10-10.obj - 1 error(s), 0 warning(s)
```

[그림10-4] 디폴트 생성자 정의없이 객체만 생성한 경우의 에러메시지

다음 예제는 생성자 오버로딩을 이용하여 객체 생성시 다양한 값들의 초기화를 유도한 후 합계를 출력하는 프로그램이다.

≫ [예제 10-12] 함수오버로딩 이용한 값들의 합 출력 예제

```cpp
1.  #include <iostream.h>
2.
3.  class Ctot{
4.  private :
5.      int x, y;
6.  public :
7.      Ctot( ) { x=0, y=0; }
8.      Ctot(int a) { x=a, y=0; }
9.      Ctot(int a, int b) {x=a, y=b; }
10.     void hap();
11. };
12. void Ctot::hap() {
13.     cout << "두수의 합 = " << x+y << endl;
14. }
15.
16. int main( )
17. {
18.     Ctot   n1, n2(10), n3(10,20);
19.     n1.hap();
20.     n2.hap();
21.     n3.hap();
22.     return 0;
23. }
```

실행결과

설명

7~9행	: 생성자 함수를 중복되게 구현한다.
7행	: 매개변수가 없는 디폴트 생성자를 구현한다. 멤버변수 x, y에 0을 초기화 한다.
8행	: 매개변수가 한개인 디폴트 생성자를 구현한다. 멤버변수 x에는 전달된 매개변수 a의 값을, y에 0을 초기화 한다.
9행	: 매개변수가 두개인 디폴트 생성자를 구현한다. 멤버변수 x에는 실매개변수 a의 값을, y에는 b의 값을 초기화 한다.
18행	: 클래스 Ctot의 객체들을 생성한다. 매개값이 없는 객체 n1은 디폴트 생성자가 자동 호출되어 x, y에 0으로 초기화 된다. 숫자 10의 매개값이 전달된 객체 n2는 매개변수가 1개인 생성자가 자동호출되어 x에 10, y에는 0으로 초기화 된다. 숫자 10, 20의 매개값이 전달된 객체 n3는 매개변수가 1개인 생성자가 자동호출되어 x에 10, y에는 20으로 초기화 된다.
19~21행	: 각 객체들의 멤버함수 hap을 호출하여 실행한다. 각 객체에 전달된 초기화값으로 계산되어 합이 출력된다.

10.4.3 소멸자

소멸자는 생성자의 반대 개념이라고 할 수 있다. 생성자를 통해서 동적으로 할당된 메모리가 있을 경우 해제하지 않으면 프로그램이 종료되어도 메모리상에 남게 된다. 이와 같은 메모리를 해제하기 위해 사용되는 함수가 소멸자이다.

■ 형식

~클래스명( )

- **소멸자의 특징**

① 소멸자의 이름은 클래스명과 동일하다.

② 소멸자는 생성자와 구분하기 위해서 클래스명 앞에 ~(틸드) 기호를 붙인다.

③ 소멸자는 반환형을 사용하지 않지만 void형을 표기하지 않는다.

④ 소멸자는 객체가 소멸될때 자동 호출된다.

⑤ 소멸자는 전달 매개변수를 지정할 수 없다. 그러므로 중복정의할 수 없다.

다음 예제는 소멸자의 생성과 호출시기를 알아보는 프로그램이다.

>> [예제 10-13] 소멸자 사용 예제

```
1.  #include  <iostream.h>
2.
3.  class  Cexit{
4.  public :
5.     Cexit( ) {
6.         cout << "생성자 호출됨 " <<  endl;
7.     }
8.     ~Cexit( ) {
9.         cout << "* 소멸자 호출됨 *" << endl;
10.    }
11. };
12.
13. int main( )
14. {
15.    Cexit   a, b, c;
16.    return 0;
17. }
```

실행결과

```
생성자 호출됨
생성자 호출됨
생성자 호출됨
* 소멸자 호출됨 *
* 소멸자 호출됨 *
* 소멸자 호출됨 *
Press any key to continue
```

설명

5~7행	: 클래스 Cexit의 디폴트 생성자를 구현한다.
8~10행	: 클래스 Cexit의 소멸자를 구현한다.
15행	: 클래스 Cexit의 객체 a, b, c를 생성한다. 이때 디폴트 생성자가 자동 호출되어 실행된다. "생성자 호출됨" 이라는 문장이 3번 출력된다.
16행	: 함수종료에 의해서 객체들의 소멸자가 자동 호출되어 실행된다. "* 소멸자 호출됨 *"이라는 문장이 3번 출력된다.

다음 예제는 소멸자를 통해서 동적할당된 메모리를 해제하는 내용을 작성한 프로그램이다.

[예제 10-14] 소멸자 사용 예제

```
1.  #include  <iostream.h>
2.  #include  <string.h>
3.
4.  class  Cexit{
5.  private :
6.      char *irum;
7.  public :
8.      Cexit( ) {
9.          irum = new char[10];
10.         strcpy(irum, "홍길동");
11.         cout << "이름 :  " << irum << endl;
12.     }
13.     ~Cexit( ) {
14.         delete []irum;
15.         cout << "* 메모리 해제됨 *" << endl;
16.     }
17. };
18.
19. int main( )
20. {
21.     Cexit   kim, hong;
22.     return 0;
23. }
```

실행결과

설명

8~12행	: 클래스 Cexit의 디폴트 생성자를 구현한다.
9행	: new 연산자에 의해서 동적 메모리를 할당한다. 멤버변수 irum에 요소가 10개인 문자형 배열의 메모리 시작주소를 동적 할당한다.
13~16행	: 클래스 Cexit의 소멸자를 구현한다.
14행	: delete 연산자에 의해서 동적 메모리를 해제한다.
21행	: 클래스 Cexit의 객체 kim, hong이 생성된다. 이때 디폴트 생성자가 자동 호출되어 각 객체의 irum 멤버변수에 메모리가 자동 할당되고 "홍길동"이 초기화된다.
22행	: 함수종료에 의해서 객체들의 소멸자가 자동 호출되어 실행된다. 소멸자에 정의되어 있는 delete 연산자에 의해서 할당되었던 동적 메모리를 해제한다.

실습문제

1. 소멸자는 생성자와 구분하기 어떤 기호를 앞에 붙이는가?

2. 소멸자는 언제 호출되는지 설명하시오.

Exercise

1. 클래스 설계시 접근지정자 생략시에 디폴트로 적용되는 것은 ?

   ① public   ② private
   ③ protected   ④ void

2. 클래스의 생성자에 대한 설명이다. 올바르게 설명한 것을 모두 고르시오.

   ① 생성자명은 클래스명과 동일하지 않아도 된다.
   ② 매개변수가 없는 생성자를 디폴트 생성자라고 한다.
   ③ 생성자는 결과값을 반환하지 않으므로 반환형은 항상 void형이다.
   ④ 생성자는 객체가 생성될때 자동호출된다.
   ⑤ 생성자는 오버로딩이 가능하다.

3. 소멸자의 기호는?

   ① &   ② ~
   ③ ::   ④ *

4. 다음은 마일을 m(미터) 로 단위변환하는 것이다. 다음의 실행결과를 출력하는 프로
   그램을 완성하시오.

   ⊛ 실행결과

   ```
   변환할 마일을 입력하시오 : 2
   2 마일은 3218.69 이다.
   ```

   ```cpp
   #include <iostream.h>
   class unitTrans
   {
       int mile ;
          ①       ;
     public:
   ```

```
        void getMile();
          ②        ;
};
void unitTrans::getMile()
{
   cout << "변환할 마일을 입력하시오 : " ;
   cin >> mile;
 }
 void unitTrans::cha()
{
    num = mile  * 1609.344;
    cout << mile << "마일은 " << num << "이다" << endl;
}
int main( )
{
   unitTrans obj;
       ③        ;
   obj.cha();
}
```

5.   다음 프로그램은 두 수의 평균을 구하는 프로그램이다. 틀린 곳을 찾아서 수정하시오.

```
#include <iostream.h>
class Cavg
{
   int x, y ;
   void pyn();
};
void Cavg::pyn()
{
   int avg;
   avg = (x + y) / 2;
   cout << x << ",  " << y <<  "의 평균=  " << avg << endl;
 }
int main( )
{
   Cavg cc;
   cc.x =5;
   cc.y =6;
   cc.pyn();
}
```

6. 다음은 상품의 단가와 수량에 대한 금액을 계산하는 프로그램이다. 객체 초기화에 필요한 생성자 함수를 오버로딩하여 코딩을 수정하시오.

```cpp
#include <iostream.h>
class Camount
{
    int danga, su;
  public:
    void  calAmt();
};
void Camount::calAmt()
{
    int amt;
    amt = danga * su;
    cout << "금액 = " << amt << endl;
}
int main( )
{
    Camount book1;             //단가 : 1000, 수량 : 5로 초기화
    Camount book2(2000);   //수량 : 10으로 초기화
    book1.calAmt();
    book2.calAmt();
}
```

7. 6번 문제의 예제를 이용하여 다음 예제와 같이 생성자의 디폴트 매개변수값을 설정했을 때의 결과값을 적으시오.

```cpp
#include <iostream.h>
class Camount
{
    int danga, su;
    public:
        Camount(int d=500, int s=30);    //생성자의 디폴트 설정
        void  calAmt();
};
Camount::Camount(int d, int s)
{
    danga = d;
    su = s;
}
```

```
void Camount::calAmt()
{
    int amt;
    amt = danga * su;
    cout << "금액 = " << amt << endl;
}
int main( )
{
    Camount book1;
    Camount book2(1000);
    Camount book3(2000, 40);
    book1.calAmt();
    book2.calAmt();
    book3.calAmt();
}
```

8.   7번 예제에 소멸자를 추가하시오.

클래스의 고급 활용

객체 포인터   11.1

this 포인터   11.2

함수로 객체 전달   11.3

클래스형 배열   11.4

friend 함수   11.5

11.1 객체 포인터

객체도 포인터변수로 선언해서 멤버들을 간접 참조하여 사용할 수 있다. 사용형식은 다음과 같다.

■ **형식**

클래스명 *객체포인터변수명;

■ **사용 예**

Cscore kim, *p;
p = &kim;

객체포인터변수도 일반 포인터변수처럼 주소값을 저장하는 변수이므로 특정 객체의 주소값을 할당해야 한다.

■ **객체포인터 변수의 멤버 접근**

---

p→hap();

일반 객체로 멤버를 접근할 때는 직접 접근멤버연산자인 .(dot) 를 사용하고, 객체 포인터변수는 간접 접근멤버연산자인 -)를 주로 사용한다.

다음 예제는 포인터 객체를 생성하여 멤버들에 간접적으로 접근한다. 고객의 이름과 나이를 출력하는 프로그램이다.

> [예제 11-1] 포인터객체 선언과 멤버접근 예제 (1) - 이름, 나이 출력

```
1.  #include  <iostream.h>
2.  #include  <string.h>
3.
4.  class  Ccst{
```

```
 5.  private :
 6.      char irum[10];
 7.      int  age;
 8.  public :
 9.      void setMem(char * ir, int nai){
10.          strcpy(irum, ir);   age = nai;
11.      }
12.      void view();
13.  };
14.  inline  void Ccst::view()
15.  {
16.      cout << "고객명= " << irum << "나이 = " << age << endl;
17.  }
18.
19.  int main( )
20.  {
21.      Ccst  kim, *p;
22.      p = &kim;
23.      p->setMem("김유신", 20);
24.      p->view( );
25.      return 0;
26.  }
```

실행결과

설명

21행   : 클래스 Ccst의 객체 kim과 객체포인터 변수 p를 생성한다.

22행   : 객체포인터 변수 p에 객체 kim의 주소를 할당한다.

23행   : 객체포인터 변수 p로 멤버함수 setMem에 간접 접근하여 매개값들을 멤버변수에 초기
         화한다. "김유신", 20의 값이 irum, age에 각각 할당된다.

24행   : 객체포인터 변수 p로 멤버함수 view 에 간접 접근하여 호출한다. 멤버변수에 초기화
         된 값들을 출력한다.

다음 예제는 포인터 객체를 이용하여 학생들의 성적을 출력하는 프로그램이다.

⟫ **[예제 11-2] 포인터객체 선언과 멤버접근 예제 (2) – 성적 출력**

```cpp
1.  #include <iostream.h>
2.  #include <iomanip.h>
3.
4.  class  Cstu{
5.  private :
6.      int     hakbun, kor, eng;
7.      double av;
8.  public :
9.      Cstu(int hak, int k, int e){
10.         hakbun = hak;
11.         kor = k;
12.         eng = e;
13.     }
14.     void avg(){
15.         av = (kor + eng) / 2.0;
16.     }
17.     void view();
18. };
19. void Cstu::view()
20. {
21.     cout << "학번=  "   << hakbun
22.             << "번, 평균= " << setprecision(6) << av << endl;
23. }
24.
25. int main( )
26. {
27.     Cstu  song(1,98,97), park(2,90,95), *p;
28.     p = &song;
29.     p->avg();
30.     p->view( );
31.     p = &park;
32.     p->avg();
33.     p->view( );
34.     return 0;
35. }
```

"D:\C실습\c_test2\Debug\c_test2.exe"
```
학번= 1번, 평균= 97.5
학번= 2번, 평균= 92.5
Press any key to continue
```

설명

9~13행	: 클래스 Cstu의 생성자를 구현한다. 매개값으로 받은 데이터들을 멤버변수 hakbun, kor, eng에 각각 할당하여 초기화한다.
27행	: 클래스 Cstu의 객체 song, park, 객체포인터 변수 p를 생성한다. 이때 객체 song과 park의 생성자가 자동 호출되어 실행된다. 매개값으로 전달된 데이터들이 객체들의 멤버변수들인 hakbun, kor, eng에 순서대로 할당된다.
28행	: 객체포인터 변수 p에 객체 song의 주소를 할당한다.
29~30행	: 객체포인터 변수 p로 멤버함수 avg, view 에 간접 접근하여 호출한다. 함수 avg에 의해 점수들의 평균을 구한다. 함수 view에 의해 저장된 평균을 출력한다.
31~33행	: 객체포인터 변수 p에 객체 park의 주소를 할당하여 나머지는 위와 동일한 내용을 실행하여 결과값을 출력한다.

11.2 this 포인터

this 포인터는 컴파일러에 의해서 자동 생성되는 포인터로 객체의 시작주소를 가진다. 특정 객체를 생성한 후에 멤버함수를 호출하게 되면 이 객체의 시작주소가 멤버함수내에 this 포인터로 자동 전달된다. 이러한 과정은 컴파일러에 의해서 내부적으로 일어난다.

객체 생성시에 클래스의 멤버변수영역은 객체마다 각각 만들어지고 멤버함수는 클래스의 멤버함수영역을 공동으로 사용한다. 공동으로 사용하는 멤버함수를 서로 다른 객체들이 호출하게 될 때 멤버함수내의 멤버변수가 해당 객체의 것인지 아닌지의 여부는 this 포인터가 결정한다.

[예제 11-1]을 예로 들어서 객체 kim, song을 그림으로 표현하면 다음과 같다.

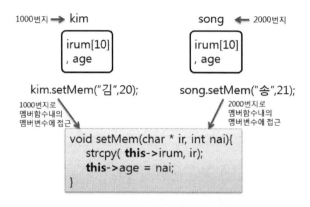

[그림 11-1] 멤버함수의 내부 동작원리

멤버함수 호출시에 컴파일러에 의해서 객체의 시작주소가 해당 멤버함수의 this 포인터에 전달된다. 이 시작주소로 해당 객체의 멤버변수에 접근할 수 있게 된다. [그림 11-1]에서 처럼 kim 객체의 setMem( ) 멤버함수는 컴파일러에 의해서 this 포인터에 kim의 시작주소인 1000번지를 넘겨받는다. 또한 song 객체의 setMem( ) 멤버함수는 this 포인터에 song의 시작주소인 2000번지를 넘겨받는다. 이때 kim.setMem( )를 호출하여 this->irum 을 실행하면 1000번지 irum 변수의 값을 찾게 되고, song.setMem( ) 를 호출하여 this->irum 을 실행하면 2000번지 irum 변수의 값을 찾게 되는 것이다.

this 포인터는 컴파일러에 의해서 묵시적으로 전달되는 것이어서 생략해도 되지만, 필요한 경우에는 명시적으로 표기해서 사용해도 된다. 단, this 포인터를 반드시 사용해야 하는 경우도 있다. 다음과 같이 멤버함수의 매개변수와 멤버변수의 이름이 동일한 경우에는 this 포인터를 명시적으로 표기해서 멤버변수와 매개변수를 구분해주어야 한다.

```
Cstu(int hakbun, int kor, int eng){
    this->hakbun = hakbun;
    this->kor    = kor;
    this->eng    = eng;
}
```

다음 예제는 학번, 성적들을 매개값으로 받아서 평균을 출력한다. 학번, 성적은 객체 생성시에 생성자를 통해서 초기화 한다. 생성자 함수의 형식매개변수와 멤버변수의 이름이 동일하므로 this 포인터로 서로 구분하여 값을 할당한다.

(») [예제 11-3] this 포인터 사용 예제

```
1.  #include <iostream.h>
2.  #include <iomanip.h>
3.
4.  class Cstu{
5.  private :
6.      int hakbun, kor, eng;
7.      double av;
8.  public :
9.      Cstu(int hakbun, int kor, int eng){
10.         this->hakbun = hakbun;
11.         this->kor = kor;
12.         this->eng= eng;
13.     }
14.     void avg(){
15.         av = (kor + eng) / 2.0;
16.     }
17.     void view();
18. };
19. void Cstu::view()
20. {
21.     cout << "학번=  "   << hakbun <<
22.              "번, 평균= " << setprecision(6) << av << endl;
23. }
24.
25. int main( )
26. {
27.     Cstu  song(1,98,97), *p;
28.     p = &song;
29.     p->avg();
30.     p->view( );
31.     return 0;
32. }
```

(ⓢ) 실행결과

🔍 설명

9~13행 : 생성자 함수의 매개변수들이 멤버변수와 동일하다. 서로 구분하기 위해서 멤버변수 쪽에
　　　　　this 포인터를 사용하여 멤버변수임을 알린다. 만일 this 포인터를 사용하지 않는다면
　　　　　컴파일러가 양쪽 다 매개변수로 인식하므로 올바른 결과를 얻을 수 없다.

22행 : setprecision(6)는 평균 출력시에 정밀도를 6자리로 맞추어서 출력한다. 예를들어 123.
　　　　4567이라면 123.457이 출력된다.

🔍 실습문제

1. 컴파일러에 의해서 자동으로 생기는 포인터이다. 객체 생성시에 객체의 시작주소를 가리키는 포
   인터이다. 이것을 무엇이라 하는가?

2. 클래스 Ctest의 생성자이다. 매개변수와 멤버변수의 이름이 동일하다고 가정했을때, 다음 문장에
   서 틀린 부분을 찾아서 수정하시오.

   Ctest(int sale, int price)
   {
   　sale = sale;
   　price = price;
   }

11.3 함수로 객체 전달

객체도 일반 변수처럼 함수의 매개변수로 서로 주고받을 수 있다. 앞에서 정리했었던 매
개변수의 전달방식인 값에 의한 호출, 주소에 의한 호출, 참조에 의한 호출도 그대로 적
용 가능하다.

11.3.1 값에 의한 전달방식의 객체 전달

값에 의한 전달방식(Call by value)로 객체를 매개변수로 넘기면 실매개객체와 형식매개
객체는 기억공간을 따로 할당받는다. 실매개의 영역과 형식매개의 영역이 따로 관리되
므로 둘의 값은 전혀 영향을 받지 않는다.

■ 형식

자료형 함수명(클래스명 객체명)

■ 사용 예

```
void swap(Cfunc x) {
    x.a++;  x.b++;
}
...
Cfunc ob1;
ob1.swap(ob1);
```

다음 예제는 값에 의한 전달방식으로 객체를 함수의 매개변수로 전달받아서 객체 멤버
변수들의 값을 증가시키는 프로그램이다.

≫ [예제 11-41] 매개변수 객체의 값에 전달 방식 예제

```
1.  #include <iostream.h>
2.
3.  class Cfunc{
4.  private :
5.      int a, b;
6.  public :
7.      Cfunc(int a, int b){
8.          this->a=a,
9.          this->b=b;
10.     }
11.     void view();
12.     void swap(Cfunc x) {
13.         x.a++;  x.b++;
14.     }
15. };
16. void Cfunc::view() {
17.     cout << "a= " << a << ", b= " << b << endl;
18. }
19.
20. int main( ) {
```

```
21.      Cfunc  ob1(10, 20);
22.      ob1.view();
23.      ob1.swap(ob1);
24.      ob1.view();
25.      return 0;
26. }
```

🔊 **실행결과**

```
"D:₩C실습₩c_test2₩Debug₩c_test2.exe"
a= 10, b= 20
a= 10, b= 20
Press any key to continue
```

🔍 **설명**

12~14행 : swap 함수의 매개변수는 클래스 Cfunc의 객체 x이다. 객체 x의 멤버변수 a, b의 값을 각각 1씩 증가한다.

21행 : 클래스 Cfunc의 객체 ob1을 생성한다. 생성자에 의해 10, 20이 멤버변수 a, b에 각각 초기화 된다.

22행 : 객체 ob1의 값들을 출력한다.

23행 : 객체 ob1의 멤버함수 swap을 호출한다. 이때 매개변수로 자신의 객체 ob1 을 전달하여 실행하며, 형식매개객체 x의 멤버변수 a와 b의 값을 각각 1씩 증가시킨다.

24행 : 객체 ob1의 값들을 출력한다. 23행에 의해서 증가된 값이 아니라 22행과 동일한 값이 출력된다. 값에 의한 전달에 의해서 실매개객체 ob1과 형식매개객체 x는 다른 기억공간을 가지기 때문이다. 즉, 증가된 값은 객체 x의 멤버변수 a, b의 값인 것이므로 객체 ob1과는 상관 없다.

[그림 11-2] 객체 매개변수의 값에 의한 전달

11.3.2 주소에 의한 전달방식의 객체 전달

주소에 의한 전달방식(Call by pointer)으로 객체를 매개변수로 넘기면 실매개객체의 주소를 형식매개객체로 전달하게 된다. 실매개객체 영역의 주소를 형식매개객체가 참조하게 되는 것이므로 형식매개객체에서 값을 변화시키면 실매개객체의 값을 변화시키는 것과 같게 된다.

■ 형식

자료형 함수명(클래스명 *객체명)

■ 사용 예

```
void swap(Cfunc *x) {
    x.a++;   x.b++;
}
   ...
Cfunc ob1;
ob1.swap(&ob1);
```

다음 예제는 주소에 의한 전달방식으로 객체의 주소를 함수의 매개변수로 전달받아서 값을 증가시키는 프로그램이다.

>> [예제 11-5] 매개변수 객체의 주소에 전달 방식 예제

```
1.  #include <iostream.h>
2.
3.  class  Cfunc{
4.  private :
5.      int a, b;
6.  public :
7.      Cfunc(int a, int b){
8.          this->a=a,
9.          this->b=b;
10.     }
```

```
11.      void view();
12.      void swap(Cfunc *x) {
13.          x->a++;   x->b++;
14.      }
15. };
16. void Cfunc::view() {
17.      cout << "a= " << a << ", b= " << b << endl;
18. }
19.
20. int main( ) {
21.      Cfunc  ob1(10,20);
22.      ob1.view();
23.      ob1.swap(&ob1);
24.      ob1.view();
25.      return 0;
26. }
```

🪙 실행결과

```
a= 10, b= 20
a= 11, b= 21
Press any key to continue
```

🔍 설명

12~14행	: swap 함수의 매개변수는 클래스 Cfunc의 객체 *x이다. 객체 x의 멤버변수 a, b의 값을 각각 1씩 증가한다.
21행	: 클래스 Cfunc의 객체 ob1을 생성한다. 생성자에 의해 10, 20이 멤버변수 a, b에 각각 초기화 된다.
22행	: 객체 ob1의 값들을 출력한다.
23행	: 객체 ob1의 멤버함수 swap을 호출한다. 매개변수가 포인터 객체로 선언되어 있으므로 실매개객체 ob1의 주소를 전달한다. 형식매개객체인 포인터객체 x가 ob1에 간접 접근가능하게 된다. 형식매개객체 x의 멤버변수 a와 b의 값을 각각 1씩 증가시키면 결국은 객체 ob1의 값들이 변경되는 것이다.
24행	: 객체 ob1의 값들을 출력한다. 23행에서 1씩 증가된 값들이 출력된다.

[그림 11-3] 객체 매개변수의 값에 의한 전달

11.3.3 참조에 의한 전달방식의 객체 전달

참조에 의한 전달방식(Call by reference)으로 객체를 매개변수로 넘기면 실매개객체는 형식매개객체에 상수 포인터(constant pointer)로 전달하게 된다. 즉, 형식매개객체는 메모리를 따로 할당받지 않고 실매개객체의 메모리공간을 형식매개객체의 이름으로 같이 공유해서 사용하는 개념이다. 공간을 공유하므로 형식매개쪽에서 값을 변경하면 실매개도 당연히 변경된다.

■ 형식

　　자료형 함수명(클래스명 &객체명)

■ 사용 예

```
void swap(Cfunc &x) {
    x.a++;  x.b++;
}
...
Cfunc ob1;
ob1.swap(ob1);
```

다음 예제는 참조에 의한 전달방식으로 객체를 함수의 매개변수로 전달받아서 값을 증가시키는 프로그램이다.

≫ [예제 11-6] 매개변수 객체의 참조에 전달 방식 예제

```cpp
1.  #include <iostream.h>
2.
3.  class Cfunc{
4.  private :
5.      int a, b;
6.  public :
7.      Cfunc(int a, int b){
8.          this->a=a,
9.          this->b=b;
10.     }
11.     void view();
12.     void swap(Cfunc &x) {
13.         x.a++;  x.b++;
14.  }
15. };
16. void Cfunc::view() {
17.     cout << "a= " << a << ", b= " << b << endl;
18. }
19.
20. int main( ) {
21.     Cfunc  ob1(10,20);
22.     ob1.view();
23.     ob1.swap(ob1);
24.     ob1.view();
25.     return 0;
26. }
```

◎ 실행결과

```
"D:\C실습\c_test2\Debug\c_test2.exe"
a= 10, b= 20
a= 11, b= 21
Press any key to continue
```

설명

12~14행	: swap 함수의 매개변수는 클래스 Cfunc의 객체 &x이다. 객체 x의 멤버변수 a, b의 값을 각각 1씩 증가한다.
21행	: 클래스 Cfunc의 객체 ob1을 생성한다. 생성자에 의해 10, 20이 멤버변수 a, b에 각각 초기화 된다.
22행	: 객체 ob1의 값들을 출력한다.
23행	: 객체 ob1의 멤버함수 swap을 호출한다. 참조연산자로 매개변수가 선언되어 있다. 포인터변수는 아니지만 포인터변수처럼 변수의 주소를 가지게 된다. 사용시에는 포인터처럼 사용하지 않고 형식매개객체를 실매개객체의 별칭으로 사용되는 것이므로 실매개객체를 전달받는다. 결국 실매개객체 메모리의 또 다른 이름이 형식매개객체명이 된다. 형식매개객체 x의 멤버변수 값들을 증가시키는 것은 실매개객체 ob1의 a, b의 값들이 증가되는 것이다.
24행	: 객체 ob1의 값들을 출력한다. 23행에서 1씩 증가된 값들이 출력된다.

[그림 11-4] 객체 매개변수의 값에 의한 전달

실습문제

1. 매개변수 전달방식들 중에서 형식매개변수는 실매개변수의 값만 복사해서 사용한다. 즉, 실매개변수와 형식매개변수의 기억공간이 따로 존재하는 방식이다. 이것은 어떤 방식인가?

2. 다음 swap 함수는 주소에 의한 전달방식으로 매개변수를 전달한다. 2번째 문장을 올바르게 수정하시오.

    Ctest ob1, ob2;
    ob1.swap(ob2);

3. 매개변수를 참조에 의한 전달방식으로 주고 받을 경우, 실매개변수와 형식매개변수는 메모리를 어떻게 사용하는 것인지 설명하시오.

11.4 클래스형 배열

동일한 클래스의 객체가 여러 개 필요한 경우에 배열로 선언해서 사용할 수 있다. 이러한 배열을 클래스 배열 또는 객체 배열이라고 한다.

11.4.1 객체 배열

객체 배열의 선언방법, 초기화, 멤버접근에 대해서 알아본다.

(1) 객체배열 선언

일반 배열의 선언방법과 동일하다. 대괄호[ ] 안에 첨자를 넣어서 배열의 요소수를 표현한다. 요소의 첨자는 0부터 시작하여 마지막요소의 첨자는 n-1이 된다.

■ 형식

클래스명 객체배열명[요소수]

■ 사용 예

```
Cfunc ob[3];
Cfunc ob2[3][2];
Cfunc ob3[5][2][3];
```
---

(2) 객체 배열 선언과 멤버 초기화

객체 배열을 선언과 동시에 값을 초기화 하고자 할 경우에 중괄호{ }안에 배열의 요소수만큼 값들을 나열한다.

■ 형식

클래스명 객체배열명[요소수] = { 클래스명(초기값1..), 클래스명(초기값2..), ..
                            , 클래스명(초기값n..)
                            };

■ 사용 예

```
Cfunc ob[3]={ Cfunc(1,2), Cfunc(5,6), Cfunc(10,20) };
```

Cfunc 클래스의 멤버변수가 정수형으로 x, y가 있고, 초기화를 하는 내용의 생성자가 작성되어 있다고 가정한다. 위의 예를 실행하면 중괄호안에 객체배열의 요소수만큼 명시적으로 생성자를 호출해서 값들을 초기화한다. 다음과 같이 연속된 3개의 메모리가 생기고 초기화된 값에 의해서 각 요소의 멤버변수 x, y에 값들이 저장된다.

ob[0]		ob[1]		ob[2]	
x	y	x	y	x	y
1	2	5	6	10	20

(3) 객체 배열의 멤버접근

객체배열명 다음에 요소수인 첨자를 기입하고 직접 접근 멤버연산자인 .(dot)으로 멤버에 접근한다.

■ 형식

```
객체배열명[첨자].멤버변수;
객체배열명[첨자].멤버함수( );
```

■ 사용 예

```
ob[1].view( );
```

객체 ob배열의 첨자 1인 요소 즉, 2번째 요소의 멤버함수 view에 접근한다.

다음 예제는 객체배열을 사용하여 학생 3명의 국어, 영어성적의 합과 평균을 출력하는 프로그램이다.

≫ [예제 11-7] 객체배열을 이용한 성적 출력 예제

```
1.  #include  <iostream.h>
2.  #include  <string.h>
3.  #include  <iomanip.h>
4.
5.  class  Cstu{
6.  private :
7.       char irum[10];
8.       int  kor, eng, tot, avg;
9.  public :
10.      Cstu();
11.      Cstu(char *ir, int k, int e);
12.      void score();
13.      void view();
14.      void view2();
15.  };
16.  Cstu::Cstu(){
17.       strcpy(irum, " ");
18.       kor = 0;
19.       eng = 0;
20.  }
21.  Cstu::Cstu(char *ir, int k, int e){
22.       strcpy(irum, ir);
23.       kor = k;
24.       eng = e;
25.  }
26.  void Cstu::view(){
27.       cout << setw(8) << "성명" <<  setw(8) << "국어"
28.           << setw(8) << "영어" << setw(8) << "총합"
29.           << setw(8) << "평균" << endl;
30.       cout << "---------------------------------"
31.           << endl;
32.  }
33.  void Cstu::score() {
34.       tot = kor + eng;
35.       avg = tot / 2;
36.  }
37.  void Cstu::view2(){
```

```
38.          cout ≪ setw(6) ≪ irum ≪ setw(8) ≪ kor ≪ setw(8)
39.               ≪ eng ≪ setw(8) ≪ tot ≪ setw(8) ≪ avg ≪ endl;
40. }
41.
42. int main( ) {
43.     Cstu   ob[3] = {  Cstu("김유신", 90,87),
44.                       Cstu("송찬욱", 100,100),
45.                       Cstu("이순신", 88, 96)
46.                    };
47.     ob[0].view();
48.     for(int i=0; i<3; i++) {
49.         ob[i].score();
50.         ob[i].view2();
51.     }
52.     return 0;
53. }
```

실행결과

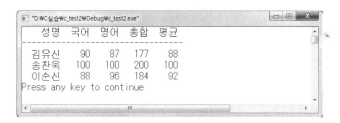

설명

9~14행   : 멤버함수들을 public 으로 선언한다.

16~20행 : 매개변수가 없는 디폴트 생성자를 클래스 외부에서 구현한다. 이름, 국어, 영어성적
          이 공백, 0으로 각각 초기화 한다.

21~25행 : 매개변수가 3개인 생성자를 클래스 외부에서 구현한다. 매개변수로 받은 ir, k, e의
          값들을 멤버변수 irum, kor, eng에 각각 초기화 한다.

26~32행 : 제목을 자리에 맞추어서 출력하는 내용의 view 함수를 구현한다.

33~36행 : 국어성적과 영어성적의 합, 평균을 구해서 멤버변수 tot, avg에 각각 저장한다.

37~40행 : 이름, 국어, 영어, 합, 평균을 자리에 맞추어서 출력하는 내용의 view2 함수를 구현
          한다.

43~46행 : 클래스 Cstu의 객체배열을 선언한다. 중괄호안에 나열되어 있는 값들을 객체배열 요소의 멤버변수들에 초기화 한다.

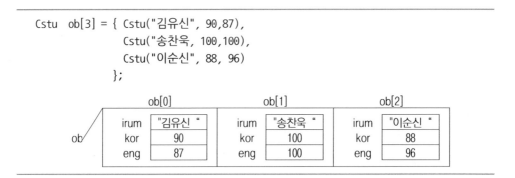

	ob[0]		ob[1]		ob[2]
irum	"김유신 "	irum	"송찬욱 "	irum	"이순신 "
kor	90	kor	100	kor	88
eng	87	eng	100	eng	96

47행 : 제목을 출력하는 것이므로 배열 0번째 요소의 멤버함수 view를 호출하여 실행한다.

48~51행 : for문을 이용해서 배열의 0번째 요소 ~ 2번째 요소의 함수들을 실행한다. score 함수로 합과 평균을 구한 후, 그 값들을 view2 함수로 출력한다.

11.4.2 객체 배열과 포인터

일반 배열에서 배열명 자체는 배열의 시작주소를 가져서 포인터처럼 사용가능하다. 객체 배열에서 배열명도 객체 배열의 시작주소를 가지므로 포인터처럼 사용 가능하다.

■ 사용 예

```
Cstu   ob[3] = { Cstu("김유신", 90,87),
              Cstu("송찬욱, 100,100),
              Cstu("이순신", 88, 96)
              };
```

		ob[0]		ob[1]		ob[2]
ob	irum	"김유신 "	irum	"송찬욱 "	irum	"이순신 "
	kor	90	kor	100	kor	88
	eng	87	eng	100	eng	96

객체배열명 ob 가 배열 첫 번째 요소의 메모리를 가리키게 되므로 ob를 포인터처럼 사용할 수 있다. 객체배열의 멤버접근시에 첨자를 사용할 수도 있고 배열명으로 간접 접근 멤버연산자인 -> 를 이용하여 간접 접근할 수도 있다. 아래의 내용들은 같은 뜻이다.

```
ob[1].score( );
(ob+1)->score( );
```

다음 예제는 객체배열과 포인터를 사용하여 학생들의 성적을 출력하는 프로그램이다.

》》 [예제 11-8] 객체배열과 포인터를 이용한 성적 출력 예제

```
1.  /* 클래스 부분은 [예제 11-7]과 동일함 */
2.
3.  int main( ) {
4.      Cstu  ob[3] = { Cstu("김유신", 90,87),
5.                      Cstu("송찬욱", 100,100),
6.                      Cstu("이순신", 88, 96)
7.                    };
8.      Cstu *pa;
9.      pa = ob;
10.     pa->view();
11.     for(int i=0; i<3; i++) {
12.         (ob+i)->score();
13.         (ob+i)->view2();
14.     }
15.     return 0;
16. }
```

실행결과

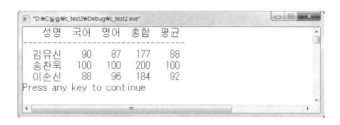

설명

4~7행 : 클래스 Cstu의 객체배열을 선언한다. 중괄호안에 나열되어 있는 값들을 객체배열 요
소의 멤버변수들에 초기화 한다.

8행 : 클래스 Cstu의 객체포인터 pa를 선언한다.

9행 : 객체 포인터 변수 pa에 객체배열명 ob를 할당하여 객체배열의 첫 번째 요소의 주소
값을 전달한다.

10행 : 포인터 pa로 멤버함수 view에 간접접근하여 제목을 출력한다. pa->view();는
ob[0].view와 같은 뜻이다.

11~14행   : for문으로 객체배열의 0번째~2번째 요소들에 접근한다. 포인터 pa로 멤버함수들에 간접접근하여 성적들의 합, 평균을 구해서 그 값들을 출력한다.
(ob+i)->score(); 는 ob[i].score(); 와 같은 뜻이다. 이처럼 객체배열명을 포인터 처럼 사용 가능하다.

11.5 friend 함수

클래스에서 private으로 선언된 멤버는 클래스의 외부에서 접근할 수 없다. 하지만 클래스외부의 함수를 클래스내부에서 함수의 원형을 friend로 선언하면 클래스의 모든 멤버를 참조할 수 있게 된다. 이러한 함수를 friend 함수라 한다. 한 가지 주의할 점은 friend 함수를 호출할 시에는 반드시 클래스의 객체가 매개변수로 전달되어야 한다.

■ 형식

```
friend 자료형 함수명(매개변수 리스트);
```

■ 사용 예

```
friend Cabs cal(Cabs x);
```

■ friend 함수의 특징

① 클래스의 멤버함수가 아니면서 클래스의 모든 멤버를 외부에서 참조할 수 있다.

② friend 함수 선언시 함수명 앞에 키워드 friend를 붙인다.

③ friend 함수는 상속되지 않는다.

다음 예제는 friend 함수를 사용하여 클래스 내부의 private 멤버에 접근해서 숫자의 절대값을 구하는 프로그램이다.

>> **[예제 11-9] friend 함수 예제**

```
1.  #include <iostream.h>
2.
3.  class Cabs{
4.  private :
5.      int n;
6.  public :
7.      Cabs() { n =0; }
8.      Cabs(int m) { n = m; }
9.      void view() {
10.         cout << "절대값은 " << n << endl;
11.     }
12.     friend Cabs cal(Cabs x);
13. };
14. Cabs cal(Cabs x){
15.     if(x.n < 0) x.n = -(x.n);
16.     return x;
17. }
18.
19. int main( ) {
20.     Cabs ob(-5);
21.     ob=cal(ob);
22.     ob.view();
23.     return 0;
24. }
```

🖐 **실행결과**

🔍 **설명**

7~8행　　: 클래스 Cabs의 디폴트 생성자와 매개변수 1개인 생성자이다.

12행　　　: cal 함수는 클래스의 멤버함수는 아니지만 클래스 Cabs 내의 모든 멤버에 접근할 수 있도록 하기 위해서 friend 함수로 원형을 선언한다.

14행	: 매개변수로 Cabs 클래스의 객체를 전달받는다. 멤버함수가 아니므로 함수정의시에 클래스명을 함수명 앞에 기입하지 않는다.
15~16행	: 매개변수로 받은 객체 x 멤버변수 n의 절대값을 계산하여 반환한다.
20행	: 클래스 Cabs의 객체 ob를 생성한다. 매개값 -5가 멤버변수 n에 초기화 된다.
21행	: cal 함수는 클래스의 멤버함수는 아니지만 friend 함수로 선언되었기 때문에 클래스 Cabs의 모든 멤버에 접근가능하다. 매개값으로 받은 객체 ob 멤버변수 n의 절대값을 구해서 그 값을 반환한다. 반환된 값은 객체 ob가 다시 받는다.
22행	: 변경된 값을 객체 ob의 멤버함수 view를 호출하여 출력한다.

다음 예제는 friend 함수를 서로 다른 두 클래스에 정의해서 사용하는 프로그램이다. 두 클래스의 멤버들을 외부에서 접근하여 클래스내의 멤버들의 합을 구해서 출력한다.

⟫ [예제 11-10] 두 클래스에서 선언하여 사용하는 friend 함수 예제

```
1.  #include <iostream.h>
2.
3.  class C2;
4.  class C1{
5.  private :
6.      int n;
7.  public :
8.      C1(int m) { n = m; }
9.      friend void cal(C1 x, C2 y);
10. };
11.
12. class C2{
13. private :
14.     int n;
15. public :
16.     C2(int m) { n = m; }
17.     friend void cal(C1 x, C2 y);
18. };
19.
20. void cal(C1 x, C2 y){
21.     cout << "두 클래스 멤버의 합 = " << x.n + y.n << endl;
22. }
23.
```

```
24.  int main( ) {
25.      C1 a(5);
26.      C2 b(6);
27.      cal(a, b);
28.      return 0;
29.  }
```

실행결과

설명

3행   : 클래스 C2의 원형 선언이다. 클래스 C2가 아직 정의되지 않은채 friend 함수에서 선
            언되고 있으므로 미리 클래스의 원형을 선언한다.

9행, 17행 : cal 함수를 클래스 C1, C2에서 모두 friend 함수로 원형을 선언한다.

29~22행   : friend 함수인 cal 함수는 main 함수밖에서 정의되는 것이므로 전역함수이다. 따라
            서 C1, C2 두 클래스에서 같은 friend 함수의 선언이 가능하고 이 friend 함수로 C1
            과 C2 클래스내의 모든 멤버들에 접근 가능하게 된다. 매개변수로 클래스 C1, C2의
            객체를 전달받는다. 두 객체의 멤버변수 n들의 합을 구해 출력한다.

25행   : 클래스 C1의 객체 a를 생성한다. 매개값 5가 멤버변수 n에 초기화 된다.

26행   : 클래스 C2의 객체 b를 생성한다. 매개값 6이 멤버변수 n에 초기화 된다.

27행   : 함수 cal을 호출하여 실행한다. 객체 a, b를 매개값으로 받아서 a의 멤버 n, b의 멤
            버 n 둘의 합을 구해서 출력한다. friend 함수로 선언되었기 때문에 두 클래스의 멤
            버함수는 아니지만 멤버변수에 접근이 가능하다.

! Exercise

1. 함수에서 매개변수가 객체일 경우에 적용되는 매개변수 전달방식이 아닌 것은 ?

    ① 값에 의한 전달방식   ② 주소에 의한 전달방식
    ③ 함수에 의한 전달방식   ④ 레퍼런스에 의한 전달방식

2. 클래스에서 private으로 선언된 멤버는 클래스의 외부에서 접근할 수 없다. 하지만 클래스 외부의 함수를 클래스내부에서 함수의 원형을 (   )로 선언하게 되면 클래스의 모든 멤버를 참조할 수 있게 된다. 이러한 함수를 (   ) 함수라 한다. 괄호안에 들어갈 말은 ?

3. 다음은 두 수의 합을 구하는 프로그램의 일부분이다. 생성자에서 매개변수와 클래스 멤버변수의 이름이 동일할 경우, this 포인터로 서로를 구분할 수 있다. 이 포인터를 사용하여 아래의 프로그램을 수정하시오.

```cpp
#include <iostream.h>
class Csum
{
    int x, y;
  public:
    Csum(int x, int y);
};
 Csum::Csum(int x, int y)
{
   x = x;
   y = y;
}
```

4. 다음은 할당된 수의 제곱을 출력하는 프로그램이다. 결과를 적으시오.

```cpp
#include <iostream.h>
class CSqa{
private :
    int x;
public :
    CSqa(int a);
    void SqaCal(CSqa s);            //①
    void view();
};

CSqa::CSqa(int a) {
    x = a;
}

void CSqa::SqaCal(CSqa s) {         //②
    s.x = s.x * s.x;
}
void CSqa::view() {
    cout << "x= " << x << endl;
}

void main( ) {
    CSqa ob(7);
    ob.view();
    ob.SqaCal(ob);                  //③
    ob.view();
}
```

5. 4번 예제에서 ob.SqaCal(ob); 실행후 제곱으로 계산된 값이 출력이 되도록 하려고
한다. 위의 예제에서 ①, ②, ③으로 표현된 부분을 "주소에 의한 전달방식" 으로 수
정하시오.

6. 다음은 삼각형의 면적을 출력하는 프로그램이다. 빈 곳을 채워 완성하시오.

```cpp
#include <iostream.h>
class Carea
{
    int w, h;
    public:
    void setWH(int ww, int hh);
    void cal();
};

void Carea::setWH(int ww, int hh)
{
    w = ww;
    h = hh;
}

void Carea::cal() {
    int area;
    area = (w*h)/2;
     cout << "삼각형의 면적 = " << area << endl;
}
void main( ) {
    Carea  s, *p;
    ┌─────────────┐
    │      ①      │
    └─────────────┘
    p->setWH(5,6);
    ┌─────────────┐
    │      ②      │
    └─────────────┘
}
```

CHAPTER 12

상속

상속의 의미   12.1

파생클래스   12.2

상속에서의 생성자   12.3

12.1 상속의 의미

상속이란 부모가 가진 것을 자식에게 그대로 물려주는 것을 말하는데 객체지향 프로그래밍의 큰 특징중의 하나이다. C++ 언어에서 상속의 의미는 특정 클래스의 멤버들을 그대로 물려받아서 새로운 클래스를 생성하는 것을 말한다. 현재의 프로그램들은 GUI 형태를 기본으로 하기 때문에 중복되는 부분이 많다. "파일열기", "인쇄" 등과 같은 부분은 프로그램마다 조금의 차이는 있겠지만 기본 내용은 동일하다. 중복된 부분을 새로 작성하는 것이 아니라 기존의 코드(클래스)를 그대로 물려받아서 사용할 수 있다면 효율적일 것이다. 자동차 부품처럼 원하는 부분의 코드를 가져와서 필요한 부분은 추가, 수정해서 사용할 수 있도록 하는 기능이다. 이처럼 상속을 이용하면 코드의 재사용성을 높여서 프로그램 개발 시간과 노력을 많이 단축시킬 수 있다.

상속에는 계층적관계가 존재한다. 예를 들어서 클래스 A와 클래스 B가 있다고 가정하고 클래스 B가 클래스 A를 물려받았다면 클래스 A를 부모 클래스, 기저 클래스(base class)라고 하며 클래스 B를 자식 클래스, 파생 클래스(derived class)라고 한다.

12.2 파생클래스

파생클래스를 정의하는 방법과 기저클래스와의 관계를 알아본다. 사용형식은 다음과 같다.

■ 형식

```
class  파생클래스명 : 기저클래스의 접근모드  기저클래스명  {
      멤버변수;
      멤버함수;
};
```

■ 사용 예

```
클래스 B가 클래스 A를 상속
```

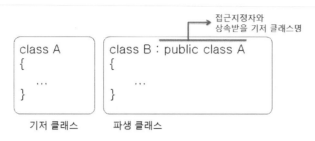

[그림 12-1] 기저클래스와 파생클래스

클래스 B는 클래스 A의 멤버들 중에서 접근지정자가 protected 나 public으로 선언된 멤버들을 상속받게 된다. 파생클래스에서 콜론 뒤의 접근지정자는 public을 주로 사용한다. 이렇게 하면 기저클래스 멤버들의 접근지정자 모드를 그대로 상속받는다.

■ 기저클래스내 멤버들의 접근지정자

기저클래스내 멤버들의 접근지정 모드에 따라서 상속시 멤버들의 파생여부가 결정된다. private 으로 선언된 멤버들은 상속시에도 파생되지 않는다. public 으로 선언된 멤버는 상속시나 상속이 아닌 클래스의 외부에서도 사용이 가능하다. protected는 선언된 클래스의 내부와 파생 클래스에서만 사용가능하고 상속이 아닌 클래스의 외부에서는 사용할 수 없다.

⟨표 12-1⟩ 기저클래스내 접근지정자 종류

접근지정자	클래스 내부	파생클래스	클래스외부
private	○	X	X
protected	○	○	X
public	○	○	○

다음 예제는 상속을 이용하여 동물클래스와 포유류 클래스를 예를 들어서 기저와 파생 클래스의 관계를 알아보는 프로그램이다. 동물클래스에는 모든 동물들이 가질수 있는 이름과 몸무게라는 속성을 가진다. 반면 포유류클래스는 이름과 몸무게, 다리개수라는 속성을 가진다. 이들 중에서 이름과 몸무게 속성을 동물클래스가 가지고 있으므로 따로 선언하지 않고 물려받아서 사용한다. 하지만 이 예에서는 이름과 몸무게 속성이 private 으로 선언되어 있으므로 public으로 선언된 다른 멤버함수들을 통해서만 간접적으로 사용할 수 있다.

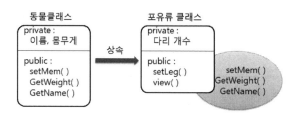

[그림 12-2] 상속의 예

>> [예제 12-1] 상속 예제

```cpp
1.  #include <iostream.h>
2.  #include <string.h>
3.
4.  class Caniaml {
5.  private:
6.      char irum[20];
7.      int weight;
8.  public:
9.      void setMem(char *ir, int wt) {
10.         strcpy(irum, ir);
11.         weight = wt;
12.     }
13.     int GetWeight() const {
14.         return weight;
15.     }
16.     const char* GetName() const {
17.         return irum;
18.     }
19. };
20.
21. class Cmammals : public Caniaml
22. {
23.     int leg;
24. public:
25.     void setLeg(int nleg){ leg = nleg; }
26.     void view() {
27.         cout << GetName() << "의 몸무게: " << GetWeight()
28.             << endl;
29.         cout << GetName() << "의 다리 개수: " << leg << endl;
```

```
30.      }
31.  };
32.
33.  int main() {
34.      Cmammals tiger;
35.      tiger.setMem("호랑이", 80);
36.      tiger.setLeg(4);
37.      tiger.view();
38.      return 0;
39.  }
```

실행결과

```
"D:₩C실습₩c_test2₩Debug₩c_test2.exe"
호랑이의 몸무게: 80
호랑이의 다리 개수: 4
Press any key to continue
```

설명

4~19행	: 클래스 Canimal을 선언한다.
9~11행	: 멤버변수가 private으로 선언되어 있어 setMem 함수를 통해서 멤버변수에 접근하여 값을 할당한다.
13~18행	: 멤버변수의 값을 반환하는 함수이다.
21~31행	: 클래스 Cmammals을 선언한다.
21행	: 클래스 Canimal을 상속받는다. 접근지정자가 private으로 선언된 멤버들을 제외한 나머지 멤버들을 그대로 물려받아서 파생클래스의 멤버처럼 사용할 수 있다.
25행	: 멤버변수 leg의 값을 초기화 하는 멤버함수 setLeg를 구현한다.
26~30행	: 파생클래스, 기저클래스내 멤버변수들의 값들을 출력하는 view 함수를 구현한다.
27행	: 기저클래스의 멤버들중 private으로 선언된 멤버들은 직접 사용할 수 없으므로 public으로 선언된 GetWeight(), GetName() 멤버함수들을 통해서 간접적으로 기저클래스의 멤버들을 출력한다.
34행	: 클래스 Cmammals의 객체 tiger을 선언한다.
35행	: 파생클래스 객체 tiger는 기저클래스의 멤버함수 setMem를 자유롭게 호출하여 실행한다. 괄호안의 값들을 기저클래스의 irum, weight에 초기화한다.

다음 예제는 [예제 12-1]에서 기저클래스의 멤버들중에서 접근지정자가 private인 멤버를 protected로 변경했을 경우의 프로그램이다.

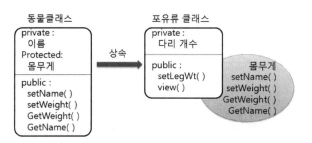

[그림 12-3] 접근지정자 protected의 예

>> [예제 12-2] 접근지정자 protected 예제

```cpp
1.  #include <iostream.h>
2.  #include <string.h>
3.
4.  class Caniaml {
5.  private:
6.      char name[20];
7.  protected:
8.      int weight;
9.  public:
10.     void setName(char *ir) {
11.         strcpy(irum, ir);
12.     }
13.     void setWeight(int wt) {
14.         weight = wt;
15.     }
16.     int GetWeight() const {
17.         return weight;
18.     }
19.     const char* GetName() const {
20.         return irum;
21.     }
22. };
23.
24. class Cmammals : public Caniaml
```

```
25.  {
26.      int leg;
27.  public:
28.      void setLegWt(int nleg, int wt) {
29.          leg = nleg;
30.          weight = wt;
31.      }
32.      void view() {
33.          cout << GetName() << "의 몸무게: " << weight << endl;
34.          cout << GetName() << "의 다리 개수: " << leg << endl;
35.      }
36.  };
37.
38.  int main() {
39.      Cmammals tiger;
40.      tiger.setName("호랑이");
41.      tiger.setLegWt(4, 80);
42.      tiger.view();
43.      return 0;
44.  }
```

실행결과

설명

7~8행   : 접근지정자를 protected로 선언하여 파생클래스에서도 접근이 가능하도록 한다.

10~15행 : 기저클래스에서의 멤버초기화 함수를 따로 분리해서 원하는 멤버만 초기화 할 수 있도록 했다.

26행   : 멤버의 접근지정자 생략시 private이 기본으로 설정된다.

28~31행 : 파생클래스의 멤버 leg, 기저클래스의 멤버 weight에 값을 초기화 하는 함수이다. 기저클래스의 멤버변수 weight이 protected로 선언되었기 때문에 파생클래스에서 사용이 가능하다.

| 40행 | : 파생클래스의 객체 tiger로 기저클래스의 멤버함수 setName을 호출하여   irum에 값을 초기화한다. |
| 41행 | : 4는 파생클래스의 leg에, 80은 기저클래스의 weight에 각각 초기화된다. |

12.3 상속에서의 생성자

두 클래스가 상속관계에 있을때 기저클래스의 생성자는 파생클래스쪽에 상속되지 않는다. 하지만 파생클래스에서 생성자를 구현하여 파생클래스의 객체를 생성하면 파생클래스의 생성자가 호출되기 전에 기저클래스의 디폴트 생성자가 먼저 호출되어 실행된다. 주의할 점은 파생클래스 생성자의 매개변수 여부에 상관없이 기저클래스의 디폴트 생성자가 먼저 호출된다.

생성자 호출순서는

* 파생클래스의 객체 생성시 : 매개변수 없음
  기저클래스의 디폴트 생성자 → 파생클래스의 디폴트 생성자 순서대로 호출된다.

* 파생클래스의 객체 생성시 : 매개변수 있음
  기저클래스의 디폴트 생성자 → 파생클래스의 매개변수가 있는 생성자 순서대로 호출된다.

다음 예제는 상속에서 기저클래스와 파생클래스 생성자의 호출에 대해서 알아보는 간단한 프로그램이다.

>> [예제 12-3] 상속에서의 생성자 예제 (1)

```
1.  #include <iostream.h>
2.
3.  class Cbase {
4.  public :
5.      Cbase( ) {
6.          cout << "기저클래스 디폴트 생성자 " << endl;
```

```
 7.      }
 8.  };
 9.
10.  class Cderived : public Cbase {
11.  public :
12.      Cderived( ) {
13.          cout << "파생클래스 디폴트 생성자 " << endl;
14.      }
15.  };
16.
17.  int main() {
18.      Cderived ob;
19.      return 0;
20.  }
```

실행결과

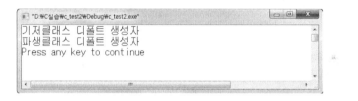

```
"D:\C실습\c_test2\Debug\c_test2.exe"
기저클래스 디폴트 생성자
파생클래스 디폴트 생성자
Press any key to continue
```

설명

3~8행   : 클래스 Cbase를 구현한다.

5~7행   : 클래스 Cbase의 매개변수가 없는 디폴트 생성자를 구현한다.

10~15행 : 클래스 Cderived를 구현한다. 클래스 Cbase를 상속받는 파생클래스이다.

12~14행 : 클래스 Cderived의 매개변수가 없는 디폴트 생성자를 구현한다.

18행   : 파생클래스 Cderived의 객체 op를 생성한다. 파생클래스 객체 op의 생성자가 호출되기 전에 기저클래스의 디폴트 생성자가 먼저 호출되어 실행되고 난 후에 파생클래스의 디폴트 생성자가 실행된다.

다음 예제는 상속에서 생성자의 호출에 대한 내용이다. 파생클래스에서 매개값으로 전달한 데이터들이 기저클래스의 생성자로 전달되는지 비교해보자. [예제 12-1]을 수정하였다.

[예제 12-4] 상속에서의 생성자 예제 (2)

```cpp
1.  #include <iostream.h>
2.  #include <string.h>
3.
4.  class Caniaml {
5.  private:
6.      char irum[20];
7.      int weight;
8.  public:
9.      Caniaml() {                      /* 디폴트 생성자 */
10.         strcpy(irum, "동물");
11.         weight = 0;
12.     }
13.     Caniaml(char *ir, int wt) {      /* 생성자 */
14.         strcpy(irum, ir);
15.         weight = wt;
16.     }
17.     int GetWeight() const {
18.         return weight;
19.     }
20.     const char* GetName() const {
21.         return irum;
22.     }
23. };
24.
25. class Cmammals : public Caniaml {
26. private:
27.     int leg;
28. public:
29.     Cmammals() {                     /* 디폴트 생성자 */
30.         leg = 0;
31.     }
32.     Cmammals(char *irum, int wt) {   /* 생성자 */
33.         leg = 4;
34.     }
35.     void view() {
36.         cout << GetName() << "의 몸무게: " << GetWeight()
37.             << endl;
38.         cout << GetName() << "의 다리 개수: " << leg << endl;
```

```
39.        }
40.    };
41.
42.    int main() {
43.        Cmammals an, cat("고양이",10);
44.        an.view();
45.        cat.view();
46.        return 0;
47.    }
```

실행결과

```
"D:\C실습\c_test2\Debug\c_test2.exe"
동물의 몸무게: 0
동물의 다리 개수: 0
동물의 몸무게: 0
동물의 다리 개수: 4
Press any key to continue
```

설명

9~12행 : 클래스 Caniaml의 디폴트 생성자를 구현한다. 멤버변수 irum, weight에 "동물", 0의
         값을 각각 초기화한다.

13~16행 : 클래스 Caniaml의 생성자를 구현한다. 매개변수로 전달받은 ir, wt의 값을 멤버변수
          irum, weight에 각각 초기화한다.

29~31행 : 파생클래스 Cmammals의 디폴트 생성자를 구현한다. 멤버변수 leg에 0을 초기화한다.

32~34행 : 파생클래스 Cmammals의 생성자를 구현한다. 기저클래스의 생성자에 전달하기 위해
          매개변수로 ir, wt를 선언하고 파생클래스의 멤버 leg에 4를 초기화 한다.

43~45행 : 매개값이 없는 an 객체는 기저클래스의 디폴트 생성자 → 파생클래스의 디폴트 생성
          자 순서대로 호출되어 실행된다.
          매개값이 있는 cat 객체는 기저클래스 Caniaml(char *irum, int wt) 생성자의 매개
          변수에 맞춰서 값을 넣었지만 결과는 예상대로 나오지 않는다. 매개값으로 넣은 "고
          양이", 10이 기저 클래스 생성자의 매개변수에 전혀 전달되지 않는다. 그 까닭은 파생
          클래스의 생성자는 기저클래스의 디폴트 생성자를 호출하는 것이기 때문에 파생클
          래스쪽의 매개변수값은 전달되지 않는다.
          생성자 호출순서는 기저클래스의 디폴트 생성자 → 파생클래스의 매개변수 생성자
          순서대로 호출된다는 것을 알 수 있다.
          즉, 기저클래스에서 irum : "동물", wt : 0으로 초기화 되고 다음에 파생클래스의
          매개변수 생성자쪽에서 leg : 4로 초기화된다.

[예제 12-4]에서 본 바와 같이 파생클래스의 생성자는 매개변수의 여부에 상관없이 항상 기저 클래스의 디폴트 생성자를 호출하므로 매개변수의 값이 전달되지 않는다. 이처럼 파생클래스에서 기저클래스의 생성자쪽으로 매개변수의 값을 전달하고자 할 경우에는 기저클래스의 생성자를 명시적으로 호출해야 한다.

방법은 기저클래스의 생성자를 파생클래스의 생성자함수 머리 부분에 작성하면 명시적으로 호출하면서 매개변수에 값을 전달할 수 있다. 사용형식은 다음과 같다.

■ 형식

파생클래스의 생성자(매개변수 리스트) : 기저클래스의 생성자(매개변수 리스트)
{
    초기화 내용;
};

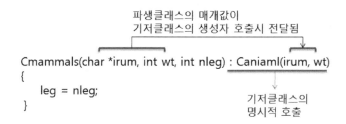

[그림 12-4] 기저클래스 생성자의 명시적 호출 예

파생클래스 생성자의 매개변수리스트에는 기저클래스 생성자의 매개변수 리스트까지 포함시켜야 한다. 또한 콜론 뒤 기저리스트 생성자의 매개변수 리스트에는 Caniaml (irum, wt)와 같이 자료형을 기술하지 않도록 주의한다. 콜론 뒤의 기저클래스 생성자는 정의가 아니라 호출이므로 자료형을 기입하지 않는 것이다. 파생클래스 생성자의 매개변수리스트에 있는 매개변수명만 나열해야 한다.

다음 예제는 기저클래스의 생성자를 명시적으로 호출해서 매개변수의 값을 전달하는 프로그램이다. [예제 12-4]를 수정했다.

≫ [예제 12-5] 파생클래스에서 기저클래스 생성자의 명시적 호출 예제

```
1.  #include <iostream.h>
2.  #include <string.h>
3.
4.  class Caniaml {
5.  private:
6.      char irum[20];
7.      int  weight;
8.  public:
9.      Caniaml() {                      /* 디폴트 생성자 */
10.         strcpy(name, "동물");
11.         weight = 0;
12.     }
13.     Caniaml(char *ir, int wt) {      /* 생성자  */
14.     strcpy(irum, ir);
15.     weight = wt;
16.     }
17.     int GetWeight() const {
18.         return weight;
19.     }
20.     const char* GetName() const {
21.         return irum;
22.     }
23. };
24.
25. class Cmammals : public Caniaml {
26. private:
27.     int leg;
28. public:
29.     Cmammals() {                     /* 디폴트 생성자 */
30.         leg = 0;
31.     }
32.     Cmammals(char *ir, int wt, int nleg) : Caniaml(ir, wt) {
33.         leg = nleg;
34.     }
35.     void view() {
36.         cout << GetName() << "의 몸무게: " << GetWeight()
37.             << endl;
```

```
38.        cout << GetName() << "의 다리 개수: " << leg << endl;
39.        }
40.  };
41.
42.  int main() {
43.        Cmammals tiger("사자", 75, 4);
44.        tiger.view();
45.        return 0;
46.  }
```

실행결과

```
"D:\C실습\c_test2\Debug\c_test2.exe"

사자의 몸무게: 75
사자의 다리 개수: 4
Press any key to continue
```

설명

32~33행 : 파생클래스 Cmammals의 생성자를 구현한다. 매개변수의 값들을 기저클래스의 생성자
로 전달하기 위해 기저클래스의 생성자를 명시적으로 호출하는 문장을 작성한다. 파
생클래스의 생성자 뒤에 콜론을 붙이고 기저클래스의 생성자를 작성한다. 파생클래
스의 매개변수명으로 나열된 ir, wt를 기저클래스의 생성자쪽으로 전달하는 것이므
로 콜론뒤의 생성자에 매개변수명만 나열한다.

43행 : 파생클래스 Cmammals의 객체 tiger를 생성한다. 매개변수가 있으므로 파생클래스의 매
개변수가 있는 생성자가 호출되고, 콜론 뒤에 기저클래스의 생성자를 명시적으로 호출
하여 매개값으로 넣은 "호랑이", 75가 기저클래스의 생성자로 전달된다. 기저클래스의
멤버인 irum, weight에 값들이 초기화 된다. 4는 파생클래스의 leg에 할당된다.

44행 : 파생클래스 객체 tiger로 기저클래스의 멤버함수 view를 호출하여 값들을 출력한다.
매개값으로 전달한 값들이 그대로 출력된다.

Exercise

1. 클래스의 상속관계에서 코드를 제공하는 쪽의 클래스를 (   )라 하며, 코드를 물려받는 쪽의 클래스를 (   )라 한다. 괄호안의 내용이 올바르지 않게 짝지어진 것은 ?

   ① 기저클래스, 파생클래스   ② 파생클래스, 기반클래스
   ③ 부모클래스, 자식클래스   ④ 베이스클래스, 파생클래스

2. 상속시 기저클래스의 접근지정자들 중에서 멤버들의 접근권한을 현재 클래스 내부와 파생클래스에서만 접근가능하도록 지정하는 것은?

   ① private   ② public
   ③ protected   ④ void

3. 다음은 상속에 관한 설명이다. 올바르게 설명한 것을 모두 고르시오

   ① 기저클래스의 생성자는 상속이 되지 않는다.
   ② 상속은 코드의 재활용을 위한 방법이다.
   ③ 상속에서 생성자의 호출순서는 파생클래스의 생성자, 기저클래스의 생성자 순이다.
   ④ 파생클래스 객체 생성시 기저클래스의 생성자는 반드시 명시적으로 호출해야 한다.

4. 다음과 같은 상속관계가 이루어질 경우 오류가 생긴다. 오류가 생기는 부분을 지적하고, 오류없이 실행결과가 나올수 있도록 접근지정자를 올바르게 수정하시오.

```
#include <iostream.h>
 class Cparent {
   private:
       int prix;
   protected:
       int proy;
   public:
       int pubz;
```

```cpp
};
class Cchild : public Cparent
{
  public:
      void setNum(int x, int y, int z);
      void view();
};
void Cchild::setNum(int x, int y, int z)
{
    prix = x;
    proy = y;
    pubz = z;
}
void Cchild::view()
{
   cout << prix << endl << proy << endl << pubz << endl ;
}
int main() {
   Cchild ob;
   ob.setNum(1,2,3);
   ob.view();
    return 0;
}
```

5. 다음은 상속에서 생성자의 호출관계에 대한 프로그램이다. 결과를 적으시오.

```cpp
#include <iostream.h>
  class Cparent {
       int x;
    public:
        Cparent();
  };
  Cparent::Cparent() {
      x = 5;
      cout << "기저클래스의 x = " << x << endl;
  }
  class Cchild : public Cparent
  {
       int y;
    public:
        Cchild();
```

```
};
Cchild::Cchild()  {
    y = 6;
    cout << "파생클래스의 y = " << y << endl;
}
int main() {
    Cchild ob;
    return 0;
}
```

6. 파생클래스에서 기처클래스의 생성자를 명시적으로 호출하여 값을 초기화하여 두 수
   의 합을 출력하는 프로그램이다. 다음과 같은 결과가 나올 수 있도록 빈 곳을 채워 완
   성하시오.

🖥 실행결과

```
1 + 2 = 3
```

```
#include <iostream.h>
  class Cparent {
    protected:
       int x;
    public:
        Cparent(int xx);
  };
  Cparent::Cparent(int xx) {
     x = xx;
  }
class Cchild : public Cparent
{
     int y;
  public:
     Cchild(int xx, int yy);
     void add();
};
Cchild::Cchild(int xx, int yy) [        ①        ]  {
    y = yy;
}
void Cchild::add() {
```

```
    cout << x << " + " << y << " = " << x + y << endl;
}
  int main() {
     Cchild ob(1,2);
              ②
     return 0;
  }
```

CHAPTER 13

연산자 중복

연산자중복의 의미   13.1

입출력 연산자의 중복   13.2

13.1 연산자 중복의 의미

연산자 중복이란 C++에서 사용하던 기본 연산자를 이용하여 객체와 객체 또는 객체와 다른 데이터간의 연산이 가능하도록 연산자를 중복 정의하여 사용하는 것이다. 일반 변수들이나 상수들간에는 계산이 가능한 연산자가 있지만 객체간에는 그러한 연산자가 따로 존재하지 않는다. 따라서 기본연산자인 +, - 와 같은 연산자들을 클래스내에서 추가 정의하여 객체도 일반변수처럼 +, - 와 같은 연산자 기호를 이용하여 객체간의 연산이 가능하게 할 수 있다.

연산자 중복은 클래스의 멤버함수처럼 구현되므로 함수중복과 유사하다. 함수중복 구현 시에 동일한 이름을 구분하기 위해서 매개변수의 개수와 매개변수의 자료형을 달리 해야 했다. 연산자 중복은 C++에서 사용하던 기본 연산자를 재정의하는 것이므로 기본연산자에서 사용하던 매개변수의 개수는 동일해야 한다. 대신 매개변수의 자료형만 달리해서 연산자중복을 구현한다.

이와 같이 기본연산자를 재정의할 때 함수의 형태로 내용을 구현하게 되는 데 이 함수를 연산자 함수(Operator Function)이라고 한다.

■ 형식

```
자료형 operator 연산자 (자료형 매개변수)
{
    함수 내용;
}
```

아래 표에 나와 있는 것은 중복 정의할 수 없는 연산자들이며 그 외의 연산자들은 중복 정의가 가능하다.

〈표 13-1〉 중복정의 불가능한 연산자

연산자	설 명
::	영역 범위 연산자
->	간접 접근 멤버 연산자

연산자	설 명
.	직접 접근 멤버 연산자
?:	조건 연산자
.*	포인터 연산자

■ 사용 예

기본연산자인 +를 중복정의하여 객체간 덧셈이 가능하도록 하려면 다음과 같이 작성할 수 있다.

```
class Cadd {
  public:
    int operator + (Cadd &X) {         /*   ①   */
          .. 함수 내용 ..
    }
};
int main() {
Cadd ob1, ob2;
cout << ob1 + ob2 << endl;           /*   ②   */
return 0;
}
```

① int operator + (Cadd &X) 를 컴파일러는 int operator + (Cadd *this , Cadd &X) 와
같이 해석한다. 덧셈 연산을 중복정의하는 것이므로 매개변수 2개가 필요하다. 하지
만 클래스의 멤버함수는 this 포인트를 포함하고 있기 때문에 매개변수에서 Cadd
*this를 명시하지 않아도 컴파일러가 알아서 처리한다. 여기에서 this 포인트는 연산
자 중복 함수를 호출하는 객체의 주소를 가지게 되는 것이므로 매개변수에 전달되는
객체와 this 포인터에 전달된 객체사이에 연산이 일어나는 것이다. 결국 연산자 중복
함수를 구현할 때 필요한 매개변수는 하나 적게 명시하면 된다. 단, 프렌드 함수로 연
산자 중복함수를 구현할 시에는 연산자가 가지고 있는 매개변수의 개수대로 정의해
야 한다. 왜냐하면 프렌드 함수는 this 포인트를 가지고 있지 않기 때문이다.

② ob1 + ob2 를 컴파일러는   ob1.operator + (ob2) 와 같이 처리한다. operator + ( ) 도 클래스의 멤버함수이므로 내부적으로는 이와 같이 처리하는 것이다. 하지만 프로그래머는 operator + ( )를 멤버함수가 아닌 일반 연산자처럼 ob1 + ob2 와 같은 형태로 사용할 수 있다. 또한 ob1.operator + (ob2)를 컴파일러는 다음과 같이 해석한다.

---

ob1.operator + (&ob1, ob2)

---

①에서 설명한 것과 같이 &ob1은 this 포인터에 넘어가는 것인데 내부적으로 this 포인터를 포함하고 있기 때문에 생략가능한 것이다.

다음 예제는 기본연산자인 + 를 재정의하여 객체간의 덧셈이 가능하도록 구현한 프로그램이다.

> **[예제 13-1] 객체간 덧셈을 구현한 연산자 중복 예제**

```
1.  #include <iostream.h>
2.
3.  class Cadd {
4.  private:
5.      int n;
6.  public:
7.      Cadd() {  n = 0; }
8.      Cadd(int a) {  n = a;  }
9.      int operator + (Cadd &X)  {
10.         return (n + X.n);
11.     }
12. };
13.
14. int main() {
15.     Cadd ob1(10), ob2(20);
16.     int hap = ob1 + ob2;
17.     cout << "ob1 + ob2 = " << hap <<  endl;
18.     return 0;
19. }
```

실행결과

설명

9~11행 : 기본연산자인 + 를 재정의하는 함수를 구현한다. 두 객체의 합을 구해서 반환한다.
int operator + (Cadd &X) 는 내부적으로 int operator + (Cadd *this , Cadd &X)
와 같이 해석된다.

16행 : ob1 + ob2; 는 연산자중복 멤버함수에 의해서 ob1.operator + (ob2) 와 같이 처리된
다. 즉, 컴파일러에 의해서 ob1.operator + (&ob1, ob2) 와 같이 해석된다. 객체
ob1에 할당된 값과 ob2에 할당된 값을 이용하여 멤버함수에 정의되어 있는 내용대로
return n + ob2.n;를 실행한다. 값을 대입하면 return (10 + 20)에 의해서 30이 반
환된다.

다음 예제는 연산자 중복함수를 정의할 때 멤버함수가 아닌 프렌드함수로 구현한 프로
그램이다. [예제 13-1]을 수정하였다.

⟫ [예제 13-2] friend 함수를 이용한 객체간 덧셈을 구현한 연산자 중복 예제

```
1.  #include <iostream.h>
2.
3.  class Cadd {
4.  private:
5.      int n;
6.  public:
7.      Cadd() {  n = 0; }
8.      Cadd(int a) {  n = a;  }
9.      friend int operator + (Cadd &X, Cadd &Y);
10. };
11.
12. int operator + (Cadd &X, Cadd &Y){
13.     return X.n + Y.n;
14. }
15.
```

```
16.  int main() {
17.      Cadd ob1(10), ob2(20);
18.      int hap = ob1 + ob2;
19.      cout << "ob1 + ob2 = " << hap << endl;
20.      return 0;
21.  }
```

실행결과

설명

9행   : int operator + (Cadd &X, Cadd &Y) 외부함수를 클래스 내부에서 friend로 정의한
          함수원형이다. 클래스 Cadd와 상관없는 함수이지만 friend로 선언하여 클래스 내부
          의 멤버들에 접근가능하도록 선언하는 것이다.

12행   : 연산자 중복함수를 구현한다. friend 함수는 클래스의 멤버함수가 아니어서 this 포
          인터를 포함하지 않으므로 매개변수를 모두 명시해야 한다. 덧셈 연산의 중복함수라
          서 매개변수가 2개 필요하므로 (Cadd &X, Cadd &Y)와 같이 명시한다.

13행   : 매개변수를 2개로 표현하였으므로 함수의 내용은 return X.n + Y.n; 와 같이 작성한다.

다음 예제는 기본연산자인 ++, -- 를 재정의하여 객체간의 증감연산이 가능하도록 구현
한 프로그램이다. 연산자 중복 구현시 클래스의 멤버함수와 프렌드 함수로 각각 구현하
였다.

[예제 13-3] 객체간 증감연산을 구현한 연산자 중복 예제

```
1.  #include <iostream.h>
2.
3.  class Cadd {
4.  private:
5.      int n;
6.  public:
```

```
7.      Cadd() {  n = 0; }
8.      Cadd(int a) {  n = a;  }
9.      int operator ++ () {
10.         return ++this->n;
11.     }
12.     friend int operator -- (Cadd &X);
13. };
14. int operator -- (Cadd &X) {
15.     return --X.n;
16. }
17.
18. int main() {
19.     Cadd ob1(10), ob2(20);
20.     cout << "++ob1 = " << ++ob1 << endl;
21.     cout << "--ob2 = " << --ob2 << endl;
22.     return 0;
23. }
```

실행결과

```
"D:\C실습\c_test2\Debug\c_test2.exe"
++ob1 = 11
--ob2 = 19
Press any key to continue
```

설명

9~11행   : 기본 연산자인 증감연산자 ++ 를 연산자중복함수로 구현한다. 증감연산자는 피연산
          자가 하나만 필요하므로 클래스의 멤버함수로 구현한 연산자 중복함수에서는 매개변
          수가 필요하지 않다. 내부적으로 operator ++ ( ) 함수를 호출한 객체의 주소를 가
          지는 this 포인터를 포함하고 있기 때문이다.

12행   : int operator - (Cadd &X) 외부함수를 클래스 내부에서 friend로 정의한 함수원형
          을 선언한다.

14~16행 : 프렌드 함수로 연산자 중복함수를 구현할때는 매개변수를 표시해야 한다. 프렌드 함
          수는 내부적으로 this 포인터를 포함하고 있지 않기 때문이다.

🔍 실습문제

1. 다음에서 연산자 함수가 불가능 한 것은 무엇인지 모두 고르시오.
   ① + ② -〉 ③ -- ④ ? : ⑤ 〉〉

2. 다음은 연산자중복을 이용해서 나눗셈(/) 연산자를 다음과 같이 중복 정의했을 경우 결과값은 무엇인가? 객체 ob1, ob2는 생성시 생성자에 의해 괄호안의 값들은 멤버에 초기화 된다고 가정한다.
   ```
   ...
   int operator / (Cadd &X, Cadd &Y){
       return ((X.n + Y.n) / 2);
   }

   main()
   {
       Cadd ob1(20), ob2(10);
       cout << ob1 / ob2 << endl;
   }
   ```

13.2 입출력 연산자의 중복

C++에서 입출력을 하는 객체는 cin과 cout이다. 이 객체들은 스트림(stream)을 통해 입출력을 수행하게 되어 있어서 프로그램을 수행하는 데 연결되어 있는 물리적인 장치가 달라도 동일한 방식의 스트림이 수행된다. 결국 하나의 함수로 데이터를 화면에 출력하거나 파일이나 프린터에도 출력할 수 있다는 의미가 된다.

이러한 스트림은 내부적으로 〈iostream.h〉 헤더파일 안에 수록되어 있는 istream, ostream이라는 클래스를 통해서 입출력이 수행된다.

istream은 입력용 클래스이고 ostream은 출력용 클래스이다. 이 두 클래스에 기본 자료형들에 대한 입출력 내용이 정의되어 있기 때문에 데이터형에 관계없이 cin, cout 객체를 통해서 데이터를 표준 입출력 할 수 있다. 또한 C언어에서 비트를 왼쪽, 또는 오른쪽으로 시프트하는 연산자인 〈〈, 〉〉 들이 C++에서는 cin, cout과 같이 사용할 경우에 입출력 연산자로 연산자 중복이 되어 있다. 이 입출력연산자(〈〈, 〉〉) 들은 기본 자료형들에 대해서 입출력할 수 있도록 연산자 중복이 되어 있기 때문에 데이터형에 관계없이 입출력 연산을 수행할 수 있다. 하지만 객체에 대해서는 적용할 수 없다.

객체에 대해서도 입출력연산자(〈〈, 〉〉)를 통해서 입출력이 가능하도록 사용자가 연산자 중복을 할 수 있다. 사용형식은 다음과 같다.

(1) 출력연산자(<<)의 중복

■ 형식

```
ostream &  operator << (ostream & 객체명1, 클래스명 객체명2)
{
    return  객체명1;
}
```

첫 번째 매개변수는 반드시 ostream형의 객체에 대한 참조자이어야 하고, 두 번째 매개변수는 출력될 객체이어야 한다.

연산자를 중복정의할 때 클래스의 멤버함수 또는 프렌드 함수로 정의가 가능하다. 하지만 입출력 연산자의 중복정의시에는 피연산자의 순서로 인해서 프렌드 함수로 구현해야 한다. 클래스의 멤버함수로 구현할 경우에 출력될 객체가 x라고 가정한다면 x.operator〈〈(cout)과 같이 되어서 실제 표현시에는 x 〈〈 cout 과 같이 될 것이다. 반면 프렌드 함수로 구현하면 일반 함수처럼 정의가 가능하다. ostream형의 객체를 매개변수의 첫 번째로 하고 출력될 클래스의 객체를 두 번째로 하면 cout 〈〈 x와 같은 형태가 될 수 있다.

반환시에는 ostream에 대한 참조를 반환한다.

(2) 입력연산자(>>)의 중복

■ 형식

```
istream &  operator >> (istream & 객체명1, 클래스명  객체명2)
{
    return  객체명1;
}
```

다음 예제는 객체의 출력에 대한 출력 스트림 연산자(<<)의 연산자 중복 프로그램이다.

> **[예제 13-4] 객체출력에 대한 연산자 중복 예제**

```
1.  #include <iostream.h>
2.
3.  class Cos {
4.  private:
5.      int x, y, tot;
6.  public:
7.      Cos() {   x=0, y=0; }
8.      Cos(int a, int b) {   x=a; y=b; }
9.      void hap() {
10.         tot = x+y;
11.     }
12.     friend ostream& operator << (ostream &os, Cos &A){
13.         os << "x + y = " << A.tot << endl;
14.         return os;
15.     }
16. };
17.
18. int main() {
19.     Cos  ob(5, 6);
20.     ob.hap();
21.     cout << ob;
22.     return 0;
23. }
```

실행결과

```
"D:₩C실습₩c_test2₩Debug₩c_test2.exe"
x + y = 11
Press any key to continue
```

설명

7~8행　: 디폴트 생성자와 매개변수 2개인 생성자를 구현한다.

9~11행　: 매개변수로 받은 x, y의 값을 더해서 그 합을 멤버변수 tot에 저장하는 멤버함수를 구현한다.

12~15행　: 출력스트림 연산자(<<)의 연산자중복 함수를 구현한다. 매개변수가 순서대로 2개를 반드시 필요하므로 friend 함수로 선언한다. 순서대로 ostream 객체의 주소, 출력할 객체의 주소를 매개변수로 한다. 멤버 x, y의 합을 출력하고 출력할 객체를 반환한다.

21행　: cout << ob;가 수행되면 컴파일러가 클래스내에 연산자 중복정의되어 있는 operator << 를 호출하여 실행되므로 정의되어 있는 내용처럼 결과가 x + y = 11과 같이 출력된다.

다음 예제는 예제 13-4에서 입력 스트림 연산자(>>)의 중복을 추가한 내용이다.

[예제 13-5] 객체 입출력에 대한 연산자 중복 예제

```cpp
1.  #include <iostream.h>
2.
3.  class Cos {
4.  private:
5.      int x, y, tot;
6.  public:
7.      Cos() {  x=0, y=0; }
8.      friend istream& operator >> (istream &is, Cos &A){
9.          cout << "숫자 2개 입력 : " ;
10.         is >> A.x >> A.y;
11.         return is;
12.     }
13.     friend ostream& operator << (ostream &os, Cos &A){
14.         cout << "x + y = " << A.tot << endl;
15.         return os;
```

```
16.      }
17.      void hap()
18.      {    tot = x+y;    }
19. };
20.
21. int main() {
22.      Cos  ob;
23.      cin >> ob;
24.      ob.hap();
25.      cout << ob;
26.      return 0;
27. }
```

실행결과

설명

8~12행 : 입력스트림 연산자(>>)의 연산자중복 함수를 구현한다. 매개변수가 순서대로 2개를 반드시 필요하므로 friend 함수로 선언한다. 순서대로 istream 객체의 주소, 입력할 객체의 주소를 매개변수로 한다. 내용은 "숫자 2개 입력 : "이라는 내용을 출력한 뒤에 멤버변수 x, y에 숫자를 입력하도록 한다.

23행 : cin >> ob;가 수행되면 컴파일러가 클래스내에 연산자 중복정의되어 있는 operator >> 를 호출하여 정의되어 있는 내용의 순서대로 실행된다. 입력이 실행된다.

다음 예제는 객체의 문자열 연결과 문자열의 비교하는 내용을 기본연산자인 +, == 로 각 각 연산자 중복으로 구현하였다. 그리고 출력 스트림 연산자도 연산자 중복으로 추가 정 의한 프로그램이다.

>> [예제 13-6] 문자열 연결(+)과 비교(==), 출력을 구현한 연산자 중복 예제

```cpp
1.  #include <iostream.h>
2.  #include <string.h>
3.
4.  class Cstr {
5.  private:
6.      char st[30];
7.  public:
8.      Cstr() {  strcpy(st, " ");  }
9.      Cstr(char *c) {  strcpy(st, c);  }
10.     Cstr operator + (Cstr x) {
11.         Cstr tp;
12.         strcpy(tp.st, this->st);
13.         strcat(tp.st, x.st);
14.         return tp;
15.     }
16.     Cstr operator == (Cstr x) {
17.         Cstr tp;
18.         if (strcmp(this->st, x.st) == 0)
19.             strcpy(tp.st, "두 문자열이 같다");
20.         else
21.             strcpy(tp.st, "두 문자열이 같지 않다");
22.         return tp;
23.     }
24.     friend ostream& operator << (ostream &os, Cstr &x){
25.         os << "*" << x.st << "*" << endl;
26.         return os;
27.     }
28. };
29.
30. int main() {
31.     Cstr ob1("대한민국"), ob2("서울"), ob3;
32.     ob3 = ob1 + ob2;
33.     cout << ob1 << ob2 << ob3;
34.     ob3 = ob1 == ob2;
35.     cout << ob3;
36.     return 0;
37. }
```

ⓢ 실행결과

```
■ "D:₩C실습₩c_test2₩Debug₩c_test2.exe"
*대한민국*
*서울*
*대한민국서울*
*두 문자열이 같지 않다*
Press any key to continue
```

ⓢ 설명

10~15행 : 덧셈(+) 연산자를 연산자 중복으로 정의한다. 매개값으로 받은 Cstr x 객체의 문자열과 operator + ( ) 함수를 호출한 객체의 문자열을 연결하는 내용이다. 연결한 문자열은 임시 객체인 tp를 통해서 반환한다.

16~22행 : 비교(==) 연산자를 연산자 중복으로 정의한다. 매개값으로 받은 Cstr x 객체의 문자열과 operator == ( ) 함수를 호출한 객체의 문자열을 비교하는 내용이다. 두 문자열이 일치하면 임시객체 tp 멤버변수인 st에 "두 문자열이 같다"를 복사하고, 아니면 st에 "두 문자열이 같지 않다"를 복사해서 반환한다.

24~27행 : 출력스트림 연산자(<<)의 연산자중복 함수를 구현한다. 매개변수가 순서대로 2개를 반드시 필요하므로 friend 함수로 선언한다. 순서대로 ostream 객체의 주소, 출력할 객체의 주소를 매개변수로 한다. 결과값을 형식에 맞춰 출력한다.

32행 : ob3 = ob1 + ob2를 실행하면 ob1.operator + (ob2) 와 같이 operator + ( ) 함수를 호출하여 수행한다. 결과값은 객체 ob3가 받는다.

33행 : cout << ob1 << ob2 << ob3; 를 실행하면 operator << ( ) 함수내의 return os; 에 의해서 ob1 객체의 내용이 출력된 후에 연속적으로 다음 객체들의 내용이 순서대로 출력된다. return os;는 객체 ob1의 내용을 출력한 후에 ostream 객체를 반환하는 것이므로 cout 객체가 반환된다. 그러므로 다시 cout << ob2 << ob3;와 같은 형태가 되어서 객체 ob2를 출력하게 되는 것이다. 객체 ob2의 내용이 출력되고 나면 또다시 ostream 객체인 cout이 반환된다. 결국 마지막으로 cout << ob3;와 같은 형태가 되어서 객체 ob3가 출력된다.

34행 : ob3 = ob1 == ob2를 실행하면 ob1.operator == (ob2) 와 같이 operator == ( ) 함수를 호출하여 실행한다. 객체 ob1, ob2 의 값을 비교한 후 그 결과값은 객체 ob3가 받는다.

1. 다음 보기에서 연산자 오버로딩에 사용할 수 없는 연산자를 모두 고르시오.

    ① +　　　　　　　　　　　　　② ::
    ③ &&　　　　　　　　　　　　　④ sizeof
    ⑤ 〈〈　　　　　　　　　　　　　⑥ %

2. 연산자 중복을 이용하여 할당한 두 객체의 평균을 구해서 출력하는 프로그램이다. 결
    과를 적으시오.

    ```
    #include <iostream.h>
    class CEven {
      private:
        int n;
      public:
        CEven(int a) {  n = a;  }
        int operator / (CEven &X) {              //①
          return (this->n + X.n) /2;
        }
    };
    int main() {
        CEven ob[4]={10, 20, 30, 40};
        int i;
        for(i=0; i<4; i++)
            cout << "평균[" << i+1 << "] = " << ob[i] / ob[0] <<  endl;
        return 0;
    }
    ```

3. 2번 문제의 프로그램에서 ①번에 표시된 부분의 연산자함수 중복부분을 friend 함수
    로 작성할 경우 올바르게 수정하시오.

4. 다음은 출력스트림에 대한 연산자 중복에 대한 프로그램이다. 아래와 같은 출력결과
   가 나올수 있도록 빈 곳을 채워서 완성하시오.

> 🔶 실행결과

```
사원명 = 홍길동
토익성적 = 800
```

```cpp
#include <iostream.h>
#include <string.h>
class Csawon {
    private:
        char irum[10];
        int toeic;
    public:
        Csawon(char *ir, int to) {
            [     ①     ]
          toeic=to;
        }
        friend [        ②        ] {
            os << "사원명 = " << A.irum << endl;
            os << "토익성적 = " << A.toeic << endl;
            [        ③        ]
        }
};
int main() {
    Csawon  ob("홍길동", 800);
    cout << ob;
    return 0;
}
```

CHAPTER **14**

가상 함수

함수 오버라이딩(Overriding) 14.1

정적 바인딩과 동적 바인딩 14.2

가상함수 14.3

순수 가상 함수(Pure Virtual Function)와 추상클래스 14.4

가상 소멸자 14.5

14.1 함수 오버라이딩(Overriding)

두 클래스가 상속관계에 있을 때 기저클래스의 멤버함수를 파생클래스에서 상속받아 사용할 수 있다. 이때 기저클래스의 멤버함수를 파생클래스에서 조금 다른 의미로 다시 정의하여 사용할 수도 있다. 즉, 파생클래스에서 기저클래스의 멤버함수명은 동일하게 하되 내용만 달리하여 다시 정의하는 것을 함수 오버라이딩(Overriding)이라고 한다.

■ **형식함수 오버라이딩(Overriding)시 주의점**

① 상속관계에서 구현되어야 한다.

② 오버라이딩할 멤버함수는 기저클래스의 함수원형과 일치해야 한다. 즉, 매개변수의 개수, 자료형, 반환형을 변경해서는 안 된다.

③ 파생클래스의 객체로 오버라이딩된 멤버함수 호출시 기저클래스의 멤버함수는 은폐되어 파생클래스의 멤버함수만 호출된다. 하지만 필요한 경우에는 은폐된 기저클래스의 멤버함수를 파생클래스에서 명시적으로 호출할 수도 있다.
명시적으로 호출하고자 하는 멤버함수명 앞에 기저클래스명과 함께 범위연산자(::)를 기입하면 된다.
(예) Crect::area();

다음 예제는 상속관계에서 기저클래스의 멤버함수인 area 함수를 파생클래스에서 다시 정의하여 구현한 프로그램이다. 각 도형에 대해서 면적을 구하는 내용인 area 함수를 달리 정의한다.

>> **[예제 14-1] 도형의 면적을 구하는 함수 오버라이딩 예제**

```
1.  #include <iostream.h>
2.  class Cshape {
3.  public:
4.      void area( ) {
5.          cout << "* 도형 면적 출력 *" << endl;
6.      }
7.  };
8.
9.  class Crect : public Cshape {
10. private:
11.     int x, y;
12. public:
13.     Crect(int a, int b) {
14.         x = a;  y = b;
15.     }
16.     void area( ) {
17.         cout << "사각형 면적 출력 : " << x * y << endl;
18.     }
19. };
20.
21. int main() {
22.     Cshape ob1;
23.     ob1.area();
24.     Crect ob2(5,6);
25.     ob2.area();
26.     return 0;
27. }
```

◎ **실행결과**

```
"D:₩C실습₩c_test2₩Debug₩c_test2.exe"
* 도형 면적 출력 *
사각형 면적 출력 : 30
Press any key to continue
```

설명

9~19행	: 클래스 Cshape 을 상속받은 파생클래스 Crect 클래스를 정의한다.
13~15행	: Crect 클래스의 생성자를 구현한다. 매개변수 a, b를 받아서 멤버변수 x, y에 값을 초기화 한다.
16~18행	: 기저 클래스의 void area( ) 멤버함수를 파생클래스에서 내용을 달리하여 다시 정의한다. 멤버변수 x, y의 곱을 구해서 사각형의 면적으로 출력한다.
22~23행	: Cshape의 객체인 ob1으로 area 함수를 호출한다. 기저클래스의 멤버함수인 area 가 호출되어 실행된다.
24~25행	: 파생클래스 Crect의 객체인 ob2로 area 함수를 호출하면 기저클래스의 area 함수가 은폐되어 파생클래스의 area 함수만 호출되어 실행된다. 사각형의 면적이 계산된 값이 출력된다.

다음 예제는 [예제 14-1]에서 은폐된 기저클래스의 오버라이딩된 멤버함수를 명시적으로 호출하는 프로그램이다. [예제 14-1]을 수정하였다.

》》 [예제 14-2] 함수 오버라이딩시 기저클래스의 멤버함수 명시적 호출 예제

```
1.  #include <iostream.h>
2.
3.  class Cshape {
4.  public:
5.      void area( )  {
6.          cout << "* 도형 면적 출력 *" << endl;
7.      }
8.  };
9.
10. class Crect : public Cshape {
11. private:
12.     int x, y;
13. public:
14.     Crect(int a, int b) {
15.         x = a;   y = b;
16.     }
17.     void area( )  {
18.         Crect::area();
19.         cout << "사각형 면적 출력 : " << x * y << endl;
```

```
20.     }
21. };
22.
23. int main() {
24.     Cshape ob1;
25.     ob1.area();
26.     Crect ob2(5,6);
27.     ob2.area();
28.     return 0;
29. }
```

🖥 실행결과

```
"D:\C실습\c_test2\Debug\c_test2.exe"
* 도형 면적 출력 *
* 도형 면적 출력 *
사각형 면적 출력 : 30
Press any key to continue
```

🔍 설명

| 18행 | : 오버라이딩된 기저클래스의 멤버함수를 명시적으로 호출한다. **Crect::area();** 와 같이 기저클래스의 이름과 범위연산자(::)로 호출한다. |
| 27행 | : 명시적으로 호출한 기저클래스의 area 함수가 실행되고 난 후, 파생클래스의 area 함수 내용을 수행한다. |

14.2 정적 바인딩과 동적 바인딩

상속관계에 있는 클래스들에서 오버라이딩(Overriding)된 멤버함수가 있을 때 기저클래스의 객체포인터로 파생클래스의 멤버함수를 호출할 수 있다. 이때 함수명과 매개변수에 의해 호출될 함수의 주소값을 연결하는 바인딩(binding)이 일어난다. 바인딩에는 정적 바인딩(static binding)과 동적 바인딩(dynamic binding) 2가지 종류가 있다.

정적 바인딩은 C++의 기본 바인딩으로 컴파일시에 미리 호출될 함수의 주소값을 연결하는 것을 말한다. 반면 동적 바인딩은 프로그램 실행시에 호출될 함수의 주소값을 연결하는 것을 말한다. 동적 바인딩은 다음 절에서 다룰 가상함수를 통해서 구현된다.

우선 기저클래스의 객체포인터를 통해서 파생클래스의 오버라이딩된 멤버함수를 호출하는 내용을 통하여 정적 바인딩의 의미와 호출되는 내용을 살펴보기로 한다.

다음 예제는 기저클래스의 객체포인터로 오버라이딩 된 파생클래스의 멤버함수를 호출하는 프로그램이다. [예제 14-1]을 수정하였다.

>> [예제 14-3] 정적 바인딩 예제

```
 1.  #include <iostream.h>
 2.
 3.  class Cshape {
 4.  public:
 5.      void area( )  {
 6.          cout << "* 도형 면적 출력 *" << endl;
 7.      }
 8.  };
 9.
10.  class Crect : public Cshape {
11.  private:
12.      int x, y;
13.  public:
14.      Crect(int a, int b) {
15.          x = a;  y = b;
16.      }
17.      void area( )  {
18.          cout << "사각형 면적 출력 : " << x * y << endl;
19.      }
20.  };
21.
22.  int main() {
23.      Cshape *p;
24.      Crect ob(5,6);
25.      p = &ob;
26.      p->area();
27.      return 0;
28.  }
```

실행결과

```
■ "D:₩C실습₩c_test2₩Debug₩c_test2.exe"
* 도형 면적 출력 *
Press any key to continue
```

설명

17~19행	: 기저 클래스의 void area( ) 멤버함수를 파생클래스에서 내용을 달리하여 다시 정의한다. 멤버변수 x, y의 곱을 구해서 사각형의 면적으로 출력한다.
23행	: 기저클래스 Cshape의 객체 포인터 p를 생성한다.
24행	: 파생클래스 Crect의 객체 ob를 생성한다. 매개값 5, 6을 전달하여 멤버변수 x, y에 각각 초기화 한다.
25행	: 파생 클래스 객체 ob의 주소를 기저 클래스의 객체 포인터 p에 할당한다.
26행	: 기저 클래스의 객체 포인터 p로 오버라이딩된 멤버함수 area를 호출한다. 실행하면 기저클래스 area 멤버함수의 내용만 출력된다. 파생 클래스의 객체 주소를 할당받았기 때문에 파생클래스의 멤버에도 접근이 가능한데 결과가 예상과 달리 나온다. 이 것은 객체 포인터가 생성되면서 호출할 멤버함수는 컴파일시에 기저클래스의 멤버함수로 연결이 되기 때문이다. 이러한 것을 **정적 바인딩**이라고 한다. 즉, 객체 포인터 p가 가리키는 객체와는 상관없이 컴파일시에 호출될 멤버함수가 결정나기 때문에 p를 선언한 클래스의 멤버함수만 호출되는 것이다.

14.3 가상함수

앞 절에서 정적바인딩으로 구현된 객체포인터는 정확한 멤버함수를 호출하지 못한다는 것을 확인할 수 있었다. 이와 같은 문제를 해결 하려면 실행시에 호출될 함수의 주소값이 변경될 수 있도록 해야 하며 이것은 동적 바인딩(dynamic binding)으로 구현 가능하다.

동적 바인딩은 객체가 호출할 멤버함수를 컴파일시에 결정하는 것이 아니라 실행시에 결정하는 것이다. 이러한 동적 바인딩을 구현하려면 멤버함수를 가상함수(virtual function)으로 선언해야 한다. 가상함수로 선언된 멤버함수는 컴파일시에 바인딩되지 않으므로 객체포인터에 호출할 멤버함수가 결정되지 않는다. 후에 할당된 객체의 주소값에 따라 실행시 호출할 멤버함수가 결정된다.

사용형식은 기저클래스의 오버라이딩할 멤버함수명 앞에 virtual 키워드를 붙어서 선언한다.

■ **형식**

```
기저클래스명
{
  public :
      virtual  반환형 멤버함수명(매개변수 리스트)
      {    함수 내용;                          }
};
```

■ **사용 예**

```
virtual void area( )  {
    ...
}
```

다음 예제는 [예제 14-3]의 문제점을 가상함수를 구현하여 수정한 프로그램이다. [예제 14-3]에서 정확하게 수행되지 않았던 멤버함수를 가상함수를 통해서 올바르게 실행이 되도록 한다.

>> **[예제 14-4] 가상 함수 예제**

```
1.  #include <iostream.h>
2.
3.  class Cshape {
4.  public:
5.      virtual void area( )  {
6.          cout << "* 도형 면적 출력 *" << endl;
7.      }
8.  };
9.
10.  class Crect : public Cshape {
```

```
11.  private:
12.      int x, y;
13.      public:
14.      Crect(int a, int b) {  x = a;  y = b; }
15.      void area( )  {
16.          cout << "사각형 면적 출력 : " << x * y << endl;
17.      }
18. };
19.
20. class Ctri : public Cshape {
21. private:
22.      int x, y;
23. public:
24.      Ctri(int a, int b) {
25.          x = a;  y = b;
26.      }
27.      void area( )  {
28.          cout << "삼각형 면적 출력 : " << (x * y)/2 << endl;
29.      }
30. };
31.
32. int main() {
33.      Cshape *p;
34.      Crect ob(5,6);
35.      p = &ob;
36.      p->area();
37.      p = new Ctri(10,20);
38.      p->area();
39.      return 0;
40. }
```

실행결과

```
■ "D:\C실습\c_test2\Debug\c_test2.exe"
사각형 면적 출력 : 30
삼각형 면적 출력 : 100
Press any key to continue
```

5~7행	: 기저클래스의 멤버함수 area에 virtual을 붙여 가상함수로 선언한다.
15~17행	: 파생클래스 Crect에서 가상함수 area를 재정의한다.
20~30행	: Cshape를 기저클래스로 하는 파생클래스 Ctri를 구현한다.
24~26행	: 파생클래스 Ctri의 생성자를 구현한다. 매개변수 2개를 받아서 멤버변수 x, y에 초기화 한다.
27~29행	: 기저클래스의 멤버함수 area를 재정의 한다. 멤버변수 x, y의 값을 곱한뒤 2로 나누어서 삼각형의 면적을 구해서 출력한다.
33~38행	: 기저클래스의 객체포인터인 p에 파생클래스들의 객체 주소를 할당하여 area 함수를 호출하면 정확하게 파생클래스들의 area 함수가 호출되어 실행된다. 가상함수에 의해서 동적 바인딩 방식으로 실행시에 호출할 멤버함수의 주소가 결정되기 때문이다.
37행	: new 연산자에 의해 파생클래스 Ctri 크기만큼의 메모리를 할당한 후, 시작주소를 객체포인터 p에 대입한다.

위의 예제에서 살펴본 바와 같이 가상함수를 통해서 동적 바인딩을 구현하면 호출할 멤버함수를 결정할 수 있다. 이처럼 동적 바인딩 구현이 가능한 것은 각 클래스의 가상함수 주소를 따로 저장해 놓고 사용하기 때문이다. sizeof 연산자를 통해서 가상함수가 있는 클래스의 크기와 가상함수가 없는 클래스의 크기를 비교해 보면 전자의 클래스 크기가 크다. 가상함수가 있는 클래스에는 가상테이블이라는 것을 만들어서 각 클래스들 멤버함수의 호출주소를 저장하기 때문이다. 가상테이블은 클래스 단위로 생성된다.

가상함수의 단점은 가상테이블로 인한 메모리 증가와 실행시에 호출할 멤버함수를 가상테이블에서 찾아야 하므로 실행속도의 저하가 있다.

14.4 순수 가상 함수(Pure Virtual Function)와 추상클래스

순수가상함수는 기저클래스에서 가상함수로 사용할 멤버함수의 내용에 대한 정의부분 없이 함수의 원형만 선언한 함수를 말한다. 정의하지 않은 함수의 내용 부분은 파생클래스에서 재정의한다.

■ 형식

---

virtual   반환형 멤버함수명( ) = 0;

■ 사용 예

---

virtual void area( ) = 0;

순수가상함수를 1개 이상 가지는 클래스는 정의되지 않은 함수를 가지고 있기 때문에 객체를 생성할 수 없다. 대신 파생클래스의 기저클래스로만 사용할 수 있다. 이러한 클래스를 추상클래스라고 한다.

■ 추상클래스의 특징

① 순수가상함수를 1개 이상 포함한 클래스를 추상클래스라고 한다. 이때 다른 일반 멤버함수, 가상함수도 포함할 수 있다.

② 추상클래스는 파생클래스의 행동양식을 미리 설계하기 위한 기저클래스로 사용하기 위한 클래스라고 할 수 있다.

③ 추상클래스는 객체를 생성할 수 없다. 단, 추상클래스의 객체포인터는 생성 가능하다.

④ 추상클래스는 파생클래스에서 순수가상함수를 구현하였을 때 객체를 생성할 수 있다.

⑤ 추상클래스를 상속한 파생클래스에서 순수가상함수를 재정의하지 않으면 그 파생클래스도 추상클래스가 됨. 즉, 파생클래스에서 순수가상함수를 반드시 재정의해야 한다는 강제성이 따른다고 볼 수 있다.

다음 예제는 순수가상함수로 선언한 기저클래스의 area 함수를 파생클래스에서 내용을 재정의하여 사용한 프로그램이다.

≫ [예제 14-5] 순수 가상 함수 예제 (1)

```
1.  #include <iostream.h>
2.
```

```cpp
3.  class Cshape {
4.  public:
5.      virtual void area( )=0;
6.  };
7.
8.  class Crect : public Cshape {
9.      private:
10.         int x, y;
11.     public:
12.         Crect(int a, int b) {
13.             x = a;   y = b;
14.         }
15.         void area( ) {
16.             cout << "사각형 면적 출력 : " << x * y << endl;
17.         }
18. };
19.
20. class Ctri : public Cshape {
21.     private:
22.         int x, y;
23.     public:
24.         Ctri(int a, int b) {
25.             x = a;   y = b;
26.         }
27.         void area( ) {
28.             cout << "삼각형 면적 출력 : " << (x * y)/2 << endl;
29.         }
30. };
31.
32. int main() {
33.     Cshape *p;
34.     Crect ob(5,6);
35.     p = &ob;
36.     p->area();
37.     p = new Ctri(10,20);
38.     p->area();
39.     return 0;
40. }
```

실행결과

```
"D:\C실습\c_test2\Debug\c_test2.exe"
사각형 면적 출력 : 30
삼각형 면적 출력 : 100
Press any key to continue
```

설명

5행	: 순수가상함수를 선언한다. virtual을 앞에 붙이고 함수의 내용이 없는 원형만 선언한다.
15~17행	: 순수가상함수를 파생클래스 Crect에서 재정의한다. 사각형 면적을 구해서 출력한다.
27~29행	: 순수가상함수를 파생클래스 Ctri에서 재정의한다. 삼각형 면적을 구해서 출력한다.
33행	: 기저클래스의 객체포인터 p를 생성한다. 순수가상함수를 포함한 클래스의 객체는 생성할 수 없지만 객체포인터는 생성가능하다.
34~38행	: 기저클래스의 객체포인터인 p에 파생클래스들의 객체 주소를 각각 할당하여 area 함수를 호출하여 각 파생클래스들의 area 함수가 호출되어 실행되도록 한다.

다음 예제는 순수가상함수와 추상클래스의 사용 예를 간단하게 구현한 프로그램이다. 교사와 학생에 따른 일의 내용을 달리 재정의하여 출력하는 순수가상함수를 구현한다.

[예제 14-6] 순수 가상 함수 예제 (2)

```
1. #include <iostream.h>
2.
3. class Cjob {
4. public:
5.     virtual void work( )=0;
6.     virtual void breakTime() {
7.         cout << "휴식시간" << endl;
8.     }
9. };
10.
11. class Cteacher : public Cjob {
12. public:
13.         void work() {
14.         cout << "teacher : 강의 하다 " << endl;
```

```
15.        }
16.        void breakTime() {
17.            cout << "teacher : 커피 마시다" << endl;
18.        }
19. };
20.
21. class Cstudent : public Cjob {
22. public:
23.        void work() {
24.            cout << "student : 수업 듣다 " << endl;
25.        }
26. };
27.
28. int main() {
29.        Cjob *p;
30.        Cteacher  ob;
31.        p = &ob;
32.        p->work();  p->breakTime();
33.
34.        p = new Cstudent;
35.        p->work();
36.        p->breakTime();
37.        return 0;
38. }
```

실행결과

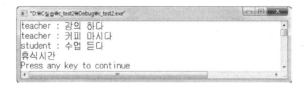

설명

5행   : 순수가상함수를 work를 선언한다.

6~8행   : 가상함수 breakTime을 구현한다. "휴식시간" 문자열을 출력한다.

13~15행 : 순수가상함수 work를 재정의한다. "teacher : 강의 하다 " 문자열을 출력한다.

16~18행 : 가상함수 breakTime을 재정의한다. "teacher : 커피 마시다" 문자열을 출력한다.

| 23~25행 | : 순수가상함수 work를 재정의한다. "student : 수업 듣다" 문자열을 출력한다. 이처럼 파생클래스에서 반드시 재정의해야 하는 함수가 있을 경우 순수가상함수로 선언하여 사용한다. |

29행   : 기저클래스 Cjob의 객체포인터 p를 생성한다.

30~32행 : 파생클래스 Cteacher의 객체 ob의 시작주소를 객체포인터에 할당한다. 객체포인터로 파생클래스의 멤버함수에 접근이 가능하므로 파생클래스에서 재정의된 work(), breakTime() 함수의 내용이 출력된다.

34~36행 : new 연산자를 통해서 파생클래스 Cstudent의 시작주소를 동적으로 객체포인터에 할당한다. 가상함수인 breakTime함수는 Cstudent 클래스에서 재정의하지 않았다. 따라서 p->breakTime(); 실행시 기저클래스의 breakTime() 함수를 호출하여 실행한다.

14.5 가상 소멸자

상속관계에 있는 클래스들 사이에서 기저클래스의 객체 포인터로 파생클래스에 접근할 수 있다는 것을 앞 절에서 살펴보았다. 만일 파생클래스를 new 연산자로 동적으로 메모리 할당을 했다면 객체 소멸시에는 소멸자를 통해서 반드시 메모리 해제를 시켜야 한다. 이때 기저클래스의 객체가 소멸될 때 파생클래스의 객체도 함께 소멸되지 않으므로 메모리 제거가 정상적으로 되지 않는다.

이 문제를 해결하기 위해서는 기저클래스의 소멸자를 가상함수로 정의하여 기저클래스의 소멸자가 미리 할당되지 않도록 한다. 후에 파생클래스 객체를 동적으로 할당하여 실행시 호출할 멤버함수가 결정되도록 하면 호출순서를 변경할 수 있다. 호출순서는 파생클래스의 소멸자가 먼저 호출된 후, 다음에 기저클래스의 소멸자가 호출되어 차례대로 메모리가 제거되도록 할 수 있다.

우선 소멸자를 가상함수로 정의하지 않았을 경우의 예제를 먼저 살펴보기로 하자.

다음 예제는 기저클래스의 객체포인터로 파생클래스를 접근한 경우 소멸자의 호출형태를 살펴보는 프로그램이다.

>> [예제 14-7] 일반 소멸자 사용시 예제

```
1.  #include <iostream.h>
2.
```

```
3.  class Cparent {
4.  public:
5.      ~Cparent () {
6.          cout << "parent 소멸자 " << endl;
7.      }
8.  };
9.  class Cchild : public Cparent {
10. public:
11.      ~Cchild() {
12.          cout << "child 소멸자" << endl;
13.      }
14. };
15.
16. int main() {
17.     Cparent *p;
18.     p = new Cchild;
19.     delete p;
20.     return 0;
21. }
```

실행결과

설명

5~7행　:　클래스 Cparent의 소멸자를 구현한다.

11~13행　:　클래스 Cchild의 소멸자를 구현한다.

19행　:　일반 소멸자를 사용한 경우 delete p; 명령이 실행되면 기저클래스의 소멸자만 호출
된다. 객체포인터 p가 생성될때 정적바인딩에 의해서 호출할 소멸자 함수가 컴파일
시에 미리 결정이 나기 때문이다. 파생클래스의 소멸자도 함께 호출되도록 하려면
기저클래스의 소멸자를 가상함수로 정의해야 한다.

다음 예제는 가상소멸자를 정의한 경우 소멸자의 호출형태를 살펴보는 프로그램이다.

>> **[예제 14-8] 가상소멸자 사용시 예제**

```
1.  #include <iostream.h>
2.
3.  class Cparent {
4.  public:
5.      virtual ~Cparent () {
6.          cout << "parent 소멸자 " << endl;
7.      }
8.  };
9.
10. class Cchild : public Cparent {
11. public:
12.     ~Cchild() {
13.         cout << "child 소멸자" << endl;
14.     }
15. };
16.
17. int main() {
18.     Cparent *p;
19.     p = new Cchild;
20.     delete p;
21.     return 0;
22. }
```

실행결과

설명

5~7행 : 기저클래스의 소멸자 앞에 virtual을 붙여서 가상 소멸자로 구현한다.

12~14행 : 클래스 Cchild의 소멸자를 구현한다.

20행 : delete p; 명령 실행시 파생클래스의 소멸자가 먼저 호출된다. 기저클래스의 소멸자가 가상함수로 선언되어 있어 동적으로 할당된 Cchild 객체의 주소를 포인터변수가 가지게 되기 때문이다. 파생클래스의 소멸자가 먼저 호출되고 다음에 기저클래스의 소멸자가 호출되어 메모리가 순서대로 제거된다.

! Exercise

1. 함수오버라이딩에 대한 설명이다. 올바르게 설명한 것을 모두 고르시오.

① 상속관계가 아니어도 상관없다.
② 오버라이딩할 멤버함수는 기저클래스의 함수원형과 일치해야 한다.
③ 파생클래스의 객체로 오버라이딩된 멤버함수 호출시 기저클래스의 멤버함수는 은폐되어 파생클래스의 멤버함수만 호출된다.
④ 멤버함수의 매개변수 개수, 자료형, 반환형은 변경가능하다.

2. 기저클래스에서 가상함수로 사용할 멤버함수의 내용에 대한 정의부분 없이 함수의 원형만 선언한 함수를 무엇이라고 하는가?

3. 순수가상함수를 1개 이상 포함한 클래스를 무엇이라고 하는가?

4. 다음은 추상클래스에 대한 설명이다. 틀린 것을 고르시오.

① 추상클래스는 객체를 생성할 수 없다.
② 추상클래스는 순수가상함수만 포함한 클래스를 말한다.
③ 추상클래스를 상속한 파생클래스에서 순수가상함수를 재정의하지 않으면 그 파생 클래스도 추상클래스가 된다.
④ 추상클래스의 객체포인터는 생성 가능하다.

5. 함수오버라이딩에 대한 프로그램이다. 결과를 적으시오.

```
#include <iostream.h>
class Cvirt {
  protected:
    int x, y;
  public:
    Cvirt(int a, int b) {
```

```
            x = a;
            y = b;
        }
        virtual void cal() {
            cout << "합 = " << x+y << endl;
        }
};
class Cover : public Cvirt {
public:
    Cover(int a, int b) : Cvirt(a, b) {
    }
    void cal() {
        cout << "곱  = " << x*y << endl;
    }
};
int main() {
    Cover ob(5, 6);
    ob.cal();
    return 0;
}
```

6. 다음은 순수가상함수를 사용하여 두 수의 합과 곱을 구하는 내용이며, 함수오버라이딩을 통해 구현한 프로그램이다. 아래와 같은 출력결과가 나올수 있도록 빈 곳을 채우시오.

🏵 실행결과

```
합 = 11
곱 = 56
```

```
#include <iostream.h>
class Cvirt {
    protected:
        int x, y;
    public:
        Cvirt(int a, int b) {
            x = a;
            y = b;
        }
```

```cpp
        [        ①        ]  //순수가상함수
};
class Csum : public Cvirt {  //합 구하는 클래스
   public:
        Csum(int a, int b) : Cvirt(a, b) {
        }
        void cal() {
              cout << "합  = " << x+y << endl;
        }
};
class Cmul : public Cvirt {   //곱 구하는 클래스
   public:
        Cmul(int a, int b) : Cvirt(a, b) {
        }
        [        ②        ] {
              cout << "곱  = " << x*y << endl;
        }
};
int main() {
     [        ③        ]
     Csum ob1(5, 6);
     p = &ob1;
     [        ④        ]
     Cmul ob2(7,8);
     [        ⑤        ]
     p->cal();
     return 0;
}
```

CHAPTER **15**

템플릿

템플릿의 의미 15.1

템플릿 함수 15.2

템플릿 클래스 15.3

15.1 템플릿의 의미

템플릿은 함수 오버로딩(overloading)의 확장개념이다. 객체지향의 특징인 다형성과 코드의 재활용을 동시에 만족시키는 기능이다. 함수 오버로딩은 매개변수의 자료형을 달리해야 하는 경우에 동일한 함수명으로 사용할 자료형마다 함수를 각각 따로 중복정의해야 하는 번거로움이 있다. 반면 템플릿(Template)은 자료형에 상관없이 처리할 수 있는 하나의 함수를 정의하여 사용할 수 있다.

템플릿으로 정의한 함수는 하나의 함수로 동일한 내용에 대해서 다양한 자료형의 데이터를 인수로 받아들여 수행할 수 있다. 함수 오버로딩처럼 각기 다른 자료형에 대한 함수를 여러 개 중복 정의할 필요가 없다는 것이다.

템플릿의 종류에는 템플릿 함수와 템플릿 클래스가 있다.

15.2 템플릿 함수

하나의 함수로 다양한 자료형의 데이터를 처리할 수 있는 함수를 말한다. 사용 형식은 다음과 같다.

■ 형식

```
template  〈calss 또는 typename  자료형이름〉
반환형  함수명(자료형이름 매개변수1,  자료형이름  매개변수2, ..)
{
    함수 내용
};
```

■ 사용 예

```
template 〈class T〉
void  add (T a,  T b)
```

범용 자료형으로 사용할 템플릿을 template 〈class T〉로 먼저 선언한다. 여기에서 class 대신 typename을 사용해도 무방하다. 또한 T는 범용 자료형의 이름을 의미하며 T 대신 다른 것을 사용해도 된다.　이 영문자 T를 임의의 자료형으로 사용하고자 하는 부분에 사용한다. 위의 예제에서 매개변수 a, b 앞에 사용해서 임의의 자료형을 표현한다.

템플릿 함수로 정의하기 전에 비교를 위해서 [예제 1501]과 같이 함수오버로딩을 이용하여 각기 다른 자료형에 대한 합을 구해서 출력하는 add 함수를 구해보자.

다음 예제는 int형, float형, char형의 자료를 인수로 받아서 덧셈 연산을 수행하는 함수를 정의한다. 함수오버로딩을 사용하여 각각의 자료형에 대한 함수를 중복정의한 프로그램이다.

》 [예제 15-1] 덧셈 연산 함수 오버로딩 예제

```
1.   #include <iostream.h>
2.
3.   void  add (int a,  int b)
4.   {
5.       cout << "a + b = " << a + b << endl;
6.   }
7.   void  add (float a,  float b)
8.   {
9.       cout << "a + b = " << a + b << endl;
10.  }
11.  void  add (char a,  char b)
12.  {
13.      cout << "a + b = " << a + b << endl;
14.  }
15.
16.  int main() {
17.      int    x=5,   y=6;
18.      float  f=5.1f, g=6.3f;
19.      char   c='A',  d = 'B';
20.      add(x, y);
21.      add(f, g);
22.      add(c, d);
```

```
23.      return 0;
24.  }
```

실행결과

```
■ "D:\C실습\c_test2\Debug\c_test2.exe"
a + b = 11
a + b = 11.4
a + b = 131
Press any key to continue
```

설명

3~14행	: 동일한 add 함수명으로 각기 다른 자료형을 처리하기 위한 함수를 3개 중복 정의한다. 매개변수로 전달받은 값들의 합을 구해서 출력한다.
20행	: 변수 x, y가 int형이므로 3~6행의 add 함수가 호출되어 실행된다.
21행	: 변수 f, g가 float형이므로 7~10행의 add 함수가 호출되어 실행된다.
22행	: 변수 c, d가 char형이므로 11~14행의 add 함수가 호출되어 실행된다. 'A'의 아스키코드값이 65와 'B'의 아스키코드값이 66의 합인 131이 출력된다.

다음 예제는 자료형에 상관없이 덧셈 연산을 할 수 있는 템플릿 함수를 정의하여 사용하는 프로그램이다.

[예제 15-2] 덧셈 연산 템플릿 함수 예제

```
1.  #include <iostream.h>
2.
3.  template <typename T>
4.  void  add (T a,  T b)
5.  {
6.      cout << "a + b = " << a + b << endl;
7.  }
8.
9.  int main() {
10.     int    x=5,   y=6;
11.     float f=5.1f, g=6.3f;
12.     char c='A',  d = 'B';
```

```
13.     add(x, y);
14.     add(f, g);
15.     add(c, d);
16.     return 0;
17. }
```

실행결과

```
■ "D:₩C실습₩c_test2₩Debug₩c_test2.exe"
a + b = 11
a + b = 11.4
a + b = 131
Press any key to continue
```

설명

3행   : 템플릿을 선언한다.

4~7행   : [예제 15-1]과는 달리 덧셈연산을 하는 함수를 하나만 작성한다. template
           ⟨typename T⟩ 로 범용자료형을 선언했기 때문에 T 자리에 원하는 모든 자료형의 접
           목이 가능하다.

다음 예제는 배열의 크기, 자료형에 상관없이 가장 큰 값을 찾아서 반환하는 템플릿 함
수를 정의한 프로그램이다.

[예제 15-3]

```
1.  #include ⟨iostream.h⟩
2.
3.  template ⟨class T⟩
4.  T  MAX (T *ar, int n)
5.  {
6.      int i, cnt;
7.      cnt = n / sizeof(T);
8.      T  mx = ar[0];
9.      for(i=1; i<cnt; i++)
10.         if(ar[i] > mx) mx=ar[i];
11.     return mx;
```

```
12. }
13.
14. int main() {
15.     int     x[3] = {7, 3, 10};
16.     double  y[4] = {5.1, 8.1, 1.1, 7.1};
17.     char    z[3] = {'v', 'e', 'p'};
18.     cout << "최대값 = " << MAX(x, sizeof(x)) << endl;
19.     cout << "최대값 = " << MAX(y, sizeof(y)) << endl;
20.     cout << "최대값 = " << MAX(z, sizeof(z)) << endl;
21.     return 0;
22. }
```

실행결과

```
"D:\C실습\c_test2\Debug\c_test2.exe"
최대값 = 10
최대값 = 8.1
최대값 = v
Press any key to continue
```

설명

4~11행 : MAX 템플릿함수를 선언한다. T MAX (T *ar, int n)로 선언한 템플릿 함수의 매개변수 ar은 범용자료형의 포인터로 선언, 뒤의 것은 정수형으로 선언한다. ar은 배열의 시작주소값을 받고, 변수 n은 배열의 요소개수를 계산하기 위해서 sizeof 연산자로 배열 전체 크기를 바이트수로 받는다.

7행 : 배열의 요소수를 계산한다.

8행 : 배열의 첫 번째 요소의 값을 임의의 자료형의 변수 mx에 할당한다. 최대값 비교를 위해서 사용된다.

9~10행 : 배열에 저장된 값들과 변수 mx에 저장된 값을 비교하여 큰 값을 mx에 저장하여 최대값을 찾는다.

11행 : 최대값을 반환한다.

18~20행 : MAX 함수는 자료형에 상관없이 여러 자료형태의 배열을 매개변수로 받아서 가장 큰 값을 반환한다.

실습문제

1. 범용자료형을 표현하는 템플릿 A를 정의하려고 한다. 문장을 작성하시오.

2. 두 수의 크기를 비교해서 최소값을 반환하는 템플릿 함수 min이다. 함수머리부분을 완성하시오.
   매개변수명은 x, y이다.

   ```
   template 〈class T〉
   (               ) {
     T tmp;
     if(x 〈= y)
       tmp = y;
     else
       tmp = x;
     return tmp;
   }
   ```

15.3 템플릿 클래스

템플릿 함수처럼 클래스도 범용자료형을 다루는 템플릿을 적용하여 템플릿 클래스를 정의할 수 있다. 클래스내의 멤버변수, 멤버함수에 적용되는 자료형의 종류에 상관없이 처리할 수 있는 범용 템플릿 클래스를 작성할 수 있다. 사용형식은 다음과 같다.

■ 형식

```
template 〈calss 또는 typename  자료형이름〉
class 클래스명
{
   클래스 내용
};
```

■ 사용 예

```
template <class T>
class Ccal {
private:
    T  x, y;
        ...
};
```

■ 템플릿 클래스 정의시 주의점

① 클래스 앞에 template ⟨class T⟩ 를 기입한다. class 대신 typename을 사용해도 무방하다.

② 멤버함수가 템플릿 클래스의 외부에서 구현될 경우 멤버함수명 앞에 template ⟨class T⟩를 기입하고 클래스명 다음에는 ⟨T⟩를 추가해야 한다.

```
template <class T> void Ccal<T>::cha( )
```

---

③ main() 함수에서 템플릿 클래스의 객체를 생성할때에는 다음과 같이 선언하여 사용한다.

```
클래스명 <자료형> 객체명(매개변수 리스트) ;

Ccal <int>  ob1(5,6);
```

다음 예제는 자료형에 상관없이 덧셈과 뺄셈연산을 할 수 있는 템플릿 클래스를 정의하여 사용하는 프로그램이다.

>> [예제 15-4] 덧셈, 뺄셈 연산의 템플릿 클래스 예제

```
1. #include <iostream.h>
2.
3. template <class T>
4. class Ccal {
5. private:
```

```
6.        T  x, y;
7.  public:
8.          Ccal(T a, T b) {
9.              x=a;   y=b;
10.         }
11.         void add( )  {
12.             cout << "합 =" << x+y << endl;
13.         }
14.         void cha( );
15. };
16. template <class T> void Ccal<T>::cha( )  {
17.     cout << "차 =" << x-y << endl;
18. }
19.
20. int main() {
21.     Ccal<int>     ob1(5,6);
22.     Ccal<double>  ob2(5.5, 3.3);
23.     Ccal<char>    ob3('C', 'B');
24.     ob1.add();   ob1.cha();
25.     ob2.add();   ob2.cha();
26.     ob3.add();   ob3.cha();
27.     return 0;
28. }
```

실행결과

설명

3행   : tempate <class T> 로 템플릿 클래스를 선언한다.

6행   : 범용 자료형 T를 사용하여 멤버변수 x, y를 선언한다. 클래스의 객체 생성시에 범용
          자료형 T에 설정될 자료형을 지정한다.

8행　　　　: 생성자를 선언한다. 범용 자료형 T를 사용하여 매개변수의 자료형을 지정한다.

16~18행 : 멤버함수 cha는 클래스 외부에서 몸체를 구현한다. 클래스 밖에서 구현시에는 template ⟨class T⟩를 함수명 앞에 기입하고 클래스명 다음에 ⟨T⟩와 범위연산자(::)를 다음과 같이 기입해야 한다.

template ⟨class T⟩ void Ccal⟨T⟩::cha( )

21~23행 : 템플릿 클래스의 객체를 생성한다. 다음과 같이 클래스명 다음에 ⟨자료형⟩을 기입한 후에 객체명과 초기값을 작성한다.

Ccal⟨int⟩ ob1(5,6);

객체 ob1은 자료형이 int형으로 멤버변수 x, y에 5, 6을 각각 초기화 한다.
이와 같이 객체를 선언하면 템플릿 클래스내의 범용자료형인 T 가 모두 int형으로 변경된 객체가 생성되어 실행된다.

```
class Ccal {
private:
    int  x, y;
public:
    Ccal(int a, int b) {   x=a;  y=b;  }
    void add( )  {
    cout << "합 =" << x+y << endl;
    }
    void cha( );
};
```

다음 예제는 2개의 매개변수가 각각 따로 범용자료형으로 처리되는 템플릿 클래스를 정의하는 프로그램이다. 2개의 매개변수에 매번 다른 자료형의 데이터를 전달해서 출력하는 내용이다.

[예제 15-5] 범용자료형을 다루는 매개변수들의 템플릿 클래스 예제

```
1.  #include <iostream.h>
2.
3.  template <class T1, class T2>
4.  class Cview {
5.  private:
6.      T1  x;  T2 y;
7.  public:
8.      Cview(T1 a, T2 b) {
9.          x=a;  y=b;
```

```
10.    }
11.    void printData( ) {
12.    cout << "x =" << x << ", y =" << y << endl;
13.  }
14.  };
15.
16.  int main() {
17.    Cview<int, double>  ob1(5, 6.1);
18.    Cview<short, char>  ob2(1, 'A');
19.    ob1.printData();
20.    ob2.printData();
21.    return 0;
22.  }
```

실행결과

```
x =5, y =6.1
x =1, y =A
Press any key to continue
```

설명

3행   : 범용 자료형으로 사용할 템플릿 T1, T2 2개를 선언한다.

6행   : 범용 자료형 T1, T2로 멤버변수 x, y를 각각 선언한다. x, y는 자료형을 서로 달리
            선언 가능하다.

8~10행   : 클래스 Cview의 생성자를 구현한다. 자료형이 각기 다른 매개변수를 전달받기 위해
            범용 자료형 T1, T2로 선언한다.

17행   : 템플릿 클래스의 객체를 생성한다. 매개변수의 자료형이 각각 다르므로 다음과 같이
            클래스명 다음에 사용할 자료형들을 콤마로 구분하여 작성한다. int형과 double형의
            자료를 사용하는 객체 ob1을 생성한다.

            Cview<int, double> ob1(5, 6.1);

            5, 6.1은 생성자에 의해서 멤버변수 x, y에 각각 초기화 된다.

Exercise

1. 다음은 정수형과 실수형의 자료에 대해서 최대값을 구하기 위해 함수오버로딩으로 구현한 프로그램이다. 자료형에 상관없이 사용할 수 있도록 템플릿 함수로 수정하여 구현해보시오.

```cpp
#include <iostream.h>

void  max (int a,  int b)  {
    int m = (a >= b) ? a : b;
    cout << "max = " << m << endl;
}
void max (double a,  double b) {
    double m = (a >= b) ? a : b;
    cout << "max = " << m << endl;
}
int main() {
    int x=2, y=1;
    double d=10.1,  e=20.1;
    max(x, y);
    max(d, e);
}
```

2. 1번의 프로그램을 템플릿 클래스로 구현했다. 다음과 같은 결과가 나올 수 있도록 빈 곳을 채워서 완성하시오.

⑤ 실행결과

최대값 = 6

```cpp
#include <iostream.h>
            ①
class Cmax {
    T x, y;
    public:
```

```
         ┌──────────②──────────┐  {
              x = a;
              y = b;
         }
         T mx() {           // ①
              return  (x >= y) ? x : y;
         }
};
int main() {
     Cmax<int>  ob(5, 6);
     cout << "최대값 = " << ob.mx() << endl;
     return 0;
}
```

3.   2번의 프로그램에서 ①에 표현된 곳을 클래스 밖에서 구현한다면 다르게 작성되어야
     한다. 바르게 수정하시오.

CHAPTER 16

파일 입출력

파일 입출력의 의미   16.1

파일 열기와 닫기   16.2

문자와 문자열 단위의 파일 입출력   16.3

이진파일의 입출력   16.4

순차파일과 랜덤파일   16.5

16.1 파일 입출력의 의미

입출력하고자 하는 데이터의 양이 매우 많거나, 저장되어 있는 데이터를 읽어오거나, 출력 데이터를 저장할 때는 파일로부터의 입출력이 매우 편리하다.

C++ 에서는 다양한 물리적 입출력장치에 상관없이 파일 입출력을 담당하는 스트림이라는 논리적 접속을 통해 프로그래머가 모든 입출력장치를 동일하게 취급할 수 있도록 한다. 따라서 프로그래머는 스트림까지만 입출력하게 하고, 파일과 스트림간의 데이터 입출력 작업은 운영체제와 컴퓨터가 대신해 준다.

C++에서는 파일 입출력을 위한 여러 가지 파일 스트림 클래스를 가지고 있는 〈fstream.h〉 헤더파일을 제공한다. 이 헤더파일에는 입력을 담당하는 ifstream, 출력을 담당하는 ostream, 입출력을 모두 담당하는 fstream 등의 클래스가 들어 있다. 즉, C++에서 파일에 관한 작업을 하기 위해서는 〈fstream.h〉 파일을 선두에 반드시 포함시켜야 한다.

다음 그림은 파일 입출력을 위한 클래스의 계층도이다.

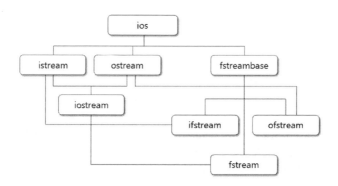

[그림 16-1] 파일 입출력 클래스 상속계층도

최상위 클래스는 ios 이며 아래에 있는 클래스는 선으로 연결된 위쪽의 클래스를 상속받은 것이다. 그림에서 제일 아래에 위치하는 fstream 클래스는 fstrembase와 iostream 클래스를 상속받는다. 이러한 계층관계를 통해서 파일 입출력에 관계되는 ifstream, ofstream, fstream 클래스들 모두 ios 클래스의 멤버들을 접근해서 사용할 수 있다.

C++에서 파일 입출력을 하기 위해서는 몇 가지의 과정의 필요하다.

① 프로그램의 선두에 〈fstream.h〉 헤더파일을 포함시킨다.

```
#include <fstream.h>
```

② 입출력 스트림의 객체를 생성한다. 아래의 예들 중에서 필요한 객체를 선언한다.

```
ifstream fin;      //입력 전담 객체 생성
ofstream fout;     //출력 전담 객체 생성
fstream  fio;      //입출력 전담 객체 생성
```

③ 생성한 입출력 스트림 객체에 연결할 파일을 연다.

```
fout.open("data.txt");
```

④ 생성한 입출력 스트림 객체에 입출력 전용 스트림연산자(〈〈, 〉〉)나 멤버함수를 통해서 파일에 데이터를 저장하거나 읽어온다.

```
fout << x << " " << y << endl;
```

⑤ ③에서 열었던 파일을 닫는다.

```
fout.close();
```

변수 x, y에 할당된 값을 "data.txt"란 파일에 저장하는 프로그램을 간단하게 연습한 후에 파일에 관계된 클래스들의 스트림, 멤버함수에 대해서 알아보도록 하자.

>> **[예제 16-1] 간단한 파일 출력 예제**

```
1.  #include <iostream.h>
2.  #include <fstream.h>
3.
4.  int main() {
5.      int x, y;
6.      x = 10, y=20;
7.      ofstream fout;
8.      fout.open("data.txt");
```

```
9.      fout << x << " " << y << endl;
10.     fout.close();
11.     return 0;
12.  }
```

실행결과

설명

2행   : 입출력 클래스 사용을 위해 fstream.h 헤더파일을 추가한다.

7행   : 파일에 자료를 저장하기 위해서 출력 전담 스트림 객체 fout을 생성한다.

8행   : fout.open("data.txt"); 은 "data.txt" 라는 파일을 사용하기 위해 여는 명령이다.
           만일 파일이 없다면 새로 생성한다.

9행   : 출력 스트림 연산자(<<)를 사용하여 파일에 원하는 자료를 출력한다.

10행   : 열었던 파일을 닫는다.

실행시 위의 결과처럼 아무것도 출력되지 않는다. 이것은 자료를 모니터가 아닌 파일에
출력하기 때문에 화면에는 아무것도 나오지 않는 것이다.

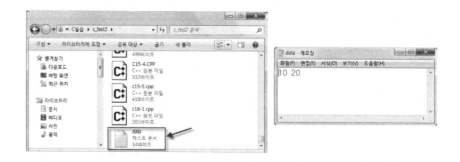

탐색기에서 작업하고 있는 폴더를 찾아서 열면 "data.txt" 라는 파일이 생성되어 있는 것
을 볼 수 있다. (필자는 D:₩C실습₩c_test2 폴더가 작업폴더임) "data.txt" 파일 안의 내
용을 살펴보면 위의 그림처럼 내용이 저장되어 있는 것을 확인할 수 있다.

🔍 실습문제

1. 파일에 입출력하기 전에 프로그램 선두에 추가해야 하는 헤더파일은 무엇인가?

2. 출력 전담 스트림 객체 fout의 사용이 완료되고 나면 파일을 닫아야 한다. 문장을 작성하시오.

16.2 파일 열기와 닫기

데이터를 파일에서 읽어오거나 저장할 때는 사용하고자 하는 파일을 열어 놓아야 한다. 또한 열어서 사용했던 파일들을 더 이상 사용하지 않을 경우에는 해당 파일을 닫아서 다른 파일들이 사용될 수 있도록 한다.

16.2.1 파일 열기

프로그램↔스트림↔파일 간에 데이터가 입출력될 수 있도록 통로를 만드는 단계를 파일 개방이라고 하며, 내부적으로는 하드 디스크에 저장된 파일을 RAM에 올려놓는 작업이다. 파일 개방시 파일의 용도가 입력, 출력 및 입출력 겸용인지를 알려주어야 한다.

■ 형식

```
스트림객체명.open("데이터 파일명"[, 모드비트]);
```

■ 사용 예

```
(예1)  ofstream fout;
       fout.open("data.txt");

(예2) fout.open("data.txt" , ios::out | ios::nocreate);
```

ifstream과 ofstream은 각각 입력과 출력 전담 클래스이므로 입력용과 출력용의 파일임을 알리는 모드비트인 ios::in과 ios::out 생략이 가능하다.

〈표 16-1〉 입출력 파일의 모드 비트

모드 비트	설 명
ios::in	파일을 열기모드로 연다.
ios::out	파일을 쓰기모드로 연다. 이미 파일이 존재할 경우 덮어쓴다.
ios::app	존재하는 파일의 끝에 새로운 내용을 추가한다. 파일이 없으면 새로 생성한다.
ios::ate	파일의 포인터를 파일의 끝으로 이동한다. 끝인 경우 1을 반환한다.
ios::trunc	파일이 존재할 경우 기존의 내용을 지운다.
ios::nocreate	파일이 존재하지 않을 경우 새파일을 생성하지 않는다.
ios::noreplace	출력하고자 하는 파일이 존재하지 않을 경우 오류를 반환하고 ios::app 또는 ios::ate을 설정한다.
ios::binary	이진 파일로 연다. (설정하지 않으면 기본값인 텍스트 모드로 연다.)

입출력을 위해 파일을 열었을 경우에는 해당 파일이 존재해야 한다. 파일 입출력 스트림 객체로 open 멤버함수의 사용 후에 파일 열기에 대한 성공여부를 확인하기 위해 아래 표에 나와 있는 함수들을 사용한다.

〈표 16-2〉 입출력 파일 멤버함수

함 수	설 명
eof( )	파일의 끝을 알리는 EOF(End Of File)를 만나면 true를 반환한다.
bad( )	올바르지 못한 입출력 시도시에 true를 반환한다.
fail( )	올바르지 못한 입출력이 일어났을 경우에 true를 반환한다.
good( )	파일을 성공적으로 열거나 위의 세 함수가 false이면 true를 반환한다.

다음 예제는 [예제 16-1]에서 저장한 파일 "data.txt" 안의 내용을 읽어 와서 화면에 표시하는 프로그램이다.

>> [예제 16-2] 파일안의 데이터 읽어오기

```cpp
1.  #include <iostream.h>
2.  #include <fstream.h>
3.
4.  int main() {
5.      int x, y;
6.      ifstream fin;
7.      fin.open("data.txt" , ios::in);
8.      if(!fin)
9.      {
10.         cout << "파일을 열수 없습니다\n" ;
11.         exit(1);
12.     }
13.     fin  >> x >> y;
14.     cout << "x= " << x << ", y= " << y << endl;
15.     fin.close();
16.     return 0;
17. }
```

실행결과

설명

6행　　: 파일에서 자료를 읽어오기 위해 입력 전담 스트림 객체 fin을 생성한다.

7행　　: fin.open("data.txt" , ios::in);은 "data.txt" 라는 파일을 입력모드로 사용하기
　　　　위해 여는 명령이다. ifstream은 입력 전담 클래스이므로 ios::in 모드는 생략 가능
　　　　하다.

8~12행　: 7행에서 해당파일이 존재하지 않을 경우 에러메시지를 출력하고 프로그램을 종료한다.

13행　　: 입력 스트림 연산자(>>)를 사용하여 파일에서 원하는 자료를 읽어온다. "data.txt"
　　　　에 저장되어 있는 값을 읽어와서 순서대로 변수 x, y에 저장한다.

14행　　: 변수 x, y의 값을 출력한다.

15행　　: 열었던 파일을 닫는다.

만일, [예제 16-2]에서 "data.txt" 파일이 없다면 다음과 같은 결과가 출력된다.

다음 예제는 입출력스트림 클래스를 이용하여 파일을 생성한 후 파일에 출력 및 파일의 내용을 읽어와서 작업하는 내용의 프로그램이다. 한 학생의 성적을 입력받아서 평균을 계산하여 파일에 출력한 후, 그 파일의 내용을 읽어와서 화면에 출력한다.

> **[예제 16-3] 파일을 이용한 입출력 예제**

```
1.  #include <iostream.h>
2.  #include <fstream.h>
3.  #include <iomanip.h>
4.
5.  int main() {
6.      int hakbun, kor, eng, avg;
7.
8.      ofstream fout;
9.      fout.open("score.txt" , ios::out);
10.
11.     cout << "학번 입력 : ";
12.     cin  >> hakbun;
13.     cout << "국어 영어성적 입력 : ";
14.     cin  >> kor >> eng;
15.     avg = (kor + eng) / 2;
16.
17.     fout << hakbun << " " << kor << " " << eng << " "
18.         << avg << endl;
19.     fout.close();
20.
21.     ifstream fin("score.txt" , ios::in);
22.
23.     if(!fin)
24.     {
```

```
25.            cout << "파일을 열수 없습니다\n" ;
26.            exit(1);
27.      }
28.      cout << "----------------------" << endl;
29.      cout << "학번" << setw(7) << "국어" << setw(6) <<
30.             "영어" << setw(6) << "평균" << endl;
31.      cout << "----------------------" << endl;
32.
33.      fin >> hakbun >> kor >> eng >> avg;
34.      cout << hakbun << setw(9) << kor << setw(6)
35.           << eng   << setw(6) << avg << endl;
36.      fin.close();
37.      return 0;
38. }
```

실행결과

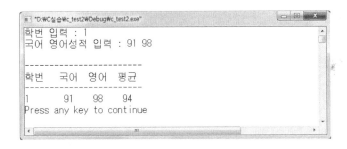

설명

8행　　: 파일에서 자료를 출력하기 위해 출력 전담 스트림 객체 fout을 생성한다. 파일이 없
　　　　으면 해당 파일을 생성해서 연다.

9행　　: "score.txt" 파일을 출력모드로 연다. ofstream은 출력 전담 클래스이므로 ios::out
　　　　모드는 생략 가능하다.

12, 14행 : 변수 hakbun, kor, eng에 데이터를 입력한다.

17~18행 : 출력스트림 연산자(<<)를 이용해서 변수 hakbun, kor, eng의 값을 파일에 출력한다.

19행　　: 열었던 파일을 닫는다.

21행　　: 파일에서 데이터를 읽어오기 위한 입력 전담 스트림 객체 fin을 생성한다. 괄호안에
　　　　사용할 파일명과 ios::in 모드를 작성하여 객체 생성과 동시에 파일을 연다.

23~27행 : 21행에서 해당파일이 존재하지 않을 경우 에러메시지를 출력하고 프로그램을 종료한다.

33행　　　: fin 객체를 이용하여 파일에서 데이터를 읽어와 변수 hakbun, kor, eng에 저장한다.

34~35행　: 변수 hakbun, kor, eng의 값을 화면에 출력한다.

36행　　　: 입력용으로 열었던 파일을 닫는다.

위 예제에서 사용한 "score.txt" 파일을 탐색기에서 찾아 메모장으로 열어보면 다음과 같은 내용이 들어 있는 것을 볼 수 있다. 파일에 출력한 순서대로 데이터가 저장되어 있다.

16.2.2 파일 닫기

스트림과 파일을 연결시키며 파일 포인터를 반환하는 것이 파일 개방인데, 파일 닫기는 개방된 통로와 버퍼를 원상태로 환원시키고 쓰기 모드인 경우에는 파일 끝에 EOF 기호를 추가하여 완전한 파일로 만들어 주는 역할을 한다. 사용하기 위하여 열었던 파일은 반드시 close() 함수로 닫아야 한다. 다음 입출력에 영향을 주지 않도록 하기 위함이다.

■ 형식

　스트림객체명.close();

■ 사용 예

　fout.close();

16.3 문자와 문자열 단위의 파일 입출력

입출력스트림 클래스의 멤버함수인 put(), get(), getline() 을 이용하여 문자 또는 문자열 단위로 파일에 입출력을 할 수 있다. 사용형식은 다음과 같다.

■ 형식

① 스트림객체명.get(문자형 변수명);
② 스트림객체명.getline(문자형 변수명);
③ 스트림객체명.put(문자형 변수명 또는 문자);

① 하나의 문자를 파일에서 읽은 후 '문자형 변수명'에 저장함.

② 한줄의 문자열을 파일에서 읽은 후 '문자형 변수명'에 저장함.

③ '문자형 변수명'에 저장되어 있는 문자 또는 괄호안에 직접 작성한 문자를 파일에 출력함.

■ 사용 예

```
fin.get(ch);
fin.getline(ar);
fout.put('S');
```

다음 예제는 문자를 하나씩 파일에 출력하여 저장한 후에 다시 파일에서 문자를 하나씩 읽어 문자형 변수에 저장한다. 이 변수의 값을 바로 화면에 출력하여 확인하는 프로그램이다.

>> [예제 16-4] 문자 단위의 파일 입출력 예제

```
1.  #include <iostream.h>
2.  #include <fstream.h>
3.
4.  int main() {
5.      char ch;
6.      ofstream fout("char.txt", ios::out);
7.
```

```
 8.        fout.put('S');
 9.        fout.put('K');
10.        fout.put('Y');
11.
12.        fout.close();
13.
14.        ifstream fin("char.txt" , ios::in);
15.
16.        if(!fin)
17.        {
18.            cout << "파일을 열수 없습니다\n" ;
19.            exit(1);
20.        }
21.
22.        while(fin) {
23.            if(fin.get(ch))
24.            cout << ch;
25.        }
26.        cout << endl;
27.        fin.close();
28.        return 0;
29.    }
```

실행결과

[char.txt 파일의 위치와 파일 내용]

설명

8~10행   : ostream 클래스의 멤버함수인 put() 함수를 이용해서 한 개의 문자를 파일에 출력한다.

22~25행   : fin 객체로 연 "char.txt" 파일의 문자를 하나씩 읽어와서 변수 ch에 저장한다. 입력 객체 fin은 성공적인 입력일 경우 ifstream &을 반환하고, EOF를 만나면 0을 반환한다. 24행에서 화면에 값을 출력한다.

다음 예제는 문자열을 파일에 출력하여 저장한 후에 그 파일에서 문자열을 한 줄씩 읽어서 문자형 배열에 저장한다. 이 배열의 값을 바로 화면에 출력하여 확인하는 프로그램이다.

>> [예제 16-5] 문자열의 파일 입출력 예제

```
1.  #include <iostream.h>
2.  #include <fstream.h>
3.
4.  int main() {
5.      char ch[10];
6.      ofstream fout("str.txt" , ios::out);
7.
8.      if (fout.fail()) {
9.          cout << "파일을 열수 없습니다 " << endl;
10.         return;
11.     }
12.
13.     fout << "파란\n" ;
14.     fout << " 하늘\n" ;
15.     fout.close();
16.
17.     ifstream fin("str.txt" , ios::in);
18.
19.     while(fin)
20.     {   fin.getline(ch,10);
21.         cout << ch << endl;
22.     }
23.
24.     fin.close();
25.     return 0;
26. }
```

실행결과

[str.txt 파일의 위치와 파일 내용]

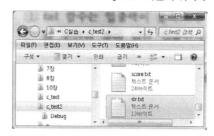 

설명

8~11행 : 파일을 열 때 오류 발생시 에러메시지를 출력한다. fail 함수는 입출력이 올바르게 실행되지 못했을 때, 참을 반환한다. 즉, if문의 조건이 참이 되면 에러메시지를 출력한 후 프로그램을 종료한다.

20행 : EOF를 만날 때까지 파일에서 문자열 단위로 데이터를 읽는다. getline 함수로 파일에서 한 줄의 문자열을 읽은 후, 크기가 10인 문자배열에 그 값을 저장한다.

실습문제

1. 출력 전담 스트림 객체 fout의 문자 출력함수인 put을 이용해 "korea"를 파일에 출력하려고 한다. 문장을 작성하시오.

2. 입력 전담 스트림 객체 fin의 문자열 입력함수인 getline을 이용해서 문자열을 배열에 입력하려고 한다. 빈 괄호부분을 완성하시오.

```
while(fin) {
    (             )
    cout << ch << endl;
}
```

16.4   이진파일의 입출력

파일에 데이터를 출력할때 기본적으로 텍스트 형식으로 저장된다. 변수의 자료형에 상관없이 모든 데이터가 텍스트 형식으로 변경되어 저장되며, 이러한 파일을 텍스트 파일이라고 한다. 반면, 데이터 형태 그대로 파일에 저장할 수 있는데 이것을 이진파일이라고 한다.

데이터를 이진파일 형태로 입출력할 경우 텍스트 파일처럼 모든 데이터를 텍스트형식으로 변경하는 것이 아니라, 원래의 데이터형태 그대로 파일에 저장한다. 이러한 이진파일을 작성하기 위해서 블록단위로 입출력하는 write, read 함수를 사용한다.

■ 형식

```
write(char *, int n);
read(char *, int n);
```

■ 사용 예

```
fout.write((char *)emp, sizeof(emp));
fin.read((char *)emp, sizeof(emp);
```

첫 번째 인수는 입출력을 원하는 데이터의 시작 번지를 문자형 포인터형태로 변환하여 전달한다. 두 번째 인수는 읽거나 쓸 데이터의 크기를 정수형태로 전달한다. 첫 번째 인수에서 지정한 주소에 있는 데이터를 두 번째 인수에서 지정한 크기만큼의 데이터를 읽거나 쓰는 것이다. 데이터를 블록단위로 읽거나 쓰기 때문에 텍스트형식보다 처리속도가 빠르다.

다음 예제는 사원들의 토익점수 정보를 구조체 배열에 저장한 후, 그 데이터를 이진파일 형태로 파일에 저장하는 프로그램이다.

[예제 16-6] 이진파일형태로 출력 예제

```cpp
1.  #include <iostream.h>
2.  #include <fstream.h>
3.
4.  struct sawon{
5.      int  sabun;
6.      char irum[10];
7.      int score;
8.  };
9.
10. int main() {
11.     struct sawon emp[3] = { {111, "홍길동", 700},
12.                             {222, "김경호", 800},
13.                             {333, "최영", 600}
14.                           };
15.     ofstream fout("toeic.txt" , ios::out);
16.
17.     fout.write((char *)emp, sizeof(emp));
18.     fout.close();
19.     return 0;
20. }
```

🔖 실행결과

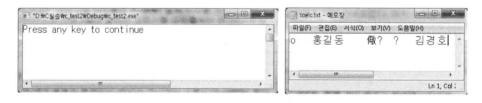

🔍 설명

4~8행 : 구조체 sawon을 정의한다. 사원번호, 이름, 토익성적에 관한 변수들을 차례대로 나열한다.

11~14행 : 구조체 sawon의 배열 emp를 선언한다. 배열요소는 3개이고, 중괄호안에 초기값들을 나열한다.

15행 : "toeic.txt" 파일을 연다. 파일이 없으면 새로 만들어서 연다.

17행   : write 함수로 구조체에 할당된 값들을 파일에 출력한다. 첫 번째 인수에 지정된 주
           소의 배열에서 두 번째 지정된 배열의 크기만큼을 하나의 단위로 파일에 출력한다.
           (char *)emp는 구조체 배열의 자료형을 문자형 포인터로 변경하여 주소를 전달한다.
           sizeof(emp)는 구조체 배열의 크기를 전달한다.
           "toeic.txt" 파일을 메모장으로 열어보면 실행결과의 두 번째 그림처럼 내용이 보인
           다. 이진파일이기 때문에 내용이 깨진 것처럼 보인다.

다음 예제는 [예제 16-6]에서 저장된 파일의 데이터를 이진형태로 읽어와서 화면에 출력
하는 프로그램이다.

》》 [예제 16-7] 이진파일형태로 입력 예제

```
1.  #include <iostream.h>
2.  #include <fstream.h>
3.  #include <iomanip.h>
4.
5.  struct sawon{
6.      int  sabun;
7.      char irum[10];
8.      int score;
9.  };
10.
11. int main() {
12.     struct sawon sw;
13.
14.     ifstream fin("toeic.txt" , ios::in);
15.
16.     if (fin.fail()) {
17.         cout << "파일을 열수 없습니다 " << endl;
18.         return;
19.     }
20.
21.     cout << "----------------------" << endl;
22.     cout << " 사번   이름   토익성적 "<< endl;
23.     cout << "----------------------" << endl;
24.
25.     while(fin) {
26.         if(fin.read((char *)&sw, sizeof(sw))) {
```

```
27.              cout << sw.sabun << setw(10) << sw.irum << setw(10)
28.                 << sw.score << endl;
29.        }
30.     }
31.
32.     cout << "----------------------" << endl;
33.
34.     fin.close();
35.     return 0;
36. }
```

🔊 실행결과

🔍 설명

12행 : 구조체 sawon의 변수 sw를 선언한다.

14~19행 : "toeic.txt" 파일을 입력 전담으로 연다. 해당 파일이 없으면 "파일을 열 수 없습니다" 에러메시지를 출력하고 프로그램을 종료한다.

21~23행 : 제목을 출력한다.

25~30행 : 파일에서 EOF를 만날때까지 데이터를 읽어온다.

26행 : 이진형태의 파일에 있는 데이터를 read 함수로 읽는다. 파일에 있는 이진데이터를 두 번째 인수에 지정된 크기만큼 읽어와서 첫 번째 인수에 지정된 주소값의 메모리에 저장한다.

27~28행 : 읽어들인 값들을 한줄 씩 화면에 출력한다.

16.5 순차파일과 랜덤파일

파일에서 원하는 위치의 데이터만 읽을 수 있다. 2가지의 방법으로 데이터를 읽어올 수 있는데, 하나는 파일의 처음부터 원하는 위치의 데이터까지 순차적으로 읽어서 찾아내는 방법이다. 또 다른 하나는 파일의 원하는 위치에 바로 찾아가서 읽어오는 방법이다. 전자가 순차파일이며 후자는 랜덤파일이다.

16.5.1 순차파일

파일은 레코드들이 모여서 하나의 파일을 구성하게 된다. 구조체를 예로 든다면 구조체 변수 하나가 레코드 한 행에 해당된다고 볼 수 있다.

다음 그림은 파일에 3개의 레코드가 저장된 상태이다.

〈표 16-3〉 3개의 레코드가 저장된 파일

111	홍길동	700
222	김경호	800
333	최영	600

읽기전용으로 파일을 열 경우, 파일 포인터가 파일의 처음에 위치하게 되어서 위의 표에서라면 첫 번째 행을 가리키게 된다. 만일 2번째 행의 데이터를 읽고자 할 경우 순차적으로 첫 번째 데이터부터 읽는다. 그 후 파일포인터가 다음 행을 가리키게 되면 그때 원하는 데이터를 읽게 되는 것이다.

[예제 16-6]의 예제에 사용된 '사원들의 토익성적' 파일을 사용하여 그 파일내의 데이터중 2번째 행(첨자 1)의 데이터만 읽어서 출력해보자.

>> [예제 16-8] 순차파일로 2번째 행의 데이터 읽어오기

```
1.  #include <iostream.h>
2.  #include <fstream.h>
3.
```

```
 4.  struct sawon{
 5.      int   sabun;
 6.      char irum[10];
 7.      int score;
 8.  };
 9.
10.  int main() {
11.      struct sawon sw;
12.      int i=0, n=2;
13.
14.      ifstream fin("toeic.txt");
15.      if (fin.fail()) {
16.          cout << "파일을 열수 없습니다 " << endl;
17.          return;
18.      }
19.
20.      while(i <= n-1) {
21.          fin.read((char *)&sw, sizeof(sw));
22.          if(!fin) return;
23.          i++;
24.      }
25.      cout << n << "번째 사원 토익성적 : " << endl;
26.      cout << sw.sabun << "      " << sw.irum << "      "
27.          << sw.score << endl;
28.      fin.close();
29.      return 0;
30.  }
```

실행결과

```
"D:\C실습\c_test2\Debug\c_test2.exe"
2번째 사원 토익성적 :
111      홍길동      700
Press any key to continue
```

🔍 설명

12행	: 파일에 저장되어 있는 레코드의 첫행부터 2번째 행까지 읽기 위해서 변수 i에 0, n에 2를 초기화 한다.
14행	: ifstream이 입력 전담 클래스라서 ios::in 모드를 생략해도 같은 의미이다.
20~24행	: while 문을 이용해서 레코드의 첫행부터 2번째 행까지만 읽는다. 첫 번째 레코드부터 2번째 까지이므로 n-1 번째까지 파일을 한 행씩 읽도록 한다. 잘못 읽는 경우 if 문에서 판단하여 전체 프로그램이 종료되도록 한다.
26~27행	: 구조체 변수 sw에 마지막으로 저장된 데이터를 출력한다.

16.5.2 랜덤파일

순차파일은 파일내의 데이터를 처음부터 원하는 위치까지 순차적으로 읽게 되므로 처리 속도가 느리다. 반면 랜덤파일은 원하는 위치의 파일을 바로 찾아서 읽어올 수 있다.

파일 포인터를 순차파일처럼 단계적으로 옮기는 것이 아니라, 원하는 위치로 바로 옮긴 후 그 곳의 데이터를 읽어오는 것이다. 이와 같이 파일포인터를 원하는 곳으로 옮기려면 파일내의 데이터가 일정한 크기로 구성되는 이진형태로 저장되어 있어야 한다.

파일 포인터를 원하는 위치로 이동할 때 사용되는 함수는 seekg이다.

■ 형식

```
istream & seekg(long offset, int origin);
```

위 함수에서 첫 번째 인수는 origin(시작위치)로부터 접근하고자 하는 바이트가 얼마나 되는지를 지정한다. origin은 아래 [표 16-4]에 나와 있는 값들 중 하나를 사용해서 시작 위치를 지정한다.

〈표 16-4〉 seekg 함수의 두 번째 인수

origin	의미
ios::beg	파일의 처음 위치를 참조한다
ios::cur	파일포인터의 현재 위치를 참조한다.
ios::end	파일의 마지막 위치를 참조한다.

■ 사용 예

① file.seekg(0, ios::beg); // 파일포인터를 파일의 처음 위치로 이동

② file.seekg(0, ios::end); // 파일포인터를 파일의 마지막 위치로 이동

③ file.seekg(15, ios::beg); // 파일포인터를 파일의 처음 위치에서 15byte 이동

④ file.seekg(-15, ios::end); // 파일포인터를 파일의 끝위치에서 앞으로 15byte 이동

[예제 16-6]에서 저장한 이진파일 "toeic.txt"를 사용해서 3번째 행의 데이터만 읽어서 출력하는 프로그램이다.

》 [예제 16-9] 랜덤파일로 3번째 행의 데이터 읽어오기

```
 1.  #include <iostream.h>
 2.  #include <fstream.h>
 3.
 4.  struct sawon{
 5.      int   sabun;
 6.      char irum[10];
 7.      int score;
 8.  };
 9.
10.  int main() {
11.      struct sawon sw;
12.      int n=3;
13.      ifstream fin("toeic.txt");
14.
15.      if (fin.fail()) {
16.          cout << "파일을 열수 없습니다 " << endl;
17.          return;
18.      }
19.
20.      fin.seekg((n-1)*sizeof(sw), ios::beg);
21.      fin.read((char *)&sw, sizeof(sw));
22.
23.      cout << n << "번째 사원 토익성적 : " << endl;
```

```
24.     cout << sw.sabun << "      " << sw.irum << "       "
25.         << sw.score << endl;
26.     fin.close();
27.     return 0;
28. }
```

실행결과

설명

20행   : 파일의 처음 위치부터 (n-1)*sizeof(sw)로 계산된 바이트의 크기만큼 파일포인터를 이동시킨다. n=3 이므로 2*18 바이트 만큼 이동한다.

Exercise

1. 파일 입출력의 상태를 알려주는 함수이다. 설명에 해당하는 함수를 말하시오.

함 수	설명
①	파일의 끝을 알리는 EOF를 만나면 true를 반환한다.
②	올바르지 못한 입출력을 시도하려 할 때 true를 반환한다.
③	올바르지 못한 입출력이 일어났을 때 true를 반환한다.
④	파일을 성공적으로 열거나 위의 세가지 함수가 false이면 true를 반환한다.

2. C++에서 파일 입출력을 위해 포함해야 할 헤더파일은?

① string.h   ② math.h

③ fstream.h   ④ io.h

3. 현 디렉토리내의 "test.dat"라는 파일을 판독하는 프로그램을 완성해보자.

```
main( )
{
    ┌─────────────①─────────────┐
    └───────────────────────────┘
    if (fin.fail()) {
        cout << "파일을 열수 없습니다 " << endl;
        return;
}
```

4. 다음 보기와 같이 파일에 접근하고자 할 경우 파일포인터의 위치는 어디로 이동되는가 ?

```
file.seekg(10, ios::beg);
```

① 파일의 마지막 위치에서 10byte 이동   ② 파일의 처음 위치로 이동

③ 파일의 마지막 위치로 이동   ④ 파일의 처음 위치에서 10byte 이동

5. 다음은 문자열을 'pum.txt' 라는 파일에 저장한 후, 다시 파일의 내용을 한 줄씩 읽어
   화면에 출력하는 프로그램이다. 빈 곳을 채우시오.

```cpp
#include <iostream.h>
#include <fstream.h>
main( )
{
    char pum[15];
    ofstream fout("pum.txt" , ios::out);
    fout << "sky" << endl ;
    fout << "cat" << endl ;
    [    ①    ];

    [              ②              ]
    while(fin) {
        fin.getline(ch, 15);
        cout << ch << endl;
    }
    fin.close();
}
```

6. "A" 부터 "Z"까지의 데이터를 d 드라이브에 파일명 'alpha.txt'로 저장하는 프로그램
   을 완성하시오.

```cpp
#include <iostream.h>
#include <fstream.h>
main()
{
    char ch;
    ofstream fout("d:alpha.txt" , [  ①  ]);
    for(ch="A"; ch<="Z"; ch++)
        [      ②      ]
    fout.close();
}
```

7. 학번과 점수를 키보드로부터 입력받아 해당 점수별 학점을 구한 후, 특정 파일에 다음과 같은 결과를 기록하는 프로그램을 완성해보자.

[입력형식]

```
학번=? 9701 Enter↵
점수=? 75 Enter↵
학번=? 9702 Enter↵
점수=? 99 Enter↵
학번=? 9703 Enter↵
점수=? 83 Enter↵
학번=? 0 Enter↵
```

[처리조건]

① 점수가 90점 이상이면 학점은 'A'
   점수가 80점 이상이면 학점은 'B'
   점수가 70점 이상이면 학점은 'C'
   점수가 60점 이상이면 학점은 'D'
   점수가 60점 미만이면 학점은 'F'이라고 한다.
② 학번을 '0'으로 입력하면 프로그램의 실행을 종료한다.

```cpp
#include <iostream.h>
#include <fstream.h>
main() {
  int hakbun;
  int jumsu;
  char hak;
    ①     fout("hakjum.txt" , ios::out);
  fout << "\n--------------------------------\n";
  fout << "\n\t학번\t점수\t학점";
  fout << "\n--------------------------------\n";
  while(1){
          cout << "\n\t 학번=?";        ②
          if(hakbun == 0)  break;
          cout << "\n\t 점수=?";   cin >> jumsu;

          switch((int)jumsu/10){
              case  10:
              case   9: hak='A';break;
              case   8: hak='B';break;
```

```
                case    7: hak='C';break;
                case    6: hak='D';break;
                default:  hak='F';break;
                }
            ┌─────────────────────────────────────────┐
            │                    ③                    │
            └─────────────────────────────────────────┘
        }
    fout << "\n─────────────────────────────";
    fout.close();
}
```

> 🔷 **실행결과**　hakjum.txt 파일에 기록된 내용

```
────────────────────────────────
학번          점수        학점
────────────────────────────────
9701          75          C
9702          99          A
9703          83          B
```

8. "score.txt"라는 성적파일을 랜덤하게 처리하여 사용자가 원하는 레코드를 출력하는 프로그램을 완성해보자.

[입력형식]

```
레코드번호는=?  3 [Enter ↵]
```

[출력형식]

```
학번 : 9703
성명 : 박유천

국어    영어    수학    합계    평균
──────────────────────────────────────
 80      80      80      240     80
```

```
#include <stdio.h>
struct score{
        char hb[5], irum[10];
        int k, e, m;
```

```
};
main() {
  struct    score emp[3] = { {"9701", "홍길동", 70,80,90},
                             {"9702", "김경호", 90,90,90},
                             {"9703", "박유천", 80,80,80}
                           };
  struct score s;
  int rec;
  ofstream fout("score.txt" , ios::out);
  fout.write(            ①            );
  fout.close();

  ifstream fin("score.txt");
  if (        ②      ) {
     cout << "파일을 열수 없습니다 " << endl;
  return ;
  }

  cout << "레코드번호=? ";  cin >> rec;
  [    ③    ]((rec-1)*sizeof(s), ios::beg);
  fin.read((char *)&s,          ④         );

  cout << "\n\n학번 : " << s.hb;
  cout << "\n성명 : %s" << s.irum;
  cout << "\n\n국어 영어 수학 합계 평균 ";
  cout << "\n--------------------------"
  cout << "\n" << s.k <<"   " <<  s.e <<"   " << s.m
      << "   " << [          ⑤          ] << "   " <<(s.k+s.e+s.m)/3.0 << endl;
  fin.close();
  }
```

공학도를 위한 기초 C/C++프로그래밍

1판 1쇄 발행 2013년 09월 02일
1판 4쇄 발행 2022년 08월 01일
저   자 송태섭·박미경·허미경
발 행 인 이범만
발 행 처 **21세기사** (제406-2004-00015호)
        경기도 파주시 산남로 72-16 (10882)
        Tel. 031-942-7861   Fax. 031-942-7864
        E-mail : 21cbook@naver.com
        Home-page : www.21cbook.co.kr
        ISBN 978-89-8468-501-7

정가 30,000원